金融数据建模应用（高级）

中关村互联网金融研究院　组织编写

秦响应　廖文辉　唐亚晖　主　编
周　伟　安英博　赵炳盛　魏　爽　副主编

清华大学出版社
北　京

内 容 简 介

本书是教育部 1+X 职业技能等级证书"金融数据建模应用（高级）"的配套教材。全书依据金融数据建模应用职业技能等级标准，面向金融数据建模相关岗位需求，强化学生的业务实操能力和职业判断能力。全书从金融基础业务应用、金融数据分析、金融数据库、金融数据挖掘与算法实现、金融数据模型设计与调优、数据可视化、金融数据建模项目管理 7 个方面，培养学生在金融与科技融合的专业岗位上金融数据建模应用能力。

本书可作为 1+X 职业技能等级证书"金融数据建模应用（高级）"培训的教材，也可作为应用型本科院校、中高等职业院校软件工程、计算机科学与技术、信息管理与信息系统、信息与计算科学、物联网工程、金融贸易等相关专业的教材，还可作为金融数据建模应用从业人员的培训用书。

本书封面贴有清华大学出版社防伪标签，无标签者不得销售。
版权所有，侵权必究。举报：010-62782989，beiqinquan@tup.tsinghua.edu.cn。

图书在版编目(CIP)数据

金融数据建模应用：高级 / 中关村互联网金融研究院组织编写；秦响应，廖文辉，唐亚晖主编. — 北京：清华大学出版社，2022.4
　ISBN 978-7-302-59864-0

Ⅰ.①金… Ⅱ.①中… ②秦… ③廖… ④唐… Ⅲ.①金融－数据模型－教材 Ⅳ.①F830.41

中国版本图书馆 CIP 数据核字(2022) 第 003528 号

责任编辑：陈　莉
封面设计：周晓亮
版式设计：方加青
责任校对：马遥遥
责任印制：沈　露

出版发行：清华大学出版社
　　　　　网　　址：http://www.tup.com.cn，http://www.wqbook.com
　　　　　地　　址：北京清华大学学研大厦 A 座　　邮　编：100084
　　　　　社 总 机：010-83470000　　邮　购：010-62786544
　　　　　投稿与读者服务：010-62776969，c-service@tup.tsinghua.edu.cn
　　　　　质 量 反 馈：010-62772015，zhiliang@tup.tsinghua.edu.cn
印 装 者：三河市铭诚印务有限公司
经　　销：全国新华书店
开　　本：185mm×260mm　　印　张：17.5　　字　数：437 千字
版　　次：2022 年 5 月第 1 版　　印　次：2022 年 5 月第 1 次印刷
定　　价：68.00 元

产品编号：093749-01

编委会

刘　勇	中关村互联网金融研究院、中关村金融科技产业发展联盟
陈　钟	北京大学
孙惠平	北京大学
戴　韡	中央财经大学
许　伟	中国人民大学
袁　勇	中国人民大学
张　峰	北京联合大学
孙杰光	吉林财经大学
唐亚晖	吉林财经大学
廖文辉	广东金融学院
秦响应	河北金融学院
王海霞	北京城市学院
崔满红	山西金融职业学院
张　云	上海立信会计金融学院
靳景玉	重庆工商大学
简玉刚	重庆工程学院
梅敬青	北京旷视科技有限公司
邵钟飞	中电金信软件有限公司
杨　楠	百融云创科技股份有限公司
贺光忠	中科聚信信息技术(北京)有限公司
杨　乾	北京中关村银行
杨　娟	北京海致星图科技有限公司
裴永刚	东方金诚国际信用评估有限公司
李荣花	东方微银科技(北京)有限公司
杜　宁	睿格钛氪(北京)技术有限公司

序　言

当前，金融科技已经成为全球金融竞争的焦点，各国金融科技竞争更加激烈。金融科技行业在快速发展的同时加速了金融科技人才需求的扩张，除此之外，在人工智能、大数据、区块链浪潮重塑行业的背景下，银行在金融科技方面求贤若渴，国有银行也不遗余力地加大人力资源投入。金融科技人才成为银行招聘中的"香饽饽"，人才战略成为金融科技行业竞争的关键。在各类金融科技人才需求缺口中，大数据人才缺口较大，大数据人才培训，尤其是金融数据建模人才培养势在必行。

2019年2月，国务院发布的《国家职业教育改革实施方案》(简称"职教20条")提出，从2019年开始，在职业院校、应用型本科高校等启动"学历证书+若干职业技能等级证书"制度试点(简称"1+X证书制度试点")。1+X证书制度将学校学历教育和企业用人需求与职业技能等级证书有效地结合起来，使职业技能人才晋升之路更加广阔。

2020年12月31日，教育部职业技术教育中心研究所发布《参与1+X证书制度试点的第四批职业教育培训评价组织及职业技能等级证书名单》。依据该名单，中关村互联网金融研究院入选第四批职业教育培训评价组织，中关村互联网金融研究院的《金融数据建模应用》入选第四批职业技能等级证书。该证书的推出对于促进金融科技人才专业化发展具有重要意义，将助力金融科技人才培养模式和评价方式的优化，提升职业教育质量，增强学生的就业能力，同时促进产业与教育的深度融合，以及职业教育的健康发展。

通过本书的学习，学生应该熟练掌握金融基础知识，深入了解金融业务；能够深入研究数据源，整理和发掘数据价值，主导模型产品的部署、维护、评估等落地实施工作；同时跟踪、监控模型表现，根据监控结果对模型进行优化；具备不断学习人工智能、机器学习最新研究成果，并转化为业务应用的能力。

本书由中关村互联网金融研究院专家组织编写，由河北金融学院、广东金融学院、吉林财经大学的院校专家担任主编，并邀请了中等职业学校、高等职业学校的专业老师、企业高层管理者参与讨论编写。全书共分7章，分别是金融基础业务应用、金融数据分析、金融数据库、金融数据挖掘与算法实现、金融数据模型设计与调优、数据可视化、金融数据建模项目管理。

Ⅳ 金融数据建模应用（高级）

教学建议如下。

模块	理论学时	实操学时
金融基础业务应用	6	6
金融数据分析	12	12
金融数据库	8	8
金融数据挖掘与算法实现	8	8
金融数据模型设计与调优	8	8
数据可视化	12	12
金融数据建模项目管理	6	6

中关村互联网金融研究院为《金融数据建模应用职业技能等级标准》主要起草单位，曾先后组织编写及出版《互联网金融》《区块链：重塑经济与世界》《智能投顾：开启财富管理新时代》《保险科技》《互联网金融知识读本》《互联网金融概论》《互联网金融营销》《互联网金融法律风险与监管》《金融科技十讲》《中国金融科技创新》等专业图书。其中，《互联网金融》荣获第二届金融图书"金羊奖"。

面对数字化转型浪潮对金融人才提出的新要求，中关村互联网金融研究院将依托中关村金融科技创新发展优势，持续推动1+X证书制度试点工作，在行业内发挥好示范引领作用，与政府、高校、企业开展深度产教融合，为金融科技产业发展提供复合型、多层次、多领域人才！

中关村互联网金融研究院
2022年3月

前　言

本书是教育部1+X职业技能等级证书"金融数据建模应用(高级)"的配套教材，由中国工商银行、河北金融学院、广东金融学院、吉林财经大学等机构与院校的专家学者共同编写完成。全书依据《金融数据建模应用职业技能等级标准》，面向金融机构设立的金融科技子公司，大型互联网企业设立的金融科技公司，人工智能、大数据、云计算、区块链等金融科技底层技术科技企业，互联网金融(互联网支付、基金、证券)机构，保险科技相关公司的金融数据建模相关岗位需求，为大数据分析师、大数据建模工程师、大数据挖掘工程师、大数据算法工程师、大数据工程师、大数据模型师、大数据运维工程师、大数据开发工程师、大数据架构师，以及大数据风控、大数据产品、大数据营销等职位人员的培训提供了参考依据。

本书共有7章，分别是金融基础业务应用、金融数据分析、金融数据库、金融数据挖掘与算法实现、金融数据模型设计与调优、数据可视化、金融数据建模项目管理。

第1章金融基础业务应用包括金融安全规范执行和金融基础知识两部分内容。金融安全规范执行部分主要介绍金融监管基础、金融市场的法律法规，以及从事金融行业的道德规范与行为准则。金融基础知识部分主要介绍金融市场、金融机构、金融工具市场与衍生品，以及金融风险管理的基本概念、分类和功能。

金融数据分析是对收集来的大量金融数据进行分析，提取有用的信息，形成结论和决策的研究、总结的过程。第2章金融数据分析主要介绍基于Python的程序设计基础和进阶，数理统计基础及金融数据管理与处理，涉及数据预处理、多源数据分析、异常数据分析等金融数据建模的分析方法。

数据库是金融行业数字化转型的重要组成部分，为科学、高效地存储、管理、分析数据提供了重要的技术支撑。第3章金融数据库主要介绍了关系型数据库、NoSQL数据库及数据仓库的原理、设计和搭建方法，结合金融行业数据业务需求，介绍了传统数据仓库和新一代数据仓库在金融行业的应用。

数据挖掘是融合了数据库、人工智能、统计学等技术的分析方法。金融数据挖掘是从大量的金融数据中，通过算法搜索隐藏的信息的过程。第4章主要介绍Hadoop、Hive等大数据处理框架，以及逻辑回归、决策树、随机森林、SVM、神经网络等数据挖掘算法模型。数据挖掘是用大数据技术提供金融业务解决方案的算法基础。

金融数据建模在电子商务、证券、保险等行业有着广泛的应用，在多维数据分析、客户关系管理、风险识别与管理、市场趋势预测，以及识别经济犯罪等方面发挥了巨大作用。本书第5章基于实际金融数据建模项目中部署、测试、实施,以及效果监控的工作流程,介绍了模型设计与调优,以及提高模型精度的方法。

数据可视化是一种数据的视觉表现技术,能够进行多源数据的交互分析,使数据背后的信息能够更加直观地被人感知。第6章数据可视化主要介绍可视化的基本概念、视觉通道,以及可视化的工具与流程、设计理念及设计方法等,并基于此前章节所介绍的Python的程序设计基础,对数据可视化进行实现。

数据平台是数据存储、流转、实现分析功能的载体,为了保证架构设计合理、开发测试流程高效,以及先进的运维支持管理,需要一定的项目管理经验和理论。本书第7章金融数据建模项目管理介绍了范围、时间、成本、质量管理等项目管理的核心概念,开发团队的人员组成与角色职责,开发工作流程,以及项目任务分解方法。这些都是控制金融数据建模项目进度、合理整合项目资源的重要支撑。

目前,国内还没有在金融数据建模应用领域权威度高、实用性强的参考书目。本书强化了学生的业务实操能力、职业判断能力,能更好地提高学生的金融与科技融合的金融数据建模应用能力,对现有经济、金融、计算机等方面的专业人才的培养有强化和拓展作用。通过本书的培训学习,相关从业者及有志从事大数据金融应用型岗位的学生可以执行金融安全规范并进行金融业务解决方案设计;根据金融业务需求,完成金融数据建模平台规划、设计及部署;结合金融业务场景构建完善的金融数据建模和运营体系等。

本书编写过程中,中国工商银行的郭运雷,中关村互联网金融研究院的刘勇、吕云鹏,北京大学的孙惠平,河北金融学院的杨兆廷、袁国强,睿格钛氪(北京)技术有限公司首席执行官杜宁等提出了宝贵的意见,其中大部分已被本书采纳,本书编写组对上述全体同志致以谢意。

本书编写具体分工为张晶、李晴、王丽娜撰写第1章,廖文辉撰写第2章,安英博、陈洋洋、陈刚、周华森撰写第3章,赵炳盛撰写第4章,申晨、李策、谷晓飞撰写第5章,魏爽、张培华、胡静怡撰写第6章,康杰撰写第7章,秦响应负责全书的修撰与定稿。

限于编写人员的知识水平和教学经验,本书的缺点和疏漏之处在所难免,敬请使用本书的读者提出宝贵意见。

教材编写组
2022年3月

目 录

第1章 金融基础业务应用 1

1.1 金融监管基础 1
1.1.1 国家监督 1
1.1.2 自我管理 5

1.2 金融市场法律法规 6
1.2.1 金融市场法律法规体系 6
1.2.2 金融业务法律规范 7
1.2.3 大数据与个人信息保护法律法规 14
1.2.4 金融法律责任及相关犯罪类型 18
1.2.5 金融风险管理政策 20

1.3 道德规范与行为准则 25
1.3.1 道德规范 25
1.3.2 行为准则 25

1.4 金融市场概述 26
1.4.1 金融市场的特征 26
1.4.2 金融市场分类 27
1.4.3 金融市场构成要素 28
1.4.4 金融市场功能 29

1.5 金融机构概述 30
1.5.1 金融市场的融资结构 30
1.5.2 金融机构存在的理论基础 31
1.5.3 金融机构体系 33

1.6 金融工具市场与衍生品 39
1.6.1 货币市场 39
1.6.2 资本市场 41
1.6.3 金融衍生品 42

1.7 金融风险及风险管理 45
1.7.1 金融风险的类别 45

1.7.2 金融风险管理的基础理论 ········· 46
1.7.3 金融风险管理的理论方法 ········· 48
1.7.4 金融风险管理的计量模型 ········· 49
1.7.5 金融风险管理的流程 ············· 51

第2章 金融数据分析 ········· 56

2.1 Python程序设计基础 ········· 56
2.1.1 Python基础 ······················· 56
2.1.2 Python控制流 ···················· 58
2.1.3 Python函数与模块 ············· 59

2.2 Python进阶 ········· 60
2.2.1 NumPy的使用 ···················· 60
2.2.2 Pandas的使用 ···················· 60
2.2.3 Matplotlib数据可视化 ········· 61

2.3 数理统计基础 ········· 66
2.3.1 微积分基础 ······················· 66
2.3.2 线性代数基础 ···················· 68
2.3.3 概率统计基础 ···················· 72

2.4 金融数据管理 ········· 79
2.4.1 数据治理 ·························· 79
2.4.2 数据安全与隐私保护 ·········· 80
2.4.3 数据信息加密及其Python实现 ··· 81

2.5 金融数据初步处理 ········· 82
2.5.1 金融数据的获取 ················ 82
2.5.2 金融数据预处理 ················ 82
2.5.3 蒙特卡罗方法 ···················· 85

第3章 金融数据库 ········· 87

3.1 数据库 ········· 87
3.1.1 关系型数据库 ···················· 87
3.1.2 NoSQL数据库 ···················· 103

3.2 数据仓库 ········· 112
3.2.1 基本概念 ·························· 112
3.2.2 数据仓库构建 ···················· 116
3.2.3 SSIS、SSAS、SSRS ············· 118

3.3 金融数据仓库 ········· 119
3.3.1 金融行业建设数据仓库的必要性 ··· 119
3.3.2 金融行业传统数据仓库 ······· 119
3.3.3 金融行业新一代数据仓库 ··· 123

第4章 金融数据挖掘与算法实现 … 129

4.1 常用大数据挖掘算法 … 129
4.1.1 逻辑回归模型 … 129
4.1.2 朴素贝叶斯模型 … 131
4.1.3 决策树 … 134
4.1.4 随机森林 … 136
4.1.5 支持向量机 … 137
4.1.6 聚类分析 … 138
4.1.7 人工神经网络 … 139

4.2 大数据分析与Spark Python … 140
4.2.1 大数据分析与分布式数据处理 … 140
4.2.2 常见分布式数据处理框架 … 143
4.2.3 Spark Python … 148

4.3 Spark Python大数据分析应用 … 151
4.3.1 Spark Python开发环境搭建 … 151
4.3.2 Spark RDD运算类型示例 … 159
4.3.3 应用PySpark进行大数据分析 … 167

第5章 金融数据模型设计与调优 … 173

5.1 金融行业典型应用场景 … 173
5.1.1 银行领域 … 173
5.1.2 保险领域 … 181
5.1.3 证券领域 … 184

5.2 金融中的数学模型 … 188
5.2.1 投资模型 … 189
5.2.2 金融风险管理模型 … 194

5.3 金融机构客户流失预警模型 … 205
5.3.1 数据探索性分析 … 206
5.3.2 数据预处理 … 210
5.3.3 特征加工 … 213
5.3.4 模型建设 … 214
5.3.5 模型的超参调节 … 215
5.3.6 交叉验证 … 216
5.3.7 模型评价 … 218

5.4 金融模型的迭代与优化 … 220
5.4.1 金融领域机器学习模型评价 … 220
5.4.2 金融领域机器学习模型管理 … 223

第6章 数据可视化 ·· 226

6.1 数据可视化概述 ·· 226
- 6.1.1 数据可视化的含义 ·· 226
- 6.1.2 视觉通道 ·· 227
- 6.1.3 数据可视化的软件及工具 ··· 228
- 6.1.4 数据可视化的流程 ·· 231

6.2 数据可视化的基础要素 ·· 232
- 6.2.1 数据 ·· 232
- 6.2.2 图表 ·· 234

6.3 数据可视化的设计 ··· 235
- 6.3.1 数据可视化设计理念 ··· 235
- 6.3.2 图表的设计 ··· 236
- 6.3.3 排版、配色及字体 ··· 238

第7章 金融数据建模项目管理 ··· 240

7.1 项目管理要素 ·· 240
- 7.1.1 项目范围管理 ·· 240
- 7.1.2 项目时间管理 ·· 240
- 7.1.3 项目成本管理 ·· 240
- 7.1.4 项目质量管理 ·· 241
- 7.1.5 人力资源管理 ·· 241
- 7.1.6 项目沟通管理 ·· 241
- 7.1.7 项目风险管理 ·· 241
- 7.1.8 项目采购管理 ·· 242

7.2 甘特图 ·· 242
- 7.2.1 甘特图的特点 ·· 242
- 7.2.2 甘特图的优缺点 ··· 243
- 7.2.3 甘特图的绘制步骤 ·· 243

7.3 项目团队管理 ·· 243
- 7.3.1 项目相关方管理 ··· 244
- 7.3.2 项目任务分解 ·· 257

参考文献 ·· 266

第 1 章 金融基础业务应用

金融基础业务应用是金融大数据建模的重要组成部分，分为金融安全规范执行和金融基础知识两个部分，了解必要的安全规范是从事金融行业的重要前提。金融安全规范执行部分主要介绍金融监管的框架和与金融相关的法律体系，以及从事金融行业的职业道德和执业规范。金融基础知识部分主要介绍金融市场、金融机构、金融工具市场与衍生品，以及金融风险管理的基本概念、分类和功能等内容。金融市场、金融机构、金融工具与业务是金融交易形成和金融关系建立的基础，金融风险及风险管理是金融稳定的基石。

1.1 金融监管基础

国家监督与自我管理相结合的原则是世界各国金融监管共同奉行的原则。这一原则旨在加强政府对各类金融市场和金融机构监管的同时，加强从业者的自我约束、自我教育和自我管理。

1.1.1 国家监督

金融行业国家监督部门主要包括"一行两会"，即国务院设立的中国人民银行、中国银行保险监督管理委员会和中国证券监督管理委员会。2017年，我国又成立了国务院金融稳定发展委员会。同时，作为防控化解金融风险的重要制度安排，我国金融监管正在探索央地双层监管体制，从传统上的金融中央事权向中央事权与地方授权结合的路径发展。地方金融监管部门承担防控风险、促进发展、处置风险、协助中央监管部门，以及金融监管兜底责任等大量属地责任。

1.1.1.1 中国人民银行

中央银行是国家调控国民经济发展的重要工具，负责制定并执行国家货币信用政策，具有发行货币、实行金融监管等权利，在一国的金融机构中居主导地位。中国人民银行是中华人民共和国的中央银行，成立于1948年12月1日。《中华人民共和国中国人民银行法》确立了中国人民银行的地位和职责，中国人民银行在国务院的领导下，制定和实施货币政策，对金融业实施监督管理。货币政策的目标是保持货币币值的稳定，并以此促进经济增长。中国人民银行对银行业务进行监督、管理和给予指导，主要职责如下：

(1) 依法制定和执行货币政策。
(2) 发行人民币，管理人民币流通。

(3) 按照规定审批、监督管理金融机构。

(4) 按照规定监督管理金融市场。

(5) 发布有关金融监督管理和业务的命令和规章。

(6) 持有、管理、经营国家外汇储备、黄金储备。

(7) 经理国库。

(8) 维护支付、清算系统的正常运行。

(9) 负责金融业的统计、调查、分析和预测。

(10) 作为国家的中央银行，从事有关的国际金融活动。

(11) 国务院规定的其他职责。

1.1.1.2　中国银行保险监督管理委员会

中国银行保险监督管理委员会是国务院直属事业单位，成立于2018年4月，简称银保监会，负责贯彻落实党中央关于银行业和保险业监管工作的方针政策和决策部署，依照法律法规统一监督管理银行业和保险业，维护银行业和保险业合法、稳健运行，微观审慎监管，防范和化解金融风险，维护金融稳定和保护金融消费者权益。除证券公司以外的所有持有金融牌照的金融企业，如投资担保公司、保险经纪公司、保险代理公司等，包括既不涉及保险业务，又不涉及银行业务的非银行金融机构，都属于银保监会的监督管理范围。其主要职责如下。

(1) 依法依规对全国银行业和保险业实行统一监督管理，维护银行业和保险业合法、稳健运行，对派出机构实行垂直领导。

(2) 对银行业和保险业改革开放和监管有效性开展系统性研究。参与拟订金融业改革发展战略规划，参与起草银行业和保险业重要法律法规草案，以及审慎监管和金融消费者保护基本制度。起草银行业和保险业其他法律法规草案，提出制定和修改建议。

(3) 依据审慎监管和金融消费者保护基本制度，制定银行业和保险业审慎监管与行为监管规则。制定小额贷款公司、融资性担保公司、典当行、融资租赁公司、商业保理公司、地方资产管理公司等其他类型机构的经营规则和监管规则。制定网络借贷信息中介机构业务活动的监管制度。

(4) 依法依规对银行业和保险业机构及其业务范围实行准入管理，审查高级管理人员任职资格。制定银行业和保险业从业人员行为管理规范。

(5) 对银行业和保险业机构的公司治理、风险管理、内部控制、资本充足状况、偿付能力、经营行为和信息披露等实施监管。

(6) 对银行业和保险业机构实行现场检查与非现场监管，开展风险与合规评估，保护金融消费者合法权益，依法查处违法违规行为。

(7) 负责统一编制全国银行业和保险业监管数据报表，按照国家有关规定予以发布，履行金融业综合统计相关工作职责。

(8) 建立银行业和保险业风险监控、评价和预警体系，跟踪分析、监测、预测银行业和保险业运行状况。

(9) 会同有关部门提出存款类金融机构和保险业机构紧急风险处置的意见和建议并组织实施。

(10) 依法依规打击非法金融活动，负责非法集资的认定、查处和取缔以及相关组织协调工作。

(11) 根据职责分工，负责指导和监督地方金融监管部门相关业务工作。

(12) 参加银行业和保险业国际组织与国际监管规则制定，开展银行业和保险业的对外交流与国际合作事务。

(13) 负责国有重点银行业金融机构监事会的日常管理工作。

(14) 完成党中央、国务院交办的其他任务。

(15) 职能转变。围绕国家金融工作的指导方针和任务，进一步明确职能定位，强化监管职责，加强微观审慎监管、行为监管与金融消费者保护，守住不发生系统性金融风险的底线。按照简政放权要求，逐步减少并依法规范事前审批，加强事中事后监管，优化金融服务，向派出机构适当转移监管和服务职能，推动银行业和保险业机构业务和服务下沉，更好地发挥金融服务实体经济功能。

1.1.1.3 中国证券监督管理委员会

中国证券监督管理委员会是国务院直属正部级事业单位，成立于1992年10月，简称中国证监会，其依照法律法规和国务院授权，统一监督管理全国证券期货市场，维护证券期货市场秩序，保障其合法运行。中国证监会负责对多层次资本市场进行监督管理，管理涉及证券公司、期货公司、基金公司、登记结算公司、投资咨询公司、评级公司、交易所等机构的各类活动。它的主要职责如下。

(1) 研究和拟订证券期货市场的方针政策、发展规划；起草证券期货市场的有关法律法规，提出制定和修改建议；制定有关证券期货市场监管的规章、规则和办法。

(2) 垂直领导全国证券期货监管机构，对证券期货市场实行集中统一监管；管理有关证券公司的领导层。

(3) 监管股票、可转换债券、证券公司债券和国务院确定由中国证监会负责的债券，以及其他证券的发行、上市、交易、托管和结算；监管证券投资基金活动；批准企业债券的上市；监管上市国债和企业债券的交易活动。

(4) 监管上市公司及其按法律法规必须履行有关义务的股东的证券市场行为。

(5) 监管境内期货合约的上市、交易和结算；按规定监管境内机构从事境外期货业务。

(6) 管理证券期货交易所；按规定管理证券期货交易所的高级管理人员；归口管理证券业、期货业协会。

(7) 监管证券期货经营机构、证券投资基金管理公司、证券登记结算公司、期货结算机构、证券期货投资咨询机构、证券资信评级机构；审批基金托管机构的资格并监管其基金托管业务；制定有关机构高级管理人员任职资格的管理方法并组织实施；指导中国证券业、期货业协会开展证券期货从业人员资格管理工作。

(8) 监管境内企业直接或间接到境外发行股票、上市，以及在境外上市的公司到境外发行可转换债券；监管境内证券、期货经营机构到境外设立证券、期货机构；监管境外机构到境内设立证券、期货机构、从事证券、期货业务。

(9) 监管证券期货信息传播活动，负责证券期货市场的统计与信息资源管理。

(10) 会同有关部门审批会计师事务所、资产评估机构及其成员从事证券期货中介业务的资格，并监管律师事务所、律师及有资格的会计师事务所、资产评估机构及其成员从事证券期货相关业务的活动。

(11) 依法对证券期货违法违规行为进行调查、处罚。

(12) 归口管理证券期货行业的对外交往和国际合作事务。

(13) 承办国务院交办的其他事项。

1.1.1.4　国务院金融稳定发展委员会

为加强金融监管协调、补齐监管短板，国务院金融稳定发展委员会于2017年11月成立。其宗旨是强化中国人民银行宏观审慎管理和系统性风险防范职责，强化金融监管部门监管职责，确保金融安全与稳定发展。它的工作原则如下。

(1) 回归本源，服从服务于经济社会发展的原则。金融要把为实体经济服务作为出发点和落脚点，全面提升服务效率和水平，把更多金融资源配置到经济社会发展的重点领域和薄弱环节，更好地满足人民群众和实体经济多样化的金融需求。

(2) 优化结构，完善金融市场、金融机构、金融产品体系。要坚持质量优先，引导金融业发展同经济社会发展相协调，促进融资便利化，降低实体经济成本，提高资源配置效率，以及保障风险可控。

(3) 强化监管，提高防范、化解金融风险的能力。要以强化金融监管为重点，以防范系统性金融风险为底线，加快相关法律法规建设，完善金融机构法人治理结构，加强宏观审慎管理制度建设，加强功能监管，更加重视行为监管。

(4) 市场导向，发挥市场在金融资源配置中的决定性作用。坚持社会主义市场经济改革方向，处理好政府和市场的关系，完善市场约束机制，提高金融资源配置效率，加强和改善政府宏观调控，健全市场规则，强化纪律性。

1.1.1.5　地方金融监管部门

金融办，即地方政府金融服务(工作)办公室的简称，是代表地方政府负责金融监督、协调、服务的办事机构，其主要工作职责如下。

(1) 贯彻执行党和国家有关银行、证券、期货、保险、信托等金融工作的方针政策和法律法规，以及地方党委、政府有关地方金融工作的政策和各项决定、决议等，督导、检查落实执行党委、政府有关金融工作的重要工作部署。引导、鼓励和支持各类金融机构改革创新、拓展业务，加大对地方经济和各项事业发展的支持力度。

(2) 研究分析宏观金融形势、国家金融政策和本地区金融运行情况，制定本地金融及金融产业发展的中短期的规划和工作计划。提出改善金融发展和安全环境的意见和建议，加强对金融业、证券业、保险业的服务，促进地方经济协调发展和稳定。

(3) 积极协助上级政府和监管机构对本地金融机构的管理或监管。协调、支持和配合上级派驻监管机构对各银行、证券、期货、保险、信托等金融机构及行业自律组织的监管；负责本地区信用体系建设工作，组织协调有关部门建立和完善信用制度及法规体系，监管信用中介机构；监督管理中小企业贷款担保基金和中小企业贷款担保机构，指导本地中小企业贷款担保工作；认真做好配合协调和信息交流工作，协助协调解决金融业、证券业、保险业发展中应由地方政府解决的问题。

(4) 负责组织协调规范、整顿和维护本地区的金融秩序，防范、化解地方金融风险，促进地方国有金融资产的监督管理，维护地方国有金融资产出资人的权益；组织协调地方金融资源的优化配置，监督检查地方国有金融资产运营情况。根据上级有关规定拟订和协调规范、整顿本地区金融秩序的有关事务，确保地方金融安全、稳健和规范运行。配合有关部门查处非法金融机构和非法金融经营业务活动。加强社会信用和金融信用建设，研究建立地方金融安全区的政策和措施，促进本地金融安全。

(5) 负责本地区发展和利用资本市场的重大事项，研究制定本地区资本市场的发展规划和有关政策措施，协调处理有关发展和利用资本市场的重大问题，积极协助推动企业改制上市和扶持上市公司的工作，并对资本的资金运作进行监管。跟踪监测本地上市公司经营业绩和运行情况，汇总分析相关的统计资料；指导协调上市公司配股、增发等再融资工作；指导、规范上市公司并购、资产重组、股权交易等行为；会同有关部门提出促进本地上市公司发展、结构优化的政策性建议。协助中国证监会及其派出机构对上市公司和拟上市公司的日常监管。负责组织、指导本地企业境内、境外上市工作；筛选、培育拟上市企业，指导企业准备上市工作，协调解决企业上市过程中遇到的重大问题。

(6) 研究拟定本地区金融业发展总体规划。组织推进金融市场发展和拓宽融资渠道；研究分析全市金融运行和行业发展动态，及时提出金融决策参考意见和建议。负责收集本地金融、保险、证券系统的业务报表和业务统计工作；指导下级地方政府金融工作。

(7) 负责本地区的融资性担保机构和民营贷款公司的监督管理、设立、资格初审、备案、变更、退出等工作。

(8) 代表地方政府牵头协调防范和打击本地区非法集资犯罪的工作。

(9) 承办上级、本级党委、政府交办的其他事项。

1.1.2 自我管理

金融行业自律组织包括中国银行业协会、中国证券业协会、中国期货业协会、中国证券投资基金业协会、中国保险行业协会和中国银行间市场交易商协会。

1. 中国银行业协会

中国银行业协会是经中国人民银行和民政部批准成立，并在民政部登记注册的全国性非营利社会团体，是中国银行业自律性组织。

2. 中国证券业协会

中国证券业协会是依据《中华人民共和国证券法》和《社会团体登记管理条例》的有关规定设立的中国证券业自律性组织，属于非营利性社会团体法人，接受中国证监会和国家民政部的业务指导和监督管理。

3. 中国期货业协会

中国期货业协会是依据《中华人民共和国证券法》《期货交易管理条例》和《社会团体登记管理条例》的有关规定设立的中国期货行业自律性组织，属于非营利性社会团体法人，接受中国证监会和国家民政部的业务指导和监督管理。

4. 中国证券投资基金业协会

中国证券投资基金业协会是依据《中华人民共和国证券法》《中华人民共和国证券投资基金法》和《社会团体登记管理条例》的有关规定设立的中国证券投资基金业自律性组织，属于非营利性社会团体法人，接受中国证监会和国家民政部的业务指导和监督管理。

5. 中国保险行业协会

中国保险行业协会是经中国保险监督管理委员会审查同意，并在国家民政部登记注册的中国保险业的全国性自律组织,是自愿结成的非营利性社会团体法人。

6. 中国银行间市场交易商协会

中国银行间市场交易商协会是由市场参与者自愿组成的,包括银行间债券市场、同业拆借市场、外汇市场、票据市场和黄金市场在内的银行间市场的全国性自律组织,是经国务院、国家民政部批准成立的非营利性社会团体法人。

1.2 金融市场法律法规

1.2.1 金融市场法律法规体系

1.2.1.1 法的概念

法是一种特殊的行为规则和社会规范,是由国家制定或认可,以权利义务为主要内容,由国家强制力保证实施的社会行为规范及其相应的规范性文件的总称。

1.2.1.2 法的特征

法的特征主要有以下4点。

1. 国家意志性

法是经过国家制定或认可才得以形成的规范,具有国家意志性。必须通过一定的组织和程序才能形成法。法是通过国家制定和发布的文件,但国家发布的任何文件并不都是法。首先,法是国家发布的规范性文件;其次,法是按照法定的职权和方式制定和发布的,有确定的表现形式,需要通过特定的国家机关,按照特定的方式,表现为特定的法律文件形式才能成立。

2. 国家强制性

法凭借国家强制力的保证而获得普遍遵循的效力,具有国家强制性。法是由国家强制力保障实施的规范。法的强制性由国家提供和保证,以国家的强制机构(如军队、警察、法庭、监狱)为后盾,和国家制裁相联系,表现为对违法者采取国家强制措施。

3. 规范性

法是确定人们在社会关系中的权利和义务的行为规范,具有规范性。法的主要内容是由规定权利、义务的条文构成的,法律通过规定人们的权利和义务来分配利益,从而影响人们的动机和行为,进而影响社会关系。

4. 普遍约束性

法是明确而普遍适用的规范,具有明确公开性和普遍约束性。法具有明确的内容,能使人们预知自己或他人一定行为的法律后果,因此具有可预测性。法具有普遍适用性,凡是在国家权力管辖和法律调整的范围期限内,对所有社会成员及其活动都普遍适用。因此,法具有普遍约束性。

1.2.1.3 法律关系

法律关系是法律规范在调整人们行为的过程中所形成的一种特殊的社会关系,即法律上的权利与义务关系。或者说,法律关系是指被法律规范所调整的权利与义务关系。法律关系由三个要素构成，分别是法律关系的主体、法律关系的内容和法律关系的客体。法律关系主体是指参加法律关系，依法享有权利并承担义务的当事人。法律关系的内容是指法律关系主体所享有的权利和承担的义务。法律关系客体是指法律关系主体的权利和义务所指向的对象。

1.2.1.4 法律法规层级

我国现有金融市场法律体系分为以下5个层次，其法律效力依次递减。

第一个层次是指由全国人民代表大会或全国人民代表大会常务委员会制定并颁布的法律，如《中华人民共和国证券法》《中华人民共和国证券投资基金法》《中华人民共和国刑法》《中华人民共和国民法典》，以及《中华人民共和国反洗钱法》等。

第二个层次是指由国务院制定并颁布的行政法规，如《证券、期货投资咨询管理暂行办法》《证券公司监督管理条例》等。

第三个层次是指由国务院直属事业单位制定的部门规章，如《证券期货投资者适当性管理办法》《证券投资基金管理公司管理办法》《证券公司风险控制指标管理办法》《证券公司和证券投资基金管理公司合规管理办法》和《私募投资基金监督管理暂行办法》等。

第四个层次是指除部门规章以外的相关部门制定的规范性文件，如《证券公司治理准则》《证券公司内部控制指引》等。

第五个层次是指由证券交易所、中国证券业协会及中国证券登记结算有限责任公司等自律性组织制定的行业自律规则，行业自律规则包括证券交易所自律性规则、中国证券业协会自律性规则和中国证券登记结算有限责任公司制定的自律性规则。具体如《上海证券交易所交易规则》等。

1.2.2 金融业务法律规范

1.2.2.1 商业银行

(1) 商业银行是指依照《中华人民共和国商业银行法》和《中华人民共和国公司法》设立的可开展吸收公众存款、发放贷款、办理结算等业务的企业法人。

(2) 商业银行可以经营下列部分或者全部业务。

① 吸收公众存款。

② 发放短期、中期和长期贷款。

③ 办理国内外结算。

④ 办理票据承兑与贴现。

⑤ 发行金融债券。

⑥ 代理发行、代理兑付、承销政府债券。

⑦ 买卖政府债券、金融债券。

⑧ 从事同业拆借。

⑨ 买卖、代理买卖外汇。

⑩ 从事银行卡业务。

⑪ 提供信用证服务及担保。

⑫ 代理收付款项及保险业务。

⑬ 提供保管箱服务。

⑭ 经国务院银行业监督管理机构批准的其他业务。

(3) 经营范围由商业银行章程规定，报国务院银行业监督管理机构批准。

(4) 商业银行经中国人民银行批准，可以经营结汇、售汇业务。

(5) 商业银行的经营原则和经营方针。商业银行以安全性、流动性、效益性为经营原则，实行自主经营，自担风险，自负盈亏，自我约束。

(6) 商业银行依法开展业务，不受任何单位和个人的干涉。

(7) 商业银行以其全部法人财产独立承担民事责任。

(8) 商业银行与客户的业务往来，应当遵循平等、自愿、公平和诚实信用的原则。

(9) 商业银行应当保障存款人的合法权益不受任何单位和个人的侵犯。

(10) 商业银行开展信贷业务，应当严格审查借款人的资信，实行担保，保障按期收回贷款。

(11) 商业银行依法向借款人收回到期贷款的本金和利息，受法律保护。

(12) 商业银行开展业务，应当遵守法律、行政法规的有关规定，不得损害国家利益、社会公共利益。

(13) 商业银行开展业务，应当遵守公平竞争的原则，不得从事不正当竞争。

(14) 商业银行依法接受国务院银行业监督管理机构的监督管理，但法律规定其有关业务接受其他监督管理部门或者机构监督管理的，依照其规定。

(15) 设立商业银行，应当经国务院银行业监督管理机构审查批准。未经国务院银行业监督管理机构批准，任何单位和个人不得从事吸收公众存款等商业银行业务，任何单位不得在名称中使用"银行"字样。

(16) 设立全国性商业银行的注册资本最低限额为10亿元人民币。设立城市商业银行的注册资本最低限额为1亿元人民币，设立农村商业银行的注册资本最低限额为5千万元人民币。注册资本应当是实缴资本。

(17) 经批准设立的商业银行，由国务院银行业监督管理机构颁发经营许可证，并凭该许可证向工商行政管理部门办理登记，领取营业执照。

(18) 商业银行根据业务需要可以在中华人民共和国境内外设立分支机构。设立分支机构必须经国务院银行业监督管理机构审查批准。在中华人民共和国境内的分支机构，不按行政区划设立。

(19) 商业银行在中华人民共和国境内设立分支机构，应当按照规定拨付与其经营规模相适应的营运资金额。拨付各分支机构营运资金额的总和，不得超过总行资本金总额的60%。

(20) 设立商业银行分支机构，申请人应当向国务院银行业监督管理机构提交下列文件、资料。

① 申请书。申请书应当载明拟设立的分支机构的名称、营运资金额、业务范围、总行及分支机构所在地等。

② 申请人最近2年的财务会计报告。

③ 拟任职的高级管理人员的资格证明。

④ 经营方针和计划。

⑤ 营业场所、安全防范措施和与业务有关的其他设施的资料。

⑥ 国务院银行业监督管理机构规定的其他文件、资料。

(21) 商业银行对其分支机构实行全行统一核算、统一调度资金、分级管理的财务制度。

(22) 商业银行分支机构不具有法人资格，在总行授权范围内依法开展业务，其民事责任由总行承担。

(23) 经批准设立的商业银行及其分支机构，由国务院银行业监督管理机构予以公告。

(24) 商业银行及其分支机构自取得营业执照之日起无正当理由超过6个月未开业的，或者开业后自行停业连续6个月以上的，由国务院银行业监督管理机构吊销其经营许可证，并予以公告。

(25) 商业银行应当依照法律、行政法规的规定使用经营许可证。禁止伪造、变造、转让、出租、出借经营许可证。

(26) 任何单位和个人购买商业银行股份总额5%以上的，应当事先经国务院银行业监督管理机构批准。

(27) 对个人储蓄存款的法律保护。商业银行办理个人储蓄存款业务，应当遵循存款自愿、取款自由、存款有息、为存款人保密的原则。

(28) 对个人储蓄存款，商业银行有权拒绝任何单位或者个人查询、冻结、扣划，法律另有规定的除外。

(29) 对单位存款，商业银行有权拒绝任何单位或者个人查询，法律、行政法规另有规定的除外；有权拒绝任何单位或者个人冻结、扣划，法律另有规定的除外。

(30) 商业银行应当按照中国人民银行规定的存款利率的上下限，确定存款利率，并予以公告。商业银行应当按照中国人民银行的规定，向中国人民银行交存存款准备金，留足备付金。商业银行应当保证存款本金和利息的支付，不得拖延、拒绝支付存款本金和利息。

(31) 商业银行贷款，应当对借款人的借款用途、偿还能力、还款方式等情况进行严格审查。

(32) 商业银行贷款，应当实行审贷分离、分级审批的制度。商业银行贷款，应当与借款人订立书面合同。合同应当约定贷款种类、借款用途、金额、利率、还款期限、还款方式、违约责任和双方认为需要约定的其他事项。

(33) 商业银行应当按照中国人民银行规定的贷款利率的上下限，确定贷款利率。

(34) 商业银行贷款，应当遵守下列资产负债比例管理的规定。

① 资本充足率不得低于8%。

② 流动性资产余额与流动性负债余额的比例不得低于25%。

③ 对同一借款人的贷款余额与商业银行资本余额的比例不得超过10%。

④ 国务院银行业监督管理机构对资产负债比例管理的其他规定。

(35)《中华人民共和国商业银行法》施行前设立的商业银行，在《中华人民共和国商业银行法》施行后，其资产负债比例不符合前款规定的，应当在一定的期限内符合前款规定。具体办法由国务院规定。

(36) 商业银行不得向关系人发放信用贷款；向关系人发放担保贷款的条件不得优于其他借款人同类贷款的条件。

(37) 商业银行投资业务的限制。商业银行在中华人民共和国境内不得从事信托投资和证券经营业务，不得向非自用不动产投资或者向非银行金融机构和企业投资，国家另有规定的除外。

(38) 企业事业单位可以自主选择一家商业银行的营业场所开立1个办理日常转账结算和现金收付的基本账户，不得开立2个以上基本账户。

(39) 任何单位和个人不得将单位的资金以个人名义开立账户存储。

(40) 商业银行工作人员行为的限制。商业银行的工作人员应当遵守法律、行政法规和其他各项业务管理的规定，不得有下列行为。

① 利用职务上的便利，索取、收受贿赂或者违反国家规定收受各种名义的回扣、手续费。

② 利用职务上的便利，贪污、挪用、侵占本行或者客户的资金。

③ 违反规定徇私向亲属、朋友发放贷款或者提供担保。

④ 在其他经济组织兼职。

⑤ 违反法律、行政法规和业务管理规定的其他行为。

(41) 商业银行不能支付到期债务，经国务院银行业监督管理机构同意，由人民法院依法宣告其破产。商业银行被宣告破产的，由人民法院组织国务院银行业监督管理机构等有关部门和有关人员成立清算组，进行清算。

(42) 商业银行破产清算时，在支付清算费用、所欠职工工资和劳动保险费用后，应当优先支付个人储蓄存款的本金和利息。

1.2.2.2 非银行金融机构

(1) 非银行金融机构包括经银保监会批准设立的金融资产管理公司、企业集团财务公司、金融租赁公司、汽车金融公司、货币经纪公司、消费金融公司、境外非银行金融机构驻华代表处等机构。

(2) 银保监会及其派出机构依照银保监会行政许可实施程序相关规定和《中国银保监会非银行金融机构行政许可事项实施办法》，对非银行金融机构实施行政许可。

(3) 非银行金融机构一些事项须经银保监会及其派出机构行政许可，包括机构设立，机构变更，机构终止，调整业务范围和增加业务品种，董事和高级管理人员任职资格，以及法律、行政法规规定和国务院决定的其他行政许可事项。

(4) 行政许可中应当按照《银行业金融机构反洗钱和反恐怖融资管理办法》要求进行反洗钱和反恐怖融资审查，对不符合条件的，不予批准。

(5) 非银行金融机构法人机构变更事项包括变更名称、变更股权或调整股权结构、变更注册资本、变更住所、修改公司章程、分立或合并、金融资产管理公司变更组织形式，以及银保监会规定的其他变更事项。

(6) 出资人及其关联方、一致行动人单独或合计拟首次持有非银行金融机构资本总额或股份总额5%以上或不足5%但对非银行金融机构经营管理有重大影响的，以及累计增持非银行金融机构资本总额或股份总额5%以上或不足5%但引起实际控制人变更的，均应事先报银保监会或其派出机构核准。

(7) 出资人及其关联方、一致行动人单独或合计持有非银行金融机构资本总额或股份总额1%以上、5%以下的,应当在取得相应股权后10个工作日内向银保监会或所在地省级派出机构报告。

(8) 证券经纪业务的特点是业务对象的广泛性和价格的变动性、证券经纪商的中介性、客户指令的权威性和客户资料的保密性。

(9) 证券账户的开立数量规定1个投资者只能申请开立1个一码通账户,1个投资者在同一市场最多可以申请开立3个A股账户、3个封闭式基金账户,只能申请开立1个信用账户、1个B股账户。

(10) 客户适当性管理包括全面了解客户、对产品或服务分级、适当性匹配。

(11) 证券公司须拥有席位方可在证券交易所进行交易。证券公司应当至少取得并持有1个席位,但证券公司不得共有席位。证券公司取得的席位可向其他会员转让,但不得退回证券交易所。未经证券交易所同意,证券公司不得将席位出租、质押或将席位所属权益以其他任何方式转给他人。

(12) 沪港通可交易的证券品种包括上证180指数成分股、上证380指数成分股、A+H股上市公司的证券交易所上市A股。

(13) 深股通的股票范围是市值60亿元人民币及以上的深证成分指数和深证中小创新指数的成分股,以及深交所上市的A+H股公司股票。

(14) 沪伦通,即上海证券交易所与伦敦证券交易所互联互通机制,是指符合条件的两地上市公司,依照对方市场的法律法规,发行存托凭证并在对方市场上市交易;同时,通过存托凭证与基础证券之间的跨境转换机制安排,实现两地市互联互通。

(15) 证券投资顾问业务和发布证券研究报告是证券投资咨询业务的两种基本形式。

(16) 从事证券投资咨询业务的人员,必须取得证券投资咨询从业资格并加入一家有从业资格的证券投资咨询机构后,方可从事证券投资咨询业务。证券投资咨询人员不得同时在2个或者2个以上的证券投资咨询机构执业。同一人员不得同时注册为证券分析师和证券投资顾问。

(17) 证券公司的自营、受托投资管理、财务顾问和投资银行等业务部门的专业人员在离开原岗位后的6个月内不得从事面向社会公众开展的证券投资咨询业务。

(18) 中国证监会建立监管信息系统,对财务顾问及其财务顾问主办人进行持续动态监管,并将以下事项记入其诚信档案。

① 财务顾问及其财务顾问主办人被中国证监会采取监管措施。

② 在持续督导期间,上市公司或者其他委托人违反公司治理有关规定、相关资产状况及上市公司经营成果等与财务顾问的专业意见出现较大差异。

③ 中国证监会认定的其他事项。

(19) 证券(股票类)发行规模达到一定数量的,可以采用联合保荐,但参与联合保荐的保荐机构不得超过2家。保荐机构及其保荐代表人履行保荐职责,不能减轻或者免除发行人及其董事、监事高级管理人员、证券服务机构及其签字人员的责任。

(20) 公开发行公司债券的发行人应当及时披露债券存续期内发生可能影响其偿债能力或债券价格的重大事项。重大事项(关键点)如下。

① 发行人主要资产被查封、扣押、冻结。

② 债券信用评级发生变化。
③ 发行人当年累计新增借款或对外提供担保超过上年末净资产的20%。
④ 发行人放弃债权或财产，超过上年末净资产的10%。
⑤ 发行人发生超过上年末净资产10%的重大损失等。

(21) 证券自营业务是经中国证监会批准经营证券自营业务的证券公司用自有资金和依法筹集资金，用自己的名义开设的证券账户买卖有价证券，以获取盈利的行为。

(22) 证券自营业务的投资范围如下。
① 已经和依法可以在境内证券交易所上市交易和转让的证券(主要包括股票、债券、证券投资基金等)。
② 已经在全国中小企业股份转让系统挂牌转让的证券。
③ 已经和依法可以在符合规定的区域性股权交易市场挂牌转让的私募债券。
④ 已经和依法可以在境内银行间市场交易的证券(主要包括政府债券、国际开发机构人民币债券、央行票据、金融债券、短期融资券、公司债券、中期票据、企业债券)。
⑤ 经国家金融监管部门或者其授权机构依法批准或备案发行并在境内金融机构柜台交易的证券。

(23) 证券公司将自有资金投资于依法公开发行的国债、投资级公司债、货币市场基金、央行票据等中国证监会认可的风险较低、流动性较强的证券，或者委托其他证券公司或者基金管理公司进行证券投资管理，且投资规模合计不超过其净资本80%的，无须取得证券自营业务资格。

(24) 债券交易包括现券买卖、债券回购、债券远期、债券借贷等符合规定的债券交易业务。

(25) 资产管理业务是指银行、信托、证券、基金、期货、保险资产管理机构、金融资产投资公司等金融机构接受投资者委托，对受托的投资者财产进行投资和管理的金融服务。

(26) 资产管理业务的分类：按照募集方式的不同，可分为公募产品和私募产品；按照投资性质不同，分为固定收益类产品、权益类产品、商品及金融衍生品类产品和混合类产品；按照投资者人数不同，可分为单一资产管理产品、集合资产管理产品。集合资产管理计划的投资者人数不少于2人，不超过200人。

(27) 资产管理计划不得直接投资商业银行信贷资产；不得违规为地方政府及其部门提供融资，不得要求或者接受地方政府及其部门违规提供担保；不得直接或者间接投资法律、行政法规和国家政策禁止投资的行业或领域。

(28) 证券公司以自有资金参与单个集合资产管理计划的份额不得超过该计划总份额的20%。证券公司及其附属机构以自有资金参与单个集合资产管理计划的份额合计不得超过该计划总份额的50%。

(29) 证券公司大集合资产管理计划，是指证券公司设立管理的投资者人数不受200人人数限制的集合资产管理计划。通过专项资产管理计划形式设立的大集合产品亦属于上述范围。

(30) 资产证券化业务，是指以基础资产所产生的现金流为偿付支持，通过结构化等方式进行信用增级，在此基础上发行资产支持证券的业务活动。

(31) 资产支持证券可以按照规定在证券交易所、全国中小企业股份转让系统、机构间私募产品报价与服务系统、证券公司柜台市场，以及中国证监会认可的其他证券交易场所进行挂牌、转让。资产支持证券仅限在合格投资者范围内转让。转让后，持有资产支持证券的合格投资者合计不得超过200人。

(32) 证券公司经营融资融券业务，应当以自己的名义，在证券登记结算机构分别开立融券专用证券账户、客户信用交易担保证券账户、信用交易证券交收账户和信用交易资金交收账户。证券公司经营融资融券业务，应当以自己的名义，在商业银行分别开立融资专用资金账户和客户信用交易担保资金账户。

(33) 证券公司向客户融资、融券，应当向客户收取一定比例的保证金。保证金除现金形式外还可以证券充抵。

(34) 融资融券交易标的证券为股票的，要求股票在交易所上市交易超过3个月。融资买入标的股票的流通股本不少于1亿股或流通市值不低于5亿元，融券卖出标的股票的流通股本不少于2亿股或流通市值不低于8亿元。

(35) 融资融券标的证券为交易型开放式指数基金(ETF) 的，应符合的条件如下。
① 上市交易超过5个交易日。
② 最近5个交易日内的日平均资产规模不低于5亿元。
③ 基金持有户数不少于2000户。
④ 交易所规定的其他条件。

(36) 股票质押式回购业务是符合条件的资金融入方以所持的股票或其他证券质押，向符合条件资金融出方融入资金，并约定在未来返还资金、解除质押的交易。

(37) 约定购回式证券交易，是指符合条件的客户以约定价格向其指定交易的证券公司卖出标的证券，并约定在未来某一日期由客户按照另一约定价格从证券公司购回标的证券，证券公司根据与客户签署的协议将待购回期间标的证券产生的相关利息返还给客户的交易。

(38) 可通过约定申报和非约定申报方式参与科创板证券出借的证券类型如下。
① 无限售流通股。
② 战略投资者配售获得的在承诺的持有期限内的股票。
③ 符合规定的其他证券。

(39) 通过约定申报方式参与科创板证券出借的，证券出借期限可在1天至182天的区间内协商确定。交易所接受约定申报方式下出借人的出借申报时间为每个交易日的9：30至11：30、13：00至15：00。约定申报当日有效。未成交的申报，15：00前可以撤销。

(40) 借入人开展科创板转融券业务应收取保证金。应收取的保证金比例可低于20%，其中货币资金占应收取保证金的比例不得低于15%。

(41) 借入人和出借人协商一致，可申请科创板转融券约定申报的展期、提前了结，经证券金融公司同意后可以展期或提前了结。借入人和出借人应在原合约到期日前的同一交易日向证券金融公司提交展期指令，即在商定的归还日前的同一交易日提交提前了结指令。

(42) 证券公司代理投资者在柜台市场交易由其他合法登记机构登记的私募产品时，可以采取名义持有模式，以证券公司名义在该产品登记机构开立产品账户，享有产品持有人权利。

(43) 代销金融产品指接受金融产品发行人的委托，为其销售金融产品或者介绍金融产品购买人的行为。

(44) 中间介绍业务是指证券公司接受期货公司委托，为期货公司介绍客户参与期货交易并提供其他相关服务的业务活动。

(45) 代销金融产品的禁止性行为如下。

① 采取夸大宣传、虚假宣传等方式误导客户购买金融产品。

② 采取抽奖、回扣、赠送实物等方式诱导客户购买金融产品。

③ 与客户分享投资收益、分担投资损失。

④ 使用除证券公司客户交易结算资金专用存款账户外的其他账户，代委托人接收客户购买金融产品的资金。

⑤ 证券公司从事代销金融产品活动的人员接受委托人给予的财物或其他利益等。

(46) 证券公司不得代客户下达交易指令，不得利用客户的交易编码、资金账号或者期货结算账户进行期货交易，不得代客户接收、保管或者修改交易密码。证券公司不得直接或者间接为客户从事期货交易提供融资或者担保。

(47) 私募基金业务禁止性行为如下。

① 将其固有财产或者他人财产混同基金财产从事投资活动。

② 不公平地对待其管理的不同基金财产。

③ 利用基金财产或者职务之便，为本人或者投资者以外的人牟取利益，进行利益输送。

④ 侵占、挪用基金财产。

⑤ 泄露因职务便利获取的未公开信息，利用该信息从事或者明示暗示他人从事相关的交易活动。

⑥ 从事内幕交易、操纵交易价格及其他不正当交易活动等。

1.2.3　大数据与个人信息保护法律法规

1.2.3.1　相关法律体系的建立

为提高信息安全保障能力和水平，维护国家安全、社会稳定和公共利益，保障和促进信息化建设，2007年公安部等部门制定实施《信息安全等级保护管理办法》，根据信息系统受到破坏后，会对公民、法人和其他组织、国家安全、社会秩序和公共利益等造成损失的程度划分为5个等级。要求运营、使用单位或者其主管部门在信息系统建设完成后，选择符合规定条件的测评机构，按信息系统等级对应规定，定期对信息系统安全等级状况开展等级测评。信息系统运营、使用单位及其主管部门应当定期对信息系统安全状况、安全保护制度及措施的落实情况进行自查。

2011年，中国人民银行制定实施了《中国人民银行关于银行业金融机构做好个人金融信息保护工作的通知》，规定银行业金融机构在收集、保存、使用、对外提供个人金融信息时，应当严格遵守法律规定，采取有效措施加强对个人金融信息保护，确保信息安全，防止信息泄露和滥用。特别是在收集个人金融信息时，应当遵循合法、合理原则，不得收集与业务无关的信息和采取不正当的方式收集信息。银行业金融机构不得篡改、违法使用个人金融信息。在使用个人金融信息时，应当符合收集该信息的目的，不得出售个人金融信息，不得向本金融机构以外的其他金融机构和个人提供个人金融信息(个人书面授权同意，以及法律法规另有规定的除外)，不得在个人提出反对的情况下，将个人金融信息用于产生该信息以外的本金融机构其他营销活动。

2012年，全国人大常委会制定了《关于加强网络信息保护的决定》，将网络服务提供者纳入监管范围，同时对公民个人电子信息进行了初步定义，并首次提出了收集个人信息的4个基本原则，即正当、合法、必要明示、同意原则。

2017年6月1日，由全国人大常委会制定的《中华人民共和国网络安全法》正式实施，规定网络运营者应当对其收集的用户信息严格保密，并建立健全的用户信息保护制度。收集、使用个人信息，应当遵循合法、正当、必要的原则，公开收集、使用规则，明示收集、使用信息的目的、方式和范围，并经被收集者同意。不得收集与其提供的服务无关的个人信息，不得违反法律、行政法规的规定和双方的约定收集、使用个人信息，并应当依照法律、行政法规的规定和与用户的约定，处理其保存的个人信息。不得泄露、篡改、毁损其收集的个人信息；未经被收集者同意，不得向他人提供个人信息。但是，经过处理无法识别特定个人且不能复原的除外。网络运营者应当采取技术措施和其他必要措施，确保其收集的个人信息安全，防止信息泄露、毁损、丢失。在发生或者可能发生个人信息泄露、毁损、丢失的情况时，应当立即采取补救措施，按照规定及时告知用户并向有关主管部门报告。个人发现网络运营者违反法律、行政法规的规定或者双方的约定收集、使用其个人信息的，有权要求网络运营者删除其个人信息；发现网络运营者收集、存储的其个人信息有错误的，有权要求网络运营者予以更正；网络运营者应当采取措施予以删除或者更正。任何个人和组织不得窃取或者以其他非法方式获取个人信息，不得非法出售或者非法向他人提供个人信息。依法负有网络安全监督管理职责的部门及其工作人员，必须对在履行职责中知悉的个人信息、隐私和商业秘密严格保密，不得泄露、出售或者非法向他人提供。任何个人和组织应当对其使用网络的行为负责，不得设立用于实施诈骗，传授犯罪方法，制作或者销售违禁物品、管制物品等违法犯罪活动的网站、通讯群组，不得利用网络发布涉及实施诈骗，制作或者销售违禁物品、管制物品，以及其他违法犯罪活动的信息。网络运营者应当加强对其用户发布的信息的管理，发现法律、行政法规禁止发布或者传输的信息，应当立即停止传输该信息，采取消除等处置措施，防止信息扩散，保存有关记录，并向有关主管部门报告。任何个人和组织发送的电子信息、提供的应用软件，不得设置恶意程序，不得含有法律、行政法规禁止发布或者传输的信息。电子信息发送服务提供者和应用软件下载服务提供者，应当履行安全管理义务，知道其用户有前款规定行为的，应当停止提供服务，采取消除等处置措施，保存有关记录，并向有关主管部门报告。网络运营者应当建立网络信息安全投诉、举报制度，公布投诉、举报方式等信息，及时受理并处理有关网络信息安全的投诉和举报，对网信部门和有关部门依法实施的监督检查，应当予以配合。

2019年6月13日，国家互联网信息办公室发布《个人信息出境安全评估办法》，指出网络运营者申报个人信息出境，网络运营者向境外提供个人信息，而且信息是在中国境内收集的，应当按照本办法进行安全评估。经安全评估认定个人信息出境可能影响国家安全、损害公共利益，或者难以有效保障个人信息安全的，不得出境。

2020年3月1日实施了《信息安全技术个人信息去标识化指南》，适用于组织开展个人信息去标识化工作，也适用于网络安全相关主管部门、第三方评估机构等组织开展个人信息安全监督管理、评估等工作。

1.2.3.2 《信息安全技术个人信息安全规范》相关内容

按照国家标准化管理委员会2017年第32号中国国家标准公告，全国信息安全标准化技术委员会组织制定和归口管理的国家标准《信息安全技术个人信息安全规范》正式发布。此标准对个人信息的相关概念进行的界定包括以下内容。

1. 个人信息

个人信息是以电子或者其他方式记录的能够单独或者与其他信息结合识别特定自然人身份或者反映特定自然人活动情况的各种信息。个人信息包括姓名、出生日期、身份证件号码、个人生物识别信息、住址、通信通讯联系方式、通信记录和内容、账号密码、财产信息、征信信息、行踪轨迹、住宿信息、健康生理信息、交易信息等。个人信息控制者通过个人信息或其他信息加工处理后形成的信息，例如用户画像或特征标签，能够单独或者与其他信息结合识别特定自然人身份或者反映特定自然人活动情况的，属于个人信息。

2. 个人敏感信息

个人敏感信息是一旦泄露、非法提供或滥用可能危害人身和财产安全，极易导致个人名誉、身心健康受到损害或歧视性待遇等的个人信息。个人敏感信息包括身份证件号码、个人生物识别信息、银行账户、通信记录和内容、财产信息、征信信息、行踪轨迹、住宿信息、健康生理信息、交易信息、14岁以下(含)儿童的个人信息等。个人信息控制者通过个人信息或其他信息加工处理后形成的信息，如一旦泄露、非法提供或滥用可能危害人身和财产安全，极易导致个人名誉、身心健康受到损害或歧视性待遇等的，属于个人敏感信息。

3. 收集

个人信息主体是指个人信息所标识或者关联的自然人。个人信息控制者是指有能力决定个人信息处理目的、方式等的组织或个人。收集是指获得个人信息的控制权的行为。包括由个人信息主体主动提供、通过与个人信息主体交互或记录个人信息主体行为等自动采集行为，以及通过共享、转让、搜集公开信息等间接获取个人信息等行为。如果产品或服务的提供者提供工具供个人信息主体使用，提供者不对个人信息进行访问的，则不属于本标准所称的收集。例如，离线导航软件在终端获取个人信息主体位置信息后，如果不回传至软件提供者，则不属于个人信息主体位置信息的收集。

4. 明示同意

明示同意是指个人信息主体通过书面、口头等方式主动做出纸质或电子形式的声明，或者自主做出肯定性动作，对其个人信息进行特定处理做出明确授权的行为。肯定性动作包括个人信息主体主动勾选、主动点击"同意""注册""发送""拨打"、主动填写或提供等。

5. 授权同意

授权同意是指个人信息主体对其个人信息进行特定处理做出明确授权的行为。包括通过积极的行为做出授权(即明示同意)，或者通过消极的不作为而做出授权(如信息采集区域内的个人信息主体在被告知信息收集行为后没有离开该区域)。

6. 用户画像

用户画像是指通过收集、汇聚、分析个人信息，对某特定自然人个人特征，如职业、经济、健康、教育、个人喜好、信用、行为等方面做出分析或预测，形成其个人特征模型的过程。直接使用特定自然人的个人信息，形成该自然人的特征模型，称为直接用户画像。使用来源于特定自然人以外的个人信息，如其所在群体的数据，形成该自然人的特征模型，称为间接用户画像。

7. 个人信息安全影响评估

个人信息安全影响评估是针对个人信息处理活动，检验其合法合规程度，判断其对个人信息主体合法权益造成损害的各种风险，以及评估用于保护个人信息主体的各项措施有效性的过程。

8. 删除

删除是在实现日常业务功能所涉及的系统中去除个人信息的行为，使其保持不可被检索、访问的状态。

9. 公开披露

公开披露是指向社会或不特定人群发布信息的行为。

10. 转让

转让是指将个人信息控制权由一个控制者向另一个控制者转移的过程。

11. 共享

共享是指个人信息控制者向其他控制者提供个人信息，且双方分别对个人信息拥有独立控制权的过程。

12. 匿名化

匿名化是指通过对个人信息的技术处理，使得个人信息主体无法被识别或者关联，且处理后的信息不能被复原的过程。个人信息经匿名化处理后所得的信息不属于个人信息。

13. 去标识化

去标识化是指通过对个人信息的技术处理，使其在不借助额外信息的情况下，无法识别或者关联个人信息主体的过程。去标识化建立在个体基础之上，保留了个体颗粒度，采用假名、加密、哈希函数等技术手段替代对个人信息的标识。

14. 个性化展示

个性化展示是指基于特定个人信息主体的网络浏览历史、兴趣爱好、消费记录和习惯等个人信息，向该个人信息主体展示信息内容、提供商品或服务的搜索结果等活动。

15. 个人信息安全基本原则

个人信息控制者开展个人信息处理活动应遵循合法、正当、必要的原则，具体如下。

(1) 权责一致——采取技术和其他必要的措施保障个人信息的安全，对其个人信息处理活动对个人信息主体合法权益造成的损害承担责任。

(2) 目的明确——具有明确、清晰、具体的个人信息处理目的。

(3) 选择同意——向个人信息主体明示个人信息处理目的、方式、范围等规则，征求其授权同意。

(4) 最小必要——只处理满足个人信息主体授权同意的目的所需要的最少个人信息类型和数量。目的达成后，应及时删除个人信息。

(5) 公开透明——以明确、易懂和合理的方式公开处理个人信息的范围、目的、规则等，并接受外部监督。

(6) 确保安全——具备与所面临的安全风险相匹配的安全能力，并采取足够的管理措施和技术手段，保护个人信息的保密性、完整性、可用性。

(7) 主体参与——向个人信息主体提供能够查询、更正、删除其个人信息，以及撤回授权同意、注销账户、投诉等方法。

16. 个人信息的收集

收集个人信息的合法性对个人信息控制者的要求如下。

(1) 不应以欺诈、诱骗、误导的方式收集个人信息。

(2) 不应隐瞒产品或服务所具有的收集个人信息的功能。

(3) 不应从非法渠道获取个人信息。

收集个人信息的最小必要原则对个人信息控制者的要求如下。

(1) 收集的个人信息的类型应与实现产品或服务的业务功能有直接关联；直接关联是指没有上述个人信息的参与，产品或服务的功能无法实现。

(2) 自动采集个人信息的频率应是实现产品或服务的业务功能所必需的最低频率。

(3) 间接获取个人信息的数量应是实现产品或服务的业务功能所必需的最少数量。

17. 业务功能

当产品或服务提供多项须收集个人信息的业务功能时，个人信息控制者不应违背个人信息主体的自主意愿，强迫个人信息主体接受产品或服务所提供的业务功能及相应的个人信息收集请求。对个人信息控制者的要求如下。

(1) 不应通过捆绑产品或服务各项业务功能的方式，要求个人信息主体一次性接受并授权同意其未申请或使用的业务功能收集个人信息的请求。

(2) 应把个人信息主体自主做出的肯定性动作，如主动点击、勾选、填写等，作为产品或服务的特定业务功能的开启条件。个人信息控制者应仅在个人信息主体开启该业务功能后，开始收集个人信息。

(3) 关闭或退出业务功能的途径或方式应与个人信息主体选择使用业务功能的途径或方式同样方便。个人信息主体选择关闭或退出特定业务功能后，个人信息控制者应停止该业务功能的个人信息收集活动。

(4) 个人信息主体不授权同意使用、关闭或退出特定业务功能的，不应频繁征求个人信息主体的授权同意。

(5) 个人信息主体不授权同意使用、关闭或退出特定业务功能的，不应暂停个人信息主体自主选择使用的其他业务功能，或降低其他业务功能的服务质量。

(6) 不得仅以改善服务质量、提升使用体验、研发新产品、增强安全性等为由，强制要求个人信息主体同意收集个人信息。

1.2.4 金融法律责任及相关犯罪类型

1.2.4.1 金融法律责任

从事金融行业进行违法犯罪活动涉及行政责任、民事责任、刑事责任这三类。

1. 行政责任

行政责任是指犯有一般违法行为的单位或个人，依照法律法规的规定应承担的法律责任。行政处罚是指行政机关或其他行政主体依法定职权和程序，对违反行政法规尚未构成犯罪的相对人给予行政制裁的具体行为。承担行政责任的主体是行政主体和行政相对人。产生行政责任的原因是行为人的行政违法行为和法律规定的特定情况。与刑事责任和民事责任相比，行政责任的承担方式较为多样化，可以是行为责任、精神责任、财产责任，甚至还可以是人身责任。

2. 民事责任

民事法律责任是民事主体对自己因违反合同，不履行其他民事义务，或者侵害国家的、集体的财产，侵害他人的人身财产、人身权利所造成的法律后果，依法应当承担的民事法律责任。

3. 刑事责任

刑事责任是指犯罪人因实施犯罪行为应当承担的法律责任，按刑事法律的相关规定追究其法律责任，包括主刑和附加刑两种刑事责任。

1.2.4.2 相关犯罪类型

从事金融数据建模应用工作可能涉及的部分典型犯罪类型如下。

(1) 擅自设立金融机构罪。根据《中华人民共和国刑法》第一百七十四条，擅自成立金融机构罪，是指未经中国人民银行批准，擅自设立商业银行、证券交易所、期货交易所、证券公司、期货经纪公司、保险公司或者其他金融机构的行为。

(2) 非法经营罪。根据《中华人民共和国刑法》第二百二十五条，非法经营罪是指违反国家规定，有下列非法经营行为之一的犯罪。

① 未经许可经营法律、行政法规规定的专营、专卖物品或其他限制买卖的物品的行为。

② 买卖进出口许可证、进出口原产地证明，以及其他法律、行政法规规定的经营许可证或者批准文件的行为。

③ 未经国家有关主管部门批准，非法经营证券、期货或者保险业务的，或者非法从事资金结算业务的行为。

④ 从事其他非法经营活动，扰乱市场秩序，情节严重的行为。

(3) 非法吸收公众存款罪。根据《中华人民共和国刑法》第一百七十六条，非法吸收公众存款罪是指违反国家金融管理法规非法吸收公众存款或变相吸收公众存款，扰乱金融秩序的行为。准确理解非法吸收公众存款罪的关键在于要坚持该罪的行为主体的不特定性和危害金融秩序的具体性的统一。

(4) 擅自发行股票或者公司、企业债券罪。根据《中华人民共和国刑法》第一百七十九条，擅自发行股票或者公司、企业债券罪，是指未经国家有关主管部门批准，擅自发行股票或者公司、企业债券，数额巨大、后果严重或者有其他严重情节的行为。

(5) 集资诈骗罪。根据《中华人民共和国刑法》第一百九十二条，集资诈骗罪是指以非法占有为目的，违反有关金融法律、法规的规定，使用诈骗方法进行非法集资，扰乱国家正常金融秩序，侵犯公私财产所有权，且数额较大的行为。根据《最高人民检察院、公安部关于公安机关管辖的刑事案件立案追诉标准的规定(二)》第四十九条规定，以非法占有为目的，使用诈骗方法非法集资，涉嫌下列情形之一的，应予立案追诉。

① 个人集资诈骗，数额在10万元以上。

② 单位集资诈骗，数额在50万元以上。

(6) 洗钱罪。根据《中华人民共和国刑法》第一百九十一条，洗钱罪是指明知是毒品犯罪、黑社会性质的组织犯罪、恐怖活动犯罪、走私犯罪、贪污贿赂犯罪、破坏金融管理秩序犯罪、金融诈骗犯罪的违法所得及其收益，为掩饰、隐瞒其来源和性质，而提供资金账户的，或者协助将财产转换为现金、金融票据、有价证券的，或者通过转账或者其他结算方式协助资金转移的，或者协助将资金汇往境外的，或者以其他方法掩饰、隐瞒犯罪所得及其收益的来源和性质的行为。

(7) 侵犯公民个人信息罪。根据《中华人民共和国刑法》第二百五十三条，违反国家有关规定，向他人出售或者提供公民个人信息，情节严重的，处三年以下有期徒刑或者拘役，并处或者单处罚金；情节特别严重的，处三年以上七年以下有期徒刑，并处罚金。

(8) 操纵证券、期货市场罪。根据《中华人民共和国刑法》第一百八十二条，操纵证券、期货市场罪，是指以获取不正当利益或者转嫁风险为目的，集中资金优势、持股或者持仓优势或者利用信息优势联合或者连续买卖，与他人串通相互进行证券、期货交易，自买自卖期货合约，操纵证券、期货市场交易量、交易价格，制造证券、期货市场假象，诱导或者致使投资者在不了解事实真相的情况下做出证券投资决定，扰乱证券、期货市场秩序的行为。

(9) 非法获取计算机信息系统数据罪。根据《中华人民共和国刑法》第二百八十五条，违反国家规定，侵入国家事务、国防建设、尖端科学技术领域的计算机信息系统的，处三年以下有期徒刑或者拘役。违反国家规定，侵入前款规定以外的计算机信息系统或者采用其他技术手段，获取该计算机信息系统中存储、处理或者传输的数据，或者对该计算机信息系统实施非法控制，情节严重的，处三年以下有期徒刑或者拘役，并处或者单处罚金；情节特别严重的，处三年以上七年以下有期徒刑，并处罚金。提供专门用于侵入、非法控制计算机信息系统的程序、工具，或者明知他人实施侵入、非法控制计算机信息系统的违法犯罪行为而为其提供程序、工具，情节严重的，依照前款的规定处罚。单位犯前三款罪的，对单位判处罚金，并对其直接负责的主管人员和其他直接责任人员，依照各款的规定处罚。

1.2.5 金融风险管理政策

1.2.5.1 《中华人民共和国商业银行法》

(1) 商业银行贷款，应当对借款人的借款用途、偿还能力、还款方式等情况进行严格审查。商业银行贷款，应当实行审贷分离、分级审批的制度。

(2) 商业银行贷款，借款人应当提供担保。商业银行应当对保证人的偿还能力，抵押物、质物的权属和价值，以及实现抵押权、质权的可行性进行严格审查。经商业银行审查、评估，确认借款人资信良好，确能偿还贷款的，可以不提供担保。

(3) 商业银行贷款，应当遵守下列资产负债比例管理的规定。
① 资本充足率不得低于8%。
② 流动性资产余额与流动性负债余额的比例不得低于25%。
③ 对同一借款人的贷款余额与商业银行资本余额的比例不得超过10%。
④ 国务院银行业监督管理机构对资产负债比例管理的其他规定。

(4) 商业银行应当按照有关规定，制定本行的业务规则，建立、健全本行的风险管理和内部控制制度。

(5) 国务院银行业监督管理机构有权依照本法第三章、第四章、第五章的规定，随时对商业银行的存款、贷款、结算、呆账等情况进行检查监督。检查监督时，检查监督人员应当出示合法的证件。商业银行应当按照国务院银行业监督管理机构的要求，提供财务会计资料、业务合同和有关经营管理方面的其他信息。

1.2.5.2 《商业银行公司治理指引》

(1) 商业银行董事会对银行风险管理承担最终责任。商业银行董事会应当根据银行风险状况、发展规模和速度，建立全面的风险管理战略、政策和程序，判断银行面临的主要风险，确定适当的风险容忍度和风险偏好，督促高级管理层有效地识别、计量、监测、控制并及时处置商业银行面临的各种风险。

(2) 商业银行董事会及其风险管理委员会应当定期听取高级管理层关于商业银行风险状况的专题报告，对商业银行风险水平、风险管理状况、风险承受能力进行评估，并提出全面风险管理意见。

(3) 商业银行应当建立独立的风险管理部门，并确保该部门具备足够的职权、资源，以及与董事会进行直接沟通的渠道。

商业银行应当在人员数量和资质、薪酬和其他激励政策、信息科技系统访问权限、专门的信息系统建设，以及商业银行内部信息渠道等方面给予风险管理部门足够的支持。

(4) 商业银行风险管理部门应当承担但不限于以下职责。

① 对各项业务及各类风险进行持续、统一的监测、分析与报告。

② 持续监控风险并测算与风险相关的资本需求，及时向高级管理层和董事会报告。

③ 了解银行股东特别是主要股东的风险状况、集团架构对商业银行风险状况的影响和传导，定期进行压力测试，并制定应急预案。

④ 评估业务和产品创新、进入新市场，以及市场环境发生显著变化时，给商业银行带来的风险。

1.2.5.3 《银行业金融机构全面风险管理指引》

(1) 总体要求——管理内容。银行业金融机构应当建立全面风险管理体系，采取定性与定量相结合的方法，识别、计量、评估、监测、报告、控制或缓释所承担的各类风险。各类风险包括信用风险、市场风险、流动性风险、操作风险、国别风险、银行账户利率风险、声誉风险、战略风险、信息科技风险，以及其他风险。银行业金融机构的全面风险管理体系应当考虑风险之间的关联性，审慎评估各类风险之间的相互影响，防范跨境、跨业风险。

(2) 总体要求——管理原则。银行业金融机构全面风险管理应当遵循以下基本原则。

① 匹配性原则。全面风险管理体系应当与风险状况和系统重要性等相适应，并根据环境变化予以调整。

② 全覆盖原则。全面风险管理应当覆盖各项业务条线，本外币、表内外、境内外业务；覆盖所有分支机构、附属机构，部门、岗位和人员；覆盖所有风险种类和不同风险之间的相互影响；贯穿决策、执行和监督全部管理环节。

③ 独立性原则。银行业金融机构应当建立独立的全面风险管理组织架构，赋予风险管

理条线足够的授权、人力资源及其他资源配置，建立科学合理的报告渠道，与业务条线之间形成相互制衡的运行机制。

④ 有效性原则。银行业金融机构应当将全面风险管理的结果应用于经营管理，根据风险状况、市场和宏观经济情况评估资本和流动性的充足性，有效抵御所承担的总体风险和各类风险。

(3) 全面风险管理要素。银行业金融机构全面风险管理体系应当包括但不限于以下要素。

① 风险治理架构。

② 风险管理策略、风险偏好和风险限额。

③ 风险管理政策和程序。

④ 管理信息系统和数据质量控制机制。

⑤ 内部控制和审计体系。

(4) 责任主体。银行业金融机构应当承担全面风险管理的主体责任，建立全面风险管理制度，保障制度执行，对全面风险管理体系自我评估，健全自我约束机制。

(5) 监督管理。银行业监督管理机构依法对银行业金融机构全面风险管理实施监管。

(6) 披露要求。银行业金融机构应当按照银行业监督管理机构的规定，向公众披露全面风险管理情况。

(7) 董事会职责。银行业金融机构董事会承担全面风险管理的最终责任，履行以下职责。

① 建立风险文化。

② 制定风险管理策略。

③ 设定风险偏好和风险限额。

④ 审批风险管理政策和程序。

⑤ 监督高级管理层开展全面风险管理。

⑥ 审议全面风险管理报告。

⑦ 审批全面风险和各类重要风险的信息披露。

⑧ 聘任风险总监(首席风险官)或其他高级管理人员，牵头负责全面风险管理。

⑨ 其他与风险管理有关的职责。

(8) 风险管理政策和程序。银行业金融机构应当制定风险管理政策和程序，包括但不限于以下内容。

① 全面风险管理的方法，包括各类风险的识别、计量、评估、监测、报告、控制或缓释，风险加总的方法和程序。

② 风险定性管理和定量管理的方法。

③ 风险管理报告。

④ 压力测试安排。

⑤ 新产品、重大业务和机构变更的风险评估。

⑥ 资本和流动性充足情况评估。

⑦ 应急计划和恢复计划。

(9) 风险的识别、计量、评估、监测、报告和控制或缓释。银行业金融机构应当在集团和法人层面对各附属机构、分支机构、业务条线，对表内和表外、境内和境外、本币和外币业务涉及的各类风险，进行识别、计量、评估、监测、报告、控制或缓释。银行业金融机构应当制定每项业务对应的风险管理政策和程序。未制定的，不得开展该项业务。银行业金融机构应当有效评估和管理各类风险。对能够量化的风险，应当通过风险计量技术，加强对相关风险的计量、控制、缓释；对难以量化的风险，应当建立风险识别、评估、控制和报告机制，确保相关风险得到有效管理。

1.2.5.4 《巴塞尔协议》

1. 巴塞尔协议 I

第1版《巴塞尔协议》诞生于1988年，其对银行的资本构成提出了要求，明确了风险权重的计算标准，并将表外业务纳入资本监管中。该协议首次在国际范围建立了资本监管标准，引导银行控制杠杆，审慎发展业务，但由于没有覆盖操作风险和流动性等风险、风险权重设定比较单一、过分强调资本充足而忽视盈利性和其他风险等问题，存在一定局限性。

协议中对资本的规定是商业银行的资本应与资产的风险相联系。银行资本的主要作用就是吸收和消化银行损失，使银行免于倒闭危机；商业银行的最低资本由银行资产结构形成的资产风险所决定，资产风险越大，最低资本额越高；银行的主要资本是银行持股人的股本，构成银行的核心资本；协议签署国银行的最低资本限额为银行风险资产的8%，核心资本不能低于风险资产的4%；国际的银行业竞争应使银行资本金达到相似的水平。

协议将资本划分为两类，即核心资本和附属资本。主要构成如下。

1) 核心资本

(1) 股本，股本分为两部分，普通股和永久非累积优先股。普通股可以通过发行股票吸收社会资金，也可以通过银行的盈余账户转入。发行优先股也能增加银行资本，因此也是构成股本的重要手段。

(2) 公开储备，公开储备是指通过保留盈余或其他盈余的方式在资产负债表上明确反映的储备，如股票发行溢价、未分配利润和公积金等。

2) 附属资本

(1) 未公开储备，巴塞尔银行监管委员会提出的标准是在该项目中，只包括虽未公开，但已反映在损益表上并为银行的监管机构所接受的储备。

(2) 重估储备，这类资本一般包括对记入资产负债表上的银行自身房产的正式重估和来自有隐蔽价值的资本的名义增值。

(3) 普通准备金，因为普通准备金可以被用于弥补未来的不可确定的任何损失，符合资本的基本特征，所以被包括在附属资本中。

(4) 混合资本工具，是指带有一定股本性质又有一定债务性质的一些资本工具，比如英国的永久性债务工具、美国的强制性可转换债务工具等。

(5) 长期附属债务，是资本债券与信用债券的合称，它之所以被当作资本，是因为它可以部分地替代资本的职能，可以同样为固定资产筹集资金。银行一旦破产，损失先由附属债务冲销，再由保险公司或存款人承担。一般情况下，只有期限在5年以上的附属债务工具可以包括在附属资本之中，但其比例最多只能相当于核心资本的50%。

同时，为了使资本的计算趋于准确，《巴塞尔协议》还对资本中有些模糊的、应予以扣除的成分做了规定，包括：商誉是一种无形资产，它通常能增加银行的价值，但它又是一种虚拟资本，价值大小比较模糊；从总资本中扣除对从事银行业务和金融活动的附属机构的投资等。

2. 巴塞尔协议Ⅱ

2004年6月修订的《新巴塞尔资本协议》不仅包括原有的8%的资本充足率的最低要求，还提出了监管部门对商业银行资本充足率进行监督检查的新规定。在信用风险和市场风险的基础上，补充了对操作风险计提资本的要求。

《新巴塞尔资本协议》的最低资本要求如下。

(1) 核心资本与风险加权资产的比率不得低于4%，计算公式如下。

核心资本比率=核心资本/风险加权资产×100%=核心资本/(信用风险加权资产+12.5×市场风险+12.5×操作风险)×100%≥4%。

(2) 总资本与风险加权资产的比率不得低于8%，计算公式如下。

总风险资本比率=总资本/风险加权资产×100%=(核心资本+附属资本)/(信用风险加权资产+12.5×市场风险+12.5×操作风险)×100%≥8%。

2004年的《新巴塞尔资本协议》最主要的特点则是建立了有效资本监管的三大支柱，即最低资本充足率要求、监管部门的监督检查和市场约束，形成了较为完整的资本监管框架。新资本协议定义了7类操作风险，其中一类"业务中断或系统错误"涉及金融科技，通过最低资本要求抵御操作风险，巴塞尔协议Ⅲ沿用了相关内容。《新巴塞尔资本协议》存在没有考虑流动性风险、"顺周期性"问题突显、缺乏宏观审慎监管视角，不能有效防范系统性风险等问题。

3. 巴塞尔协议Ⅲ

巴塞尔协议Ⅲ的框架是巴塞尔委员会应对全球金融危机的核心要素，旨在解决金融危机期间暴露出的吸收损失的资本不足、信贷供给不可持续和流动性不足等问题。协议的核心在于强化风险加权资本的有效性，对加权资本提出了更高要求。巴塞尔协议Ⅱ的资本充足率要求加大了金融机构对风险的敏感性，且此风险敏感性具有顺周期性，即经济高涨时，资本充足率要求变得更低；经济低谷时，由于风险权重的变化，资本充足率要求变得更高。另外，仅保证单家机构稳健的资本充足率要求，即实施微观审慎监管政策并不能确保整个金融系统的稳定，由于金融行业负外部性的存在和个体理性与集体非理性等因素，反而可能加剧金融系统的不稳定性。在2007—2009年国际金融危机以后，巴塞尔委员会认为对于信用风险必须增加资本金要求；对于资本金的定义必须加强；对于流动性风险也要增设监管规则。

巴塞尔协议Ⅲ的实施是一个渐进的过程，期限为2013—2019年，其主要包括7个部分。

(1) 资本金定义及要求。弱化资本分类，强调普通股重要性。

(2) 资本金留存缓冲。资本金留存缓冲指的是金融机构在正常情况下额外应该持有的一类普通股权资本金数量。该数量等于风险加权资产的2.5%。这个规定是为了确保银行在正常市场情况下能将资本金提高到一定程度，而在金融市场出现困难的情况下用这些缓冲来吸收损失。之所以建立资本金留存缓冲制度，是考虑银行在正常的市场条件下比在受压的情况下更容易提高自身的资本金比率，体现了逆周期的思想。如果银行的资本金留存缓冲被全部或部分消耗，则在资本金缓冲被补充完毕前，银行的股息发放要受到限制。

(3) 逆周期缓冲资本金。逆周期缓冲资本金是时间维度宏观审慎政策的体现。在上行金融周期，对银行资本金要求会提高；在下行金融周期，对银行资本金要求会降低。逆周期缓冲资本金占风险加权资产的比率介于0%～2.5%之间，其构成必须全部为股权资本。逆周期缓冲资本金，与留存缓冲资本金类似，但其实施与否取决于不同国家监管机构的规定。

(4) 系统重要性银行资本附加。系统重要性银行指的是银行系统中，发生传染风险时，风险贡献较高的银行，为限制银行间的过度关联性导致的传染风险，2010年7月巴塞尔委员会开始通过引入资本附加费、或有资本和自救债务工具等作为解决系统重要性银行问题的资本工具。

(5) 杠杆比率。除了建立基于风险加权资产的资本金比率外，巴塞尔协议III还建立了最小杠杆比率，设定为3%，其定义为资本金占整体风险敞口的比率。

(6) 流动性风险。金融危机爆发带来的流动性危机的严重教训让各国监管当局和国际监管组织意识到，过去的流动性管理和监管水平有较大的缺陷。巴塞尔委员会在2010年4月正式公布的《流动性风险测量的国际框架和监测》引入了流动覆盖率和净稳定融资比率。

(7) 交易对手信用风险。对每个衍生品的交易对手，银行要计算信用价值调节量(Credit Value Adjustment，CVA)。CVA是由于对手存在违约的可能而造成的预期损失。巴塞尔协议III要求由于信用价差引发的CVA风险要计入市场风险资本金中。

1.3 道德规范与行为准则

1.3.1 道德规范

第一，坚持正直、胜任、勤奋、令人尊重的做事原则，以合乎职业道德的方式对待投资行业的公众、客户、潜在客户、雇主、雇员、同事，以及其他市场参与者。

第二，将金融行业与计算机行业的诚信和客户的利益置于个人利益之上。

第三，在进行专业活动时，应保持合理的谨慎，做出独立的职业判断。

第四，履行并鼓励其他人履行职业道德规范，彰显其自身和行业的信誉。

第五，遵守各项法律法规。

第六，保持和提高专业胜任能力。

1.3.2 行为准则

1.3.2.1 专业审慎

第一，从业者必须理解和遵守由政府、监管部门和自律组织制定的所有适用的法律、法规或规章。如果发生冲突，从业者必须遵守更为严格的法律、法规或规章。从业者不得有意参与或协助违反此类法律、法规或规章，并且必须脱离这些违规行为。

第二，从业者必须保持应有的谨慎，做出合理的判断，在执行专业活动时保持独立性与客观性。从业者不得提供、索要或接受任何常理上认为有损个人或其他人独立性与客观性的礼物、好处、补偿或报酬。

第三，从业者不得有意曲解投资分析、建议、行动或其他专业活动。

第四，从业者不得从事涉嫌欺骗、欺诈或舞弊的职业行为，或做出任何与职业声誉、正直性或专业胜任能力相背离的行为。

1.3.2.2 诚实守信

第一，拥有影响投资价值的重大非公开信息的从业者不得根据此信息行事或促使其他人根据此信息行事。

第二，从业者不得从事歪曲价格或人为抬高交易量，试图误导市场参与者的行为。

1.3.2.3 忠诚尽责

第一，忠诚、审慎和尽职。从业者有忠于客户的责任，必须保持合理的谨慎，做出尽职的判断。从业者必须依客户利益行事，将客户利益置于雇主或个人利益之上。

第二，公平交易。从业者进行投资分析、提供投资建议、采取投资行动或从事其他专业活动时，必须公正客观地与所有客户进行交易。

第三，保密。从业者必须保守以前、当前和潜在客户的机密信息，除非该信息涉及客户或潜在客户的违法活动，或法律要求披露此信息，或客户或潜在客户允许披露此信息。

1.4 金融市场概述

金融市场有广义和狭义之分，广义的金融市场是指包括货币资金、金融票据、有价证券等在内的各种金融资产在流通、转换过程中所形成的场所、交易机制和交易关系的总称。在金融市场中，金融资产的供求双方通过买卖金融资产形成相应的交易场所、交易机制和交易关系，从而实现货币资金和金融资产的流通和交换，以提高整个社会的经济效率。狭义的金融市场仅指各类金融资产的交易场所。这既包括有形金融市场，例如银行、证券公司、保险集团等；也包括无形金融市场，例如柜台交易、网络金融交易等。在这些金融市场中，交易双方直接买卖金融资产，实现资金流通和风险转换。

1.4.1 金融市场的特征

具体而言，金融市场具有以下特征。

1.4.1.1 金融市场的交易对象是金融资产

金融资产，也就是金融产品，是在金融交易中形成的，能够反映金融交易时间、数量、价格的经济交易证明。这种交易凭证能够得到交易双方的认可，具有一定的法律效力。常见的金融资产包括股票、债券、银行凭证、保险存单、信托存单、租赁合同等，也包括远期、期货、期权、互换等衍生品类金融资产。这些金融资产一般会注明交易时间、交易资产、交易金额等信息。在金融市场中，各类金融资产在资金买卖双方的相互交易过程中相应的定价机制，金融资产的价格形成，反映了金融资产的供求双方对收益和成本的相互博弈和权衡。因此，各类金融资产的价格机制形成也是金融市场的重要基础，在此基础上，完善的交易技术和先进的法律机制才逐渐形成，发达的金融市场也逐渐形成。

1.4.1.2　金融市场的交易价格反映金融资产的资金收益率

金融市场上交易对象的价格体现为不同期限资金借贷的合理收益率。无风险资产一般只包含无风险收益率——基础收益，而风险资产的收益率还包含风险溢价——风险收益。了解无风险收益和风险收益的区别和各自的决定机制，对投资成功至关重要。

1.4.1.3　金融市场的交易行为反映了金融资产供求双方的供求关系

金融市场的交易行为是众多金融资产的供给者和需求者双方博弈的结果，反映了买卖双方的供求关系，表现了不同金融资产的流动状况，揭示了金融资产的流通和转换情况。

1.4.1.4　金融市场的交易目的揭示了一定数量金融资产的让渡和使用情况

金融市场的交易目的集中体现为金融资产的让渡和使用状况，而不是资产的所有权情况。金融资产的供给方通过让渡一定的资金或金融资产的使用权，最终获得一定的利息或资产回报。其交易的目的主要是让渡一定的使用权，并非所有权的转移。

1.4.2　金融市场分类

在金融市场中，金融资产的种类众多，金融交易者的关系复杂多样。这样一个庞大的金融市场系统可以按照不同的标准划分为不同的金融市场组成。

1.4.2.1　按照金融工具的期限划分为货币市场和资本市场

货币市场是指交易期限在1年及1年以下短期资金融通的市场，包括银行同业拆借市场、银行间债券市场、大额定期存单市场、商业票据市场等子市场。这一市场的金融工具期限一般很短，流动性高，类似于货币，因此称为货币市场。货币市场是金融机构调节流动性的重要场所，是中央银行货币政策操作的基础。

资本市场是指交易期限在1年以上的长期资金融通的市场，主要包括银行的长期借贷市场和有价证券市场，如股票市场、债券市场等。由于交易期限较长，流动性较低，资金主要用于实际资本的形成，所以称为资本市场。其作用是满足工商企业的中长期投资需求和解决政府财政赤字的需要。

1.4.2.2　按照金融工具的性质分为债权市场和股权市场

资金需求者在金融市场上可以通过两种方式筹集资金。

一种方式是通过各种债务工具来筹集资金，由债务工具交易形成的市场被称为债权市场。如发行债券或申请抵押贷款，这种工具是一种契约型合同，标明在未来某一时间，由借款者(债务人)向贷款者(债权人)支付合同约定的利息并偿还本金。1年以内到期的称为短期债务工具，到期日在1年到10年之间的称为中期债务工具，到期日在10年或者更长的称为长期债务工具。

另一种方式是通过股权证书来筹集资金，包括发行股票、认购权证及存托凭证、股权基金、风险投资基金等，如股权凭证代表一种对公司利润的分配权及不同程度地参与公司经营管理的权利和投票权等，由股权交易所形成的市场称为股权市场。

1.4.2.3 按照金融工具的交割时间划分为现货市场和期货市场

现货市场,是指现金交易市场,即买者付出现款,收进证券或票据;卖者交付证券或票据,收进现款。这种交易一般是当天成交、当天交割,原则上最多不能超过三个营业日。

期货市场,是指在成交日之后合约规定的特定日期,如几周、几个月之后进行交割。较多采用期货交易形式的,主要是证券市场、外汇市场、黄金市场等。20世纪70年代以来,金融期货交易的形式越来越多样,其交易量已大大超过现货交易的数量。

1.4.2.4 按照资金的融通范围划分为国内金融市场和国际金融市场

国内金融市场,其活动范围限于本国领土之内,双方当事人为本国自然人和法人,以及依法享受国民待遇的外国自然人和法人。

国际金融市场,是指在国际范围内进行资金融通与金融产品交易的场所或者运营网络,其活动范围超越国界,其范围可以是某一个地区,如中东地区、加勒比地区、东南亚地区等,甚至在世界范围内交易,如外汇市场。双方当事人是不同国家和地区的自然人和法人。

国际金融市场与各国国内金融市场之间有着一定的联系。历史上,往往是随着商品经济的高度发展,最初形成了各国国内金融市场。当各国国内金融市场的业务活动逐步延展,相互渗透融合后,就促成了以某几个国家国内金融市场为中心的、各国金融市场联结成网的国际金融市场。或者说,国际金融市场的形成是以各国国内金融市场发展到一定高度为基础的。同时,国际金融市场的形成又进一步推动了各国国内金融市场的发展。

1.4.3 金融市场构成要素

1.4.3.1 金融市场主体

金融市场的主体是指金融市场的参与者。金融市场的参与者非常广泛,包括政府部门、中央银行、金融机构、工商企业、居民个人等,或者是资金的供给者,或者是资金的需求者,或者是以双重身份出现。其中,中央银行参与金融市场不是以营利为目的的,而是为了货币政策操作。金融机构不仅充当资金的供给者与需求者,同时还充当金融市场上重要的中介机构,促进资金的供求双方资金的融通。

1.4.3.2 金融市场客体

金融市场的客体是指金融市场上交易的工具,即金融工具。金融市场中货币资金的交易以金融工具作为载体,资金供求双方通过买卖金融工具实现资金的融通。也就是说,金融工具是反映金融市场上资金供给者与资金需要者之间债权债务关系的一种凭证。金融工具种类繁多,各具特色,如属于基础性金融工具的票据、债券、股票等,以及属于衍生性金融工具的远期、期货、期权和互换等。

1.4.3.3 金融市场组织形式

金融市场组织形式是指金融市场的交易场所,金融市场的交易既可在有形市场进行,也可在无形市场进行。其具体组织形式主要有三种。一是有固定场所、有组织、有制度、集中进行交易的方式,如证券交易所;二是柜台交易方式,即在金融机构的柜台上由买卖双方进行面议的、分散的交易方式;三是借助电子计算机网络或其他通信手段实现交易的方式。

1.4.3.4 金融市场价格

金融市场价格是由资金供求关系决定的,以金融工具或金融产品交易为依据形成的具体价格,有利率、汇率、证券价格、黄金价格和期货价格等,其本质都是资产的价格。

1.4.4 金融市场功能

金融市场通过组织金融资产、金融产品的交易,发挥着重要的经济功能。

1.4.4.1 融通资金功能

融通资金功能,是指金融市场能够将社会闲散资金聚集成大额资金来源,并通过重新分配来调节资金余缺,金融市场在其中发挥着融通资金的"媒介器"作用,从而促进经济效率的提高,这也是金融市场最主要、最基本的功能。

金融市场这一功能的重要性,在于有多余资金的经济主体往往并不是有投资机会的主体。我们假设张某拥有1000元的积蓄,可是他找不到合适的投资机会,则他将只能持有1000元现金而无任何额外收益;李某有一个需要1000元投资并能赚得年收益200元的投资机会,但是没有本金。假定张某能与李某联系上,将1000元贷给李某,李某支付他100元的利息,李某自己也能获得100元的投资收益。这样,二人的获利都得到了提高。但是,在缺乏金融市场的情况下,张某与李某也许永远不会碰在一起,没有金融市场,很难实现资金从储蓄者向投资者的转移。金融市场为资金供给方和需求方提供了调剂资金余缺的市场交易机制,从而促进储蓄向投资转化,进而促进经济发展。

1.4.4.2 优化资源配置功能

优化资源配置功能,是指金融市场通过定价机制自动引导资金的合理配置,进而引导资源从低效益部门向高效益部门流动,从而实现资源的合理配置和有效利用。假定金融市场上证券的交易价格能反映企业真实的内在价值(包括企业债务的价值和股东权益的价值),则通过金融市场的价格信号,就能引导资金流向最有发展前景、经济效益最好并且能为投资者带来最大利益的行业和部门(因为这样的公司证券价格会一路走高,吸引人们购买,从而引导资金合理流动,实现资源的有效配置和合理利用)。

1.4.4.3 信息传递功能

信息传递功能,是指金融市场发挥经济信息集散中心的作用,是一国经济、金融形势的"晴雨表"。首先,从微观角度来看,金融市场能够为证券投资者提供信息。例如,通过上市公司公布的财务报表来了解企业的经营状况,从而为投资决策提供充分的依据。其次,从宏观角度来看,金融市场交易形成的价格指数作为国民经济的"晴雨表",能直接或间接地反映出国家宏观经济运行状况。

1.4.4.4 分散和转移风险功能

分散和转移风险功能,是指金融市场的各种金融工具在收益、风险及流动性方面存在差异,投资者可以很容易地采用各种证券组合来分散投资于单一金融资产所面临的非系统性风险,从而提高投资的安全性和利润率。但需要明确的是,金融市场只能针对某个局部分散或转移风险,而非从总体上消除风险。同时,金融市场也发挥着提供流动性的功能,其中包括长短期资金的相互转换、小额资金和大额资金的相互转换,以及不同区域之间的相互转换,这种转换有利于灵活调度资金,为投资者和筹资者进行对冲交易、套期保值交易等提供了便利，使他们可以利用金融市场来转移和规避风险。

1.4.4.5 经济调节功能

金融市场为宏观管理部门实施宏观调控提供了场所，为经济结构、货币供给量，以及社会总需求的调节提供了重要平台，也为金融间接调控体系的建立提供了基础。例如，金融市场能从总体趋势上反映国家货币供给量的变动趋势，中央银行可以根据金融市场上的信息反馈，通过公开市场业务、调整贴现率等手段来调节资金的供求关系，从而保持社会总需求与总供给的均衡。在中央银行货币政策工具中，以短期国债为主要交易工具的公开市场业务操作就需要借助货币市场平台，中央银行可以在该平台上影响商业银行的超额准备和同业拆借市场利率，进而影响金融机构的信用扩展能力。

1.5 金融机构概述

1.5.1 金融市场的融资结构

金融市场融资结构，是指在金融活动中，资金供求双方运用各种金融工具通过不同渠道实现资金融通的方式的集合，一般分为直接融资和间接融资。直接融资和间接融资两种方式各有利弊，二者既相互独立又相互补充，共同满足了各种经济主体对资金的多样化需求。

1.5.1.1 直接融资

直接融资，也称直接金融，是指资金需求者直接发行融资凭证给资金供给者来筹集资金的方式，这种融资凭证主要包括股票、债券、商业票据。在交易中表现为资金供求双方直接协商或在公开市场上由资金供给者直接购入资金需求者发行的融资凭证，从而实现资金融通。在直接融资活动中，可能也需要金融中介的参与，但金融中介机构并不以筹资者和投资者的身份参与金融活动。

1. 直接融资的优点

(1) 筹集长期资金。直接融资能使资金需求者获得长期资金来源，资金使用上所受限制较少。而且，发行证券筹集资金可以不受公司资产规模和风险管理的约束。

(2) 合理配置资源。直接融资把资金供求双方直接置于市场机制的作用之下，并按市场确定的价格来进行交易，引导资金的合理流动，从而把资金配置到最有效的投资项目中，推动资源的合理配置。

(3) 加速资本积累。直接融资的过程实际上就是资金(资本)的集中过程，它利用股票和债券，把闲置的资金集中起来，形成巨额资金，使那些需要巨额资金的部门、企业得以迅速发展，推动社会生产规模的扩大和国民经济的发展。

2. 直接融资的缺点

(1) 进入门槛较高。由于逆向选择的存在，直接融资存在较高的进入壁垒。对于筹资者而言，必须披露足够的信息，其经营规模也须达到一定要求。因此，进入证券市场进行直接融资的多为大企业，中小企业进入证券市场的难度较大。对于投资者也是如此，证券投资都有一个最低投资额的要求，例如，购买股票最低的交易限额是一手(100股)，而银行存款可以从1元存起。

(2) 公开性的要求。证券市场的正常运作要求建立完善的信息披露制度，以方便投资者平等及时地获得相关信息。但是，这样一来，有可能将公司商业秘密暴露在竞争对手面前，与企业保守商业秘密的需求相冲突。

(3) 投资风险较大。一方面，信息不对称导致证券市场存在"柠檬问题"；另一方面，由于股权分散化，投资者很难监控企业的运行状况，导致投资证券市场风险较高。所以，我们常听到这样的忠告："投资有风险，入市须谨慎。"

1.5.1.2 间接融资

间接融资，也称间接金融，是指资金供求双方通过金融中介机构来完成资金融通活动的一种融资方式。按照这种方式，资金供给者首先将资金使用权转让给银行或其他金融机构，并获得一种金融资产(间接证券)，然后，金融机构再将资金贷放给资金需求者或购买资金需求者发行的直接证券，以此实现资金的融通。服务于间接融资方式的金融工具，称为间接金融工具，包括由金融机构发行的存款账户、可转让存单、人寿保单、信托等各种形式的借据。

1. 间接融资的优点

(1) 信息优势。间接融资中的金融机构是专业化的投资机构，拥有丰富的专业技能和良好的条件，可以方便快捷地获取所需资料，有助于减少信息搜集成本与合约成本。

(2) 规模效应。金融机构能聚集众多中小投资者的剩余资金，再将资金投入各种不同的资产，实现规模效应，从而达到分散投资、规避风险的效果。

(3) 期限转化优势。金融机构通过预测提款分布概率，建立少量的存款准备就能应对客户提款之需。因此，即使是吸收短期存款，金融机构也能使借款者获得长期贷款，从而起到短借长贷的作用，提高资金使用效率。

(4) 流动性高、风险低。金融机构发行的间接证券，其流动性比直接融资发行的直接证券高，因而风险低。虽然大部分间接证券的收益率要低于同类的直接证券，但其流动性方面的优势满足了许多谨慎投资者的需要。

(5) 保密性强。间接融资中，银行为客户信息保密，筹资者不用公开财务信息。

2. 间接融资的缺点

(1) 资金运行和资源配置的效率较多地依赖金融机构的素质。因为，间接融资割断了资金供求双方的联系，从而使资金借贷双方对金融机构的依赖增加。

(2) 资金供求双方的直接联系被割断，在一定程度上降低了投资者对企业生产的关注与筹资者对使用资金的压力和约束力，资金使用效率较低，因而投资收益率低。

综上所述，直接融资和间接融资各有优缺点，二者相辅相成，互为促进。

1.5.2 金融机构存在的理论基础

近年来，理论和实证方面的大量研究证明，金融机构与经济增长存在密切联系。在市场经济中，储蓄—投资的转化过程是围绕金融机构来展开的，金融机构从储蓄者手中获得资金并将它借给需要资金进行投资的企业。从根本上来说，金融机构是储蓄—投资转化过程的基础性的制度安排。本小节将对金融机构存在的理论基础进行分析。

1.5.2.1 降低交易成本

交易成本，是指从事交易活动所花费的一切费用。在交易发生之前有可能发生的成本包括资金供求双方相互寻找所花费的搜寻成本、鉴别对方交易信息真假的鉴别成本，以及讨价还价的谈判成本。在交易发生之后，还有监控合约执行的监管成本，以及可能发生违约而需要付出的诉讼成本等。

1. 交易成本影响金融结构

交易成本的存在阻碍了许多小额储蓄者与借款者之间的直接融资，从而阻碍了金融市场正常作用的发挥。下面举一个例子就可使我们对这个问题有比较清楚的认识。假如你有5000元准备投资，而且想投资于股票市场。由于你只有5000元，你只能买少量的股票。股票经纪人会告诉你："你的购买量是如此的小，你支付的佣金在你的支付金额中将占较大的比重。"如果你要购买债券，问题将会更严重，因为许多国家的债券交易都有一个最低购买量要求(如10000元)，而你没有那么多钱，也就无法投资。事实上，经纪人可能对你的投资并不感兴趣，因为你的投资额太小，他认为不值得花时间去考虑。你发现你不能将辛苦积累起来的钱投资于金融市场去赚取利润。但是，你也可能得到些许安慰，因为你并不孤独，你并不是唯一被过高的交易成本所困扰的人。即使在美国，也只有大约1/2的人拥有有价证券。由于较高的交易成本，你还会面临另外一个难题，即投资的本钱太小而使你不能进行分散投资，你不得不把钱放在一个地方，即"全部鸡蛋放在一个篮子里"，因而暴露在极大的风险之下。

2. 金融机构可以降低交易成本

有什么办法能够降低交易成本，使资金在储蓄者与借款者之间顺畅融通呢？那就是利用金融机构的服务，金融机构有降低交易成本的规模经济效应和特殊专长。

降低交易成本的方法之一就是把许多储蓄者的资金聚合起来，发挥规模经济优势。金融机构能很方便地将资金的最终供求双方吸引过来，节约搜寻成本。银行所具有的专业化经营优势又可以使其更有条件和能力比单个借款人或放款人在更大程度上节约其他各类交易费用，从而使得资金交易规模扩大，各方获得更有利的交易条件。

金融机构还拥有降低交易成本的专门技术。银行通过研发出的专门计算机技术，能够以极低的交易成本提供多种便利的金融服务，如ATM的运用。交易成本的降低使银行能为客户提供更为方便的流动性服务。

1.5.2.2 缓解信息不对称

现代金融经济学认为，金融中介机构存在的最主要原因是金融市场上存在不对称信息。所谓不对称信息或信息不对称，是指交易一方对交易另一方的了解不充分，使双方处于不平等地位的一种状态。

在金融市场上，资金需求者与资金供给者之间普遍存在着信息不对称现象。通常在交易发生之前，知情较少的一方可能因知情较多的另一方故意隐瞒信息而面临对自己不利的局面，即发生所谓的"逆向选择"；在交易发生之后，知情较少的一方可能因知情较多的另一方故意隐蔽行动(如不采取有力措施防范不利事件的发生)而遭受损失，即发生所谓的"道德风险"。

1. 信息不对称所导致的逆向选择和道德风险问题

逆向选择，本意是指人们做并不希望做的事情，而不去做希望做的事情。逆向选择是由事前的信息不对称所导致的。

金融市场上的逆向选择,是指市场上那些最有可能造成不利(逆向)结果(造成违约风险)的融资者,往往就是那些寻求资金最积极,而且最有可能得到资金的借款者。也就是说,由于逆向选择,贷款者将资金贷给了最有可能违约的借款者。面对这种情况,贷款者会采取相应的保护措施,例如,提高融资的门槛和交易价格,结果那些风险较小(因而收益较低)的借款者退出市场,从而进一步提高了贷款者的风险并迫使其采取更加严格的保护措施。双方重复博弈的结果将不利于融资活动的良性发展,并有可能导致金融市场的萎缩。

道德风险,最早使用在医疗保险分析中,是指在保险关系中,被保险人利用自己掌握的信息优势,在追求自身利益最大化的同时做出损害保险人利益的行为。这是个体在参加保险后反而使风险比上保险之前更大的一种市场现象。

一般地,道德风险是指由于经营者或市场交易的参与者得到了第三方的保障后,使其因自身决策或行为引起损失时不必完全承担责任,甚至可能得到某种补偿,这种情况将"激励"他们倾向于做出风险较大的决策,以博取更大的收益的现象。

金融市场上的道德风险,是指贷款者把资金贷放给借款者以后,借款者可能从事那些为贷款者所不希望的风险活动,这些活动很可能导致贷款不能如期归还。道德风险的存在使得股票融资和债券融资的规模有限,而银行金融机构可以在一定程度上克服道德风险问题。

2. 证券市场上的逆向选择和道德风险问题

证券市场上存在逆向选择问题。证券的优劣依赖于公司经营状况的好坏,一般地,优良公司的证券的预期收益率高且风险小,而劣质公司的证券的预期收益率低且风险大。但是,由于信息不对称,证券的潜在购买者并不能识别证券的优劣,他们所愿意支付的证券价格只能是反映证券发行公司平均质量的证券价格,这一价格低于优良公司证券的真实价值,高于劣质公司证券的真实价值。因此,优良公司的所有者因购买者愿付的证券价格低于其真实价值,而不愿出售其证券;只有那些劣质公司才愿意出售其证券(即上市欲望强烈)。投资者也不是傻瓜,他们明白这种逆向选择,所以,他们选择不在证券市场上直接投资。由于逆向选择的存在,证券市场的融资功能不能得到正常发挥。

证券市场上的道德风险表现为股票市场上的道德风险和债券市场上的道德风险。股票市场上的道德风险源于所有者(股东)与代理人(管理者)之间的矛盾,代理人可能依照自己的利益而不是所有者的利益进行交易。公司所有权掌握在所有者手里,而公司的控制权掌握在代理人手中。所有权与控制权的分离导致道德风险的产生,代理人和所有者各自掌握的公司信息是不对称的,掌握控制权的代理人比掌握所有权的所有者更加了解公司情况;由于仅持有很少的股权,代理人没有使公司利润最大化的动机,他可能按照自己的利益而不是所有者的利益来进行决策。这样,由于道德风险的存在,极大地抑制了通过发行股票筹集资金的活动。

1.5.3 金融机构体系

市场经济国家的金融机构体系里中央银行为核心,商业银行和其他金融机构呈现多元化发展的趋势,前者称为管理型金融机构,后者称为业务型金融机构。许多国家还设有政策性金融机构以服务于特定的部门或产业,执行相关的产业政策等。

1.5.3.1 银行

1. 中央银行

中央银行,习惯上又被称为货币当局,是一国最高的货币金融管理机构,在各国金融体系中居主导地位。中央银行的职能是宏观调控、保障金融安全与金融稳定,以及提供金融服务等。我国的中央银行是成立于1948年12月的中国人民银行。

2. 政策性金融机构

许多国家还设立了政策性金融机构,专门为特定的部门或产业提供资金,促进该部门或产业的发展,这类机构被称为政策性专业银行,是指由政府创立、参股或保证的,不以营利为目的,在特定的业务领域内从事政策性金融活动,以贯彻政府产业政策意图的金融机构。

农业政策性金融机构,是指专门向农业提供中长期低息信贷,以贯彻和配合国家农业扶持和保护政策的政策性金融机构。农业政策性金融机构的资金来源主要有政府拨款、发行金融债券、吸收特定存款等。贷款则几乎涵盖了农业生产的各个方面,从土地购买、建造农业建筑物,到农业机器设备、化肥、种子、农药的购买等。我国的农业政策性金融机构是中国农业发展银行,中国农业发展银行成立于1994年11月18日,总行设在北京。其主要资金来源是中国人民银行的再贷款,同时也发行少量的政策性金融债券。其业务范围主要是办理粮食、棉花、油料、猪肉等主要农副产品的国家专项储备和收购贷款,办理扶贫贷款和农业综合开发贷款,以及国家确定的小型农、林、牧、水基本建设和技术改造贷款。

进出口政策性金融机构,是指一国为促进本国商品的出口,贯彻国家对外贸易政策而由政府设立的专门金融机构,其主要任务是通过提供优惠的出口信贷来增强本国企业的出口竞争力,为私人金融机构提供出口信贷保险及执行政府的对外援助计划等。我国的进出口政策性金融机构是中国进出口银行,中国进出口银行成立于1994年7月1日,总行设在北京。其主要资金来源是发行政策性金融债券,同时也从国际金融市场筹措资金。其主要业务范围包括为机电产品和成套设备等资本性货物的出口提供出口信贷,办理与机电产品出口有关的各种贷款、混合贷款和转贷款等。

经济开发政策性金融机构,是指为促进一国经济持续增长与国力的增强,由政府出资设立的专门为经济发展提供长期投资或贷款的政策性金融机构。这类机构多以促进工业化、配合国家经济发展振兴计划或产业振兴战略为目的,贷款和投资方向主要是基础设施、基础产业、支柱产业的大中型基本建设项目和重点企业。我国的经济开发政策性金融机构是国家开发银行,国家开发银行于1994年3月17日正式成立,总部设在北京。其主要资金来源是发行政策性金融债券,资金运用领域主要是制约经济发展的"瓶颈"项目、直接增强综合国力的支柱产业的重大项目、高新技术在经济领域应用的重大项目、跨地区的重大政策性项目等。

3. 商业银行

商业银行是间接金融领域最主要的金融机构,主要是指吸收各种存款(特别是活期存款)、发放多种贷款,以及提供多种支付清算服务,并以利润最大化为主要经营目标的金融机构。

我国的商业银行包括国有商业银行和其他股份制商业银行两大类。处于我国金融中介体系主体地位的是国有商业银行,包括中国工商银行、中国农业银行、中国银行和中国建设银行等。这些银行成立之初是完全的国有性质,即国有独资商业银行。但是,进入21世纪以来,国有商业银行加快了改革步伐,先后进行了股份制改革,其中,中国工商银行、中国银行和中国建设银行均已成为国有控股的股份制商业银行。除此以外,我国还存在着一些其他类型的股份制商业银行,如中信银行、中国光大银行、华夏银行、中国民生银行、广东发展银行、深圳发展银行、招商银行、兴业银行、上海浦东发展银行等。

信用联合社,也称为信用合作社,是一类规模较小的存款性金融机构,它是由某些具有共同利益的人们自愿组织起来的,具有互助性质的会员组织,是一种由会员集资联合组成的合作金融组织。信用合作社分为城市信用合作社和农村信用合作社。城市信用合作社是以城市手工业者、小工商业者为主的居民组合而成。农村信用合作社则是由经营农业、渔业和林业的农民组合而成。信用合作社的资金来源于社员缴纳的股金和存入的存款,放款的对象也主要是本信用合作社的社员。目前,我国的信用合作社大多已转化为城市商业银行或农村商业银行。

乡村银行,是指为本地区的居民或企业提供小额信贷服务的银行机构。在中国,习惯将乡村银行称为村镇银行。在乡村银行设立之前,中国农村只有两种金融主体,一是信用合作社,二是只存不贷的邮政储蓄银行,农民的贷款需求无法得到满足。2008年,中国银监会又颁布了《关于小额贷款公司试点的指导意见》,决定成立功能类似于乡村银行的小额贷款公司,小额贷款公司是由自然人、企业法人和其他社会组织投资设立,不吸收公众存款,经营小额贷款业务的有限责任公司或股份有限公司。小额贷款公司的主要资金来源为股东缴纳的资本金、捐赠资金,以及来自不超过两个银行金融机构的融入资金。小额贷款公司在坚持为农民、农业和农村经济发展服务的原则下自主选择贷款对象。

1.5.3.2 投资银行

投资银行或投资公司是指主要从事与证券投资相关的业务活动的投资性非银行金融机构。与其他经营某方面证券业务的金融机构相比,投资银行的基本特征是它的综合性,即投资银行的业务几乎包括了全部资本市场业务。投资银行多数是股份制的营利机构,其资金来源主要靠发行股票和债券,有的投资银行还吸收一部分长期存款。其资金运用主要是投资企业股票和债券,通过长期投资控制一些企业。20世纪中叶以后,特别是从20世纪70年代起,融资证券化趋势形成,这为投资银行的发展提供了最好的机会。投资银行的业务扩展为证券承购、代销、交易,公司兼并与收购,项目融资及风险资本投资等。因此,投资银行是资本市场上最主要的中介人和组织者。除此之外,投资银行的业务还涉及投资基金的发起和管理、其他各类资金的管理、参与资产证券化活动,以及提供各类咨询服务等。目前,投资银行发展迅速,大有与商业银行一争高低之势,有的投资银行的业务已渗透了商业银行业务领域。

严格来讲,投资银行不是真正意义上的金融中介,也并非真正意义的"银行"。如前所述,投资银行的名称流行于欧洲大陆及美国等工业化国家,在英国将其称为商人银行,在日本和中国则大多称其为证券公司。投资银行与商业银行的区别表现在以下方面。

第一,在资金融通过程中的作用不同。投资银行虽然也帮助资金最终供求双方实现交易愿望,但是,它只是帮助资金需求者出售证券,卖给那些有闲钱并打算购买证券以获利的资金供给者,又称"投资者"。投资银行所起到的作用只是帮助资金供求双方达成一份合约,从而使双方各得其所。而商业银行不同,它是通过自己与资金供求双方达成两份合约(如存款合同和贷款合同)来帮助双方融资的,商业银行在其中起到了中介的作用。

第二,在资金融通交易中的风险不同。投资银行在资金供求双方之间所起到的上述作用表明,它并没有创造新的金融产品,或者说,它并不创造任何代表对它自身构成要求权的金融产品,或使其自身拥有要求权的金融产品。因此,投资银行在收取佣金之后就全身而退,此后的事情与其无关,投资者风险自担。投资银行不做与金融产品本身的收益和服务有关的任何承诺,也不再从中进一步谋利。而商业银行不同,它分别与债权人和债务人签订存款合同和贷款合同,所以,在资金融通过程中创造出新的金融产品,既使自己的行为受到约束,又从中谋取进一步的利益。从对资金最终供给者的承诺来看,商业银行承诺向债权人支付约定的收益,在发放贷款后,对借款人进行风险监控。如遇借款人违约,商业银行自己承担风险,以此来保证债权人资金的安全性。

第三,对资金需求者提供服务的方式不同。从对资金需求者的承诺来看,商业银行与借款人谈判,就期限、价格等交易条件讨价还价,最终以个性化的方式发放贷款,每个贷款合同的条款都不同,存在差异。而且,商业银行会愿意与信誉良好的客户保持长期的关系,向已经获得借款的信誉良好的债务人继续提供资金支持。而投资银行则不同,固然它会帮助资金需求者融资,但仅限以标准化的方式、一次性地帮助融资者完成证券的发行。

第四,提供金融服务的内容不同。如前所述,投资银行主要为资金需求者提供证券承销业务,而商业银行不同,它还为借贷双方提供流动性和交易结算服务。因此,商业银行和投资银行是大不相同的两类金融机构。严格来说,商业银行被称为"金融中介",而投资银行不是,证券经纪人、证券交易商,以及有组织的证券交易所,都不能算作严格意义上的金融中介机构,因为它们并没有发挥金融中介的作用,也就是说,并未通过出售负债凭证获取资金,再运用这些资金获取金融资产。

1.5.3.3 保险公司

保险公司是专门经营保险或再保险业务的专业性的非银行金融机构,保险公司以收取保费的形式建立保险基金,并将集中起来的保险基金用于补偿因自然灾害或意外事故所造成的经济损失,或对个人的死亡、伤残及其他原因造成的丧失工作能力的人给付保险金。

保险公司按其保险标的不同,可分为三大类,人寿保险公司、财产和灾害保险公司和养老保险公司。其中,人寿保险公司的规模最大,它兼有储蓄银行的性质,在保险业的发展中占有领先地位。英国是保险业的发源地,早在1668年英国就有了海上保险业务。到了1871年,英国议会通过了一项特别法令,成立劳埃德保险社(以下简称劳合社),从此,保险机构取得了法人资格,正式登上历史舞台。以劳合社为代表的英国保险业一直居世界保险业前列。

养老或退休保险,也叫养老或退休基金,是由企业等单位的雇主或雇员交纳基金而建立起来的,任何就业人员都可以参加。西方国家首创养老或退休基金,是福利制度的一个重要组成部分。由于以保险公司为核心的社会保障制度只能为退休人员提供最低生活费用保障,在社会生活水平提高、人的寿命延长的情况下,为了提高退休人员的生活水平,就需要有补充性质的机构来承担这个任务,养老或退休基金应运而生。它使参加者退休后在一定时期每月得到一笔养老金,或一次性得到一笔养老金,用于改善生活。养老或退休基金的资金来源实质上是公众为退休后的生活所准备的储蓄金。

1.5.3.4 财务公司

财务公司，是指通过发行债券、商业票据或从银行借款获得资金，并主要为企业技术改造、新产品开发及产品销售提供金融服务，以中长期金融业务为主的非银行金融机构。与存款性银行金融机构不同，财务公司并不通过吸收小额客户的存款来获取资金，其特点是大额借款、小额贷款。财务公司在西方金融机构市场中占有一席之地，由于财务公司不公开吸收存款，所以管理当局除了信息披露要求并尽力防止欺骗外，几乎没有管理规则。财务公司大致有以下三种类型。

第一类，销售财务公司，是指由一些大型零售商或制造商建立的、旨在以提供消费信贷的方式来促进本企业产品销售的财务公司，这类财务公司在我国被称为金融公司，如汽车金融公司。福特汽车信贷公司便是福特汽车公司为了促进汽车销售而建立的，它向购买福特汽车的消费者提供贷款。在2003年《汽车金融公司管理办法》及《汽车金融公司管理办法实施细则》出台后，到2005年6月，中国银监会先后批准了上汽通用、大众、丰田、福特、戴克共5家汽车金融公司。从中长期发展角度来看，随着我国金融体制改革的深入和汽车消费的发展，汽车金融公司将会有越来越广阔的市场发展前景。

第二类，消费者财务公司，是指专门发放小额消费贷款的公司，它可以是一家独立的公司，也可以是银行的附属机构。由于贷款规模小，管理成本高，这类贷款的利率一般也比较高。其主要作用是为那些很难通过其他渠道获得资金的消费者提供贷款。

第三类，商业财务公司，是指主要向企业发放以应收账款、存货和设备为担保的抵押贷款机构。西方国家多数财务公司是商业银行的附属机构，主要吸收存款。我国财务公司不是商业银行的附属机构，而是隶属于大型集团的非银行金融机构，一般由企业集团组建，以调节集团成员单位资金运作的时间差和地域差，有效地积聚集团内部闲散资金，及时解决某些成员单位暂时性的资金短缺问题，提高企业集团资金使用效率。目前，我国企业集团财务公司主要分布于机械、电子、汽车、石油、化工、建材、能源、交通等国民经济骨干行业和重点支柱产业。

1.5.3.5 投资基金

投资基金，是指一种利益共享、风险共担的集合投资方式，即通过发行基金单位，集中投资者的资金，由基金托管人(通常为银行)托管，由基金管理公司管理和运用资金，专门从事投资活动的一种非银行金融机构。投资基金一般由发起人发起设立，基金的投资者不参与基金的管理和运作，只是定期取得投资收益。基金管理人根据投资者的委托进行投资运作，赚取管理费收入。因此，投资基金作为一种间接的证券投资方式，使得基金管理公司成为重要的金融中介机构。

投资基金有多种分类，根据投资基金的组织形式和法律地位不同，可分为公司型基金与契约型基金；根据基金受益单位能否随时认购或赎回及转让方式的不同，可分为开放式基金和封闭式基金；根据募集方式的不同，可分为公募基金和私募基金。

公司型基金，也叫共同基金，由基金公司依法设立，通过发行基金股份的方式将集中起来的资金投入各种有价证券。投资者通过购买股份成为基金公司股东。公司型基金结构类似于一般股份公司结构，但基金公司本身不从事实际运作，而是将其资产委托给专业的基金管理公司管理运作，同时，由卓有信誉的金融机构代为保管基金资产。公司型基金在美国非常盛行，美国的法律不允许设立契约型基金。

契约型基金，又称为信托型基金，它是依据信托契约，通过发行受益凭证而组建的投资基金。该类基金一般由基金经理人(即基金管理公司)、基金保管人及投资者三方当事人订立信托契约。基金管理人可以作为基金的发起人，通过发行受益凭证将资金集中起来组成信托财产，并依据信托契约，由托管人负责保管信托财产，具体办理证券、现金管理及有关的代理业务等，投资者购买受益凭证后成为基金受益人，分享基金投资收益。契约型基金在英国较为普遍，目前我国绝大多数投资基金都属于契约型基金。

开放式基金，是指在基金设立时，基金的规模不固定，投资者可随时认购基金受益单位，也可随时向基金公司或银行等中介机构提出赎回基金受益单位的一种基金。

封闭式基金，则是指在基金设立时，规定基金的封闭期限及固定基金发行规模，在封闭期限内投资者不能向基金管理公司提出赎回，基金受益单位只能在证券交易所或其他交易场所转让。

公募基金是指受一国政府主管部门监管的，向不特定投资者公开发行受益凭证的证券投资基金。目前我国证券市场上的封闭式基金属于公募基金。

私募基金是指通过非公开方式，面向少数机构投资者募集资金而设立的基金。由于私募基金的销售和赎回都是通过基金管理人与投资者私下协商来进行的，因此，它又被称为向特定对象募集的基金。由于私募基金对投资者的风险承受能力要求较高，其监管又相对宽松，所以各国法律、法规明确规定了私募基金持有人的最高人数(如最高100人或200人)和投资者的资格要求，不符合要求的私募基金不得设立。在证券投资领域中，典型的私募基金是对冲基金，比较著名的有量子基金、老虎基金等。

1.5.3.6 信托投资公司

信托投资公司，是一种以受托人的身份代人理财的非银行金融机构。具体来说，信托投资公司是指以受托人的地位，按照特定目的，收受、经理及运用信托资金与经管信托财产，或以投资中间人的地位，从事特定目的的资本市场投资的金融机构。所谓"信托"，是指委托人基于对受托人的信任，将其财产权委托给受托人，由受托人按委托人的意愿，以自己的名义，为受益人的利益或者特定目的，进行管理或者处分的行为。所谓"信托业务"，是指信托投资公司以收取报酬为目的，以受托人身份承诺信托和处理信托事务的经营行为。1979年10月4日，中国第一家信托投资公司——中国国际信托投资公司经国务院批准成立。2002年10月1日，《中华人民共和国信托法》开始实施，这标志着我国通过立法确立了信托制度。

1.5.3.7 金融租赁公司

金融租赁公司，是指以经营融资租赁业务为主的非银行金融机构。所谓金融租赁，是指出租人根据承租人对租赁物和供货人的选择或认可，从供货人处购买租赁物并按合同约定出租给承租人占有、使用，向承租人收取租金的交易活动。

融资租赁是一项至少涉及三方当事人的交易，即出租人、承租人和供货商。拟租赁的设备由承租人自行选定，出租人只负责按用户的要求给予融资便利，购买设备，不承担设备缺陷、延迟交货等责任和设备维护的义务；承租人也不得以此为由拖欠和拒付租金。基本租期结束时，承租人对设备拥有留购、续租或退租三种选择权。因此，金融租赁公司提供的融资租赁业务是一种以"融物"代替"融资"，"融物"与"融资"密切联系的信用形式。

1.6 金融工具市场与衍生品

1.6.1 货币市场

货币市场,是指期限在一年期以内(包括一年期)的债务工具的发行和交易市场,又称短期金融市场,是最早和最基本的金融市场组成部分。由于这一市场的金融工具期限一般很短,类似于货币,因此称为货币市场。货币市场是金融机构调节流动性的重要场所,是中央银行货币政策操作的基础。

货币市场的参与者以机构投资者为主。货币市场对参与者的资信要求较高,因此,主要参与者是各类金融机构,如商业银行、证券公司、基金管理公司等,其中又以商业银行为主,它们是市场上最活跃的成分,所占的交易量最大,对资金供求与利率波动的影响也最大。

货币市场交易的金融工具流动性高、收益率低。货币市场交易的金融工具大多是期限在一年期以内(包括一年期)的短期信用工具,信用好、违约风险低、流动性强,但由于其期限短,这些金融工具的收益率也较低。

货币市场的交易目的主要是解决短期资金需要。由于货币市场上的各种金融工具大都在一年期以下,有的甚至只有天,因此,在这个市场进行交易的主要目的是满足短期资金周转需要,实现短期资金的融通。货币市场主要由以下几部分构成,同业拆借市场、票据市场、短期国库券市场、大额可转让定期存单市场、回购市场等若干个子市场。

1.6.1.1 同业拆借市场

同业拆借,是金融机构之间进行短期资金融通的一种资金借贷业务。同业拆借市场,又称银行同业拆借市场,是指银行与银行之间、银行与其他金融机构之间,以及其他金融机构之间进行短期临时性头寸调剂的市场。目前,同业拆借市场所进行的短期资金融通已经不仅限于弥补或调剂准备金头寸,同业拆借市场已经发展成为各金融机构弥补资金流动性不足和充分运用资金进行有效资产负债管理的重要市场。

同业拆借市场有着严格的市场准入条件,一般只在实力强、信誉好和经常有业务往来的金融机构之间进行。银行同业拆借的期限一般较短,以半天、1天、2天或7天为多,最短的也可能只有几小时,或隔夜拆借,最长不超过1年。交易金额具有大宗性和无担保性。拆借市场的利率是一种市场化程度很高的利率,能够充分灵敏地反映资金供求的状况及变化,从而成为货币市场的参考利率。同时,由于同业拆借市场交易量大,能敏感地反映资金供求关系和货币政策意图,影响货币市场利率,因此,同业拆借利率也成为货币政策调控的主要对象。

1.6.1.2 票据市场

票据市场是短期资金融通的主要场所,是直接联系产业资本和金融资本的枢纽,作为货币市场的一个子市场,在整个货币体系中是最基础、交易主体中最广泛的组成部分。在这个市场中,资金融通的特点是期限短、数额小、交易灵活、参与者众多、风险易于控制,可以说是一个古老的、大众化的、基础性的市场。

商业票据分为两大类。一是传统的商业票据,进入货币市场流通的主要有汇票和本票；二是创新的商业票据，如融通票据。其中，融通票据在票据市场的比重越来越大。融通票据市场实际上是一个一级市场，虽然没有一个成熟的二级市场，但是，融通票据的流动性并没有因此而受到影响。这是因为，第一，融通票据的期限很短，平均期限只有20天到45天；第二，大多数的出票人愿意在持有者头寸周转困难时购回票据。由于投资融通票据比银行贷款安全性更高，商业银行成为融通票据的主要投资者。融通票据的发行者主要是大型工商企业、公共事业单位、银行持股公司及金融公司等。

银行承兑汇票，是由银行担任承兑人的一种可流通汇票。汇票之所以需要承兑，是由于债权人作为出票人单方面将付款人、金额、期限等内容记载于票面，付款人一旦对汇票做承兑，即成为承兑人并以主债务人的地位承担汇票到期时付款的法律责任。如果银行在汇票上盖上承兑的戳记，该汇票就成为银行承兑汇票，就有了银行的付款保证，于是，银行承兑汇票便成为货币市场上的重要工具。银行承兑汇票是商业信用与银行信用相结合的信用票据，因而其信用风险极低。需要指出的是，在发达市场经济国家，银行承兑汇票的出票人大多是银行自身。一些国家，如美国，规定银行出售银行承兑汇票的收入无须缴纳存款准备金，这就鼓励了大量银行及其他金融机构参与银行承兑汇票的买卖。

1.6.1.3 国库券市场

国库券是指政府为解决财政先支后收的矛盾而发行的期限在一年以下的短期债券，期限一般为3个月、4个月、6个月和12个月。作为重要的货币市场，国库券市场的作用体现在以下方面。第一，它是弥补国家财政临时资金短缺的重要场所；第二，它为商业银行的二级准备提供了优良的资产，因为它比现金资产等一级准备具有更高的收益；第三，它为中央银行宏观调控提供了平台，中央银行通过国库券的公开市场操作可以灵活地调控货币供应量；第四，增加了社会投资渠道，国库券信用好、流动性强、收益免税，是居民个人短期投资的理想工具。

1.6.1.4 大额存单市场

大额存单，即大额可转让定期存单，它是一种特殊的定期存单，是由商业银行或储蓄机构发行的、可以在市场上流通转让的存款凭证。大额存单市场是银行可转让定期存单发行和买卖的场所。大额存单市场的主要参与者是货币市场基金、商业银行、政府和其他非金融机构投资者。

对发行银行来说，存单与定期存款没有区别，但由于存单可以流通，因此对持有人来说，其流动性高于定期存款。

大额存单不仅有力地支持了银行资产负债业务的扩张，而且使商业银行的经营思想发生变化，由注重资产管理开始转为注重负债管理。

1.6.1.5 回购协议市场

回购协议，也称回购交易，是指证券卖方出售证券时向证券买方承诺在指定日期以约定的价格再买回证券的交易。从买方角度，又叫逆回购协议。回购交易通过将现货交易与远期交易相结合，以达到融通短期资金的目的。因此，从本质上看，回购协议是一种质押贷款协议。融资方以持有的证券作为质押，取得一定期限内的资金使用权，到期按约定的条件购回证券，还本付息；融券方则以获得证券质押权为条件，暂时放弃资金的使用权，到期日归还对方质押的证券，收回融出的资金，并取得一定的利息收入。

回购协议市场，简称回购市场，是指通过回购协议进行短期资金融通交易的场所。我国的回购交易始于1993年的国债回购业务，上海证券交易所于1993年12月15日发布了《关于国债交易市场回购业务的通知》，正式开办了以国债为主要品种的回购交易业务。参与国债回购交易的市场主体包括中央银行、商业银行及财务公司、保险公司、证券投资基金、证券公司等非银行金融机构，以及非金融机构法人。

1.6.2 资本市场

资本市场，又称长期资金市场，是指期限在一年以上的长期资金交易市场。其交易对象主要是政府中长期债券、公司债券和股票，以及银行中长期贷款。因此，广义的资本市场又分为证券市场和银行中长期信贷市场。狭义的资本市场仅指证券市场。由于证券市场在资本市场中占据越来越重要的地位，因此，本小节主要介绍狭义的资本市场，主要是指股票和债券的发行与买卖的市场。

资本市场的主要特征有三个。第一，融资期限长，在一年以上，股票甚至无偿还期限；第二，这一市场的主要功能是满足长期投资性资金及其盈利增值的需要；第三，交易的金融工具流动性小、风险大、收益高。

1.6.2.1 股票市场

股票市场，是指通过发行股票筹资和转让股票而形成的市场。按照市场功能分为股票发行市场和股票流通市场。

股票发行市场，又称"一级市场"，是筹集资金的股份公司将其新发行的股票销售给最初购买者，从而将社会上分散的资金转化为公司股本的金融市场。股票发行制度主要有注册制和核准制两种模式。注册制，是指证券监管机构公布发行上市的必要条件，公司只要符合所公布的条件即可发行上市的一种证券发行制度。这种发行制度强调发行人申请发行股票时，必须依法公开披露财务信息并将各种资料完全准确地向证券监管机构申报。核准制，是指发行人在申请发行股票时，不仅要充分公开企业真实财务情况，而且必须符合有关法律和证券监管机构规定的必备条件，证券监管机构有权否决不符合规定条件的股票发行申请。核准制遵循的是强制性信息公开披露和合规性管理相结合的原则，其理念是"买者自行小心"和"卖者自行小心"并行。实行核准制的国家主要是一些传统的欧洲大陆国家(如法国、瑞士等)，以及新兴证券市场国家。我国的股票发行实行核准制，发行申请须由保荐人推荐辅导、发行审核委员会审核、中国证监会核准。

股票流通市场，也称为"二级市场"，是指已经发行的股票在投资者中进行交易的市场，它为已经发行的股票提供了流通的场所。股票二级市场的主要场所是场内交易市场(证券交易所)和场外交易市场(也称柜台交易市场或店头市场)。证券交易所，又称场内交易市场，是指专门的、有组织的、有固定地点的证券集中交易的场所。交易所市场是股票流通市场最重要的组成部分，也是交易所会员、证券自营商或证券经纪人在证券市场集中买卖上市股票和债券的场所，是二级市场的主体。我国上海证券交易所和深圳证券交易所分别成立于1990年和1991年。

1.6.2.2 债券市场

债券，是按法定程序发行，并按事先约定的方式支付利息和偿还本金的债务凭证，具有固定收益证券的特征。债券市场也是金融市场的重要组成部分，发挥着融资、资源配置，以及形成金融市场基准利率的功能,同股票市场一样,债券市场也分为发行市场和流通市场。

债券发行市场,是发行单位为了筹集资金初次向社会出售新债券的市场,发行债券的主体有政府、企业和各类金融机构。债券发行市场一般涉及发行条件、信用评级、发行价格、利率确定等内容。

债券发行的基本条件包括以下4种。

第一,面值,即债券的票面价值,包括面值的单位、数额和币种。

第二,票面利率,即年利息额对票面金额的比率,大多数债券在其有效期限内利率不变。

第三,偿还期。从发行到偿还本金的期间称为偿还期,债券期限分为短期、中期和长期,通常短期为1年以内,中期为1~10年,长期为10年以上。

第四,发行价格。债券价格是其价值的体现,债券的发行价格分为面额发行、溢价发行和折价发行。面额发行即以票面价格发行,又称为平价发行;发行价格高于面值,称为溢价发行;发行价格低于面值,称为折价发行。一般地,当债券的票面利率高于当时的市场利率,或预计在债券偿还期内市场利率呈下降趋势时,可采用溢价发行方式;反之,则采用折价发行方式。

债券流通市场,是指已发行的债券在到期之前买卖、转让或流通所形成的市场。与股票流通市场一样,债券流通市场的主要组织形式分为场内交易市场和柜台交易市场。

场内交易市场,如前所述,即证券交易所,其交易的债券大多是政府债券和取得上市资格的其他债券。参与债券交易的主体包括证券公司、保险公司、基金管理公司、财务公司等金融机构,以及企业和个人等。债券在交易所交易,采用公开竞价的方式进行。

与股票市场相比,债券场外市场更加重要,很多债券因不符合证券交易所的上市条件或其他原因而无法上市交易,为了实现其流动性,就形成了场外市场。在美国,债券除了在柜台市场流通交易外,还在第三市场和第四市场交易转让。在中国,债券交易的场外市场主要是指银行间债券市场。

1.6.3 金融衍生品

金融衍生品,又称金融衍生工具,是相对于原生金融工具而言的,是指一种根据事先约定的事项进行支付的双边合约,其合约价值取决于或派生于原生金融工具的价格及其变化。正如巴塞尔银行监管委员会的定义,金融衍生工具是"任何价值取决于相关比率或基础资产之价值或某一指数的金融合约"。金融衍生工具是由传统金融产品派生出来的,这类能够产生衍生物的传统工具,又称为基础资产,主要有三大类,一是外汇汇率;二是债务或利率;三是股票和股票指数等。虽然基础资产种类不多,但是借助各种技术在此基础上设计出的金融衍生工具品种繁多、五花八门。

1.6.3.1 金融衍生品的基本特征

1. 杠杆性

金融理论中的杠杆性是指能以较少的资金投入控制较多的投资,俗称"以小博大"。衍生工具在运作时多采用财务杠杆方式,即采用交纳保证金的方式进入交易,参与者只需要投入少量资金,即可进行资金量巨大的交易。例如,金融期货和期权的杠杆比率可以达到 50%以上。

2. 虚拟性

虚拟性本来的含义是指信用制度下，金融活动与实体经济偏离或完全独立的那部分经济形态。金融衍生工具的虚拟性，是指人们进行交易的对象是虚拟化的产权、信用和风险，而不是真正的交易合约标的物本身的交换。这种虚拟性导致金融衍生工具价格的波动脱离现实的资产运动，即投资衍生工具的损失与基础资产价格的波动没有直接的关系。

3. 高风险性

金融衍生工具的虚拟性与高杠杆性决定了其高风险性和高投机性的特征，具体体现在以下方面。第一，金融衍生工具是远期交易，在契约签订后，双方权利和义务便已确定，而交易却要在将来某一时刻才能履行和完成；第二，金融衍生工具的交易属于表外交易，由于不在资产负债表上体现交易盈亏，损失具有隐蔽性，一旦风险变为现实，可能给投资者带来灾难性的影响。

1.6.3.2 金融衍生品的种类

1. 远期交易

远期交易，是远期合约交易的简称，是一种相对简单的金融衍生工具，是指交易双方达成的在未来某一日期(远期)按照约定价格进行某种交易的协议。在远期合约中，双方约定交易的资产称为标的资产，约定的价格称为协议价格，同意以约定的价格卖出标的资产的一方称为空头，同意以约定价格买入标的资产的一方称为多头。金融衍生工具可以帮助投资者避险，是基于这样的原则，即通过持有额外的空头来抵销多头，或通过持有额外的多头来抵销空头。例如，某投资者买入一种证券，即持有多头，就可以签约在未来某日出售该证券(持有空头)，从而实现避险的目的。相反，如果某投资者卖出一种证券，并约定在未来某日交割，即持有空头，就可以签约在未来某日购入该证券(持有多头)，从而实现避险的目的。这一避险原理适合所有的金融衍生交易。

2. 期货合约

期货合约，是在远期合约的基础上发展起来的一种标准化的买卖合约。它是指由期货交易所统一制订的、规定在将来某一特定时间和地点交割一定数量标的物的标准化合约。金融期货合约，就是指以金融工具为标的物的期货合约。

金融期货基本上可分为三大类，即货币期货、利率期货和股票指数期货。货币期货，是交易双方约定在未来某一时间，依据现在约定的汇率，以一种货币交换另一种货币的标准化合约的交易，它是以汇率为标的物的期货合约，主要用来规避汇率风险，是金融期货中最早出现的品种。目前，货币期货交易的主要品种有美元、英镑、欧元、日元、瑞士法郎、加拿大元、澳大利亚元等。

利率期货，是指交易双方同意在约定的将来某个日期按约定条件买卖一定数量的某种长短期信用工具的标准化期货合约。利率期货交易的对象有长期国库券、政府住宅抵押证券、中期国债、短期国债等。由于利率与债券价格成反比，因此，利率期货价格与利率呈反方向变动关系，即利率越高，利率期货价格越低；利率越低，利率期货价格越高。

股票指数期货(以下简称"股指期货")，是指交易双方同意在将来某一时期按约定的价格买卖股票指数的标准化期货合约。最具代表性的股票指数期货有美国的道琼斯股指期货、SP500股指期货，纳斯达克股指期货，英国的金融时报股指期货，中国的恒生股指期货,日本的日经225股指期货,韩国的KOSPI200股指期货等。股指期货是一种典型的"数字游戏",因为它买卖的不是任何一种具体的商品或金融资产,而是根本无法实际交割的"数字",股指期货合约到期只能以现金方式交割而不能以实物交割。在具体交易时,股票指数期货合约的价值是用指数的点数乘以事先规定的单位金额来加以计算的。如标准普尔指数规定每点代表500美元,香港恒生指数每点代表50港元,沪深300指数每点代表300元,等等。

3. 期权合约

期权,又译为选择权,是指一种能在未来某特定时间以特定价格买进或卖出一定数量的某种特定商品的权利。金融期权,则是以金融商品或金融期货合约为标的物的期权交易。在期权交易中,期权买方向期权卖方支付一定期权费后,就获得了能在未来某个时间以合约价格(也称执行价格)向期权卖方买进或卖出一定数量的某种金融商品或金融期货的权利。从定义我们可以看出,期权交易其实是种权利交易,期权卖方是权利的出售者,期权买方是权利的购买者。该权利可能是未来以执行价格买进某金融资产的权利,也可能是未来以执行价格卖出某金融资产的权利。也就是说,期权的购买方可能是未来标的资产的买方,也可能是未来标的资产的卖方。这一点与远期或期货是有区别的。对于初学者来说,容易混淆这几个概念,即期权费、执行价格、交易佣金。简单来说,期权费是权利的价格,即期权合约的市场价格,即期权价值,它是变化的。执行价格是期权合约标的资产的买卖价格,是协议价格,它是固定不变的。交易佣金,是指期权的买方在购买期权时被交易所或期货公司等收取的一定比例的手续费。

看涨期权,也称买入期权,是指期权买方拥有在规定时间以执行价格从期权卖方买入一定数量标的资产的权利。当标的资产的市场价格上升到超过期权执行价格时,期权买方就选择执行期权,按执行价格从期权卖方手中购买相关标的资产,然后再按市场价格卖出,以赚取差价,扣除期权费后,剩余的就是期权买方的净利润。相反,当标的资产的市场价格下降到低于期权合约的执行价格时,期权买方就选择放弃执行期权,则仅损失期权费。看跌期权,又称卖出期权,是指期权买方拥有在规定时间以执行价格向期权卖方出售一定数量标的资产的权利。当标的资产的市场价格下降到低于期权执行价格时,期权买方就选择执行期权,按市场价格低价买进,然后再按执行价格向期权卖方出售相关标的资产,以赚取差价。扣除期权费后,剩余的就是期权买方的净利润。相反,当标的资产的市场价格上升到高于期权合约的执行价格时,期权买方就选择放弃执行期权合约,则仅损失期权费。

4. 互换合约

除了远期、期货和期权外,交易者还使用另一种重要的金融衍生工具来管理风险,那就是互换合约。互换合约,简称互换交易,是指交易双方相互交换彼此现金流(并非资产)的合约。互换交易中交换的具体对象可以是不同种类的货币、债券,也可以是不同种类的利率、汇率、价格指数等产生的现金流。一般情况下,它是交易双方根据市场行情,约定支付率(汇率、利率等),以确定的本金额为依据相互替对方进行支付,以达到规避汇率风险和利率风险的一种金融衍生交易。所以,互换交易中包括两个主要组成部分。一是互换双方根据互换协议的安排,先各自在自己的优势市场上融资,并相互交换;二是互换协议到期后,互换双方将互换的资金还给对方,或者将利息按期支付给对方。

金融互换合约最主要和最常见的形式是利率互换和货币互换。互换合约中规定的交换货币是同种货币，则为利率互换；不同种货币的互换，则为货币互换。

利率互换是互换交易中发展最早又最为普遍的互换。简单地说，利率互换是指同一种货币的固定利率与浮动利率的互换。基本做法是持有同种货币资产或负债的交易双方(也称为互换对手)，以一定的本金为计息基础，其中一方以固定利率换成浮动利率，另一方以浮动利率换成固定利率。通过互换，达到降低融资成本和价格波动风险的目的。当然，在实际操作中，利率互换的交易双方只需要由一方向另一方支付两种利息的差额即可。

货币互换也是常见的互换，是指交易双方按照协议汇率交换两种货币，并约定在将来一定期限内按照该协议汇率相互换回原来的货币的一种互换交易。在货币互换中，本金和利息一起交换，这一点不同于利率互换。或者简单地说，货币互换是指交易双方在一定期限内将一定数量的货币与另一种一定数量的货币进行的交换。

1.7　金融风险及风险管理

1.7.1　金融风险的类别

随着经济全球化和金融自由化的加快，金融风险扩散速度也不断加快，并且其影响范围和程度都呈现出明显扩大和加剧的趋势。危机的爆发是金融风险累积到一定程度后，在特定因素的触发下短时间内系统性的释放，但其后对金融体系和经济发展造成的影响和损失是极其深远的，一国至少要花费数年时间才能重建经济金融秩序，使经济发展重回正轨。几十年来，随着金融业的不断深化发展，各种各样的金融风险层出不穷、破坏性明显增大，如近几年爆发的美国次贷危机、美国安然公司破产事件、希腊债务危机等，对世界经济造成了巨大的影响，这使得金融风险的度量和管理成为各个国家发展金融和稳定经济的重要课题。通过本节的学习，将理解金融风险的内涵、分类与功能，掌握金融风险管理的主要理论基础及管理的主要流程。

1.7.1.1　信用风险

信用风险，又称违约风险，是指交易对方(债务人)信用状况和履约能力的变化导致债权人资产价值遭受损失的风险。例如，摩根大通由于受到亚洲金融风暴的影响而约有6亿美元的贷款无法收回，只能划为不良贷款，导致1997年第四季度的每股盈利比1996年下降35%。1998年6月，我国海南发展银行就由于信用风险而导致挤兑行为，在国家调集34亿元资金仍不能改变局面的情况下，中国人民银行为了防止风险蔓延被迫将其关闭。2008年3月，世界著名投资银行——美国贝尔斯登公司，因受美国次贷危机的影响，最终被摩根大通收购，收购价仅为其市值最高点时股价的1/12。造成信用风险的因素很多。有的来自主观原因，由债务人的品质、能力等决定，如在远期外汇交易中，公司可能因为持有外汇多头的投机者在外币贬值时不履行合约而蒙受损失；有的来源于客观原因，如经济恶化、公司倒闭，这些债务人将丧失偿债能力。信用风险是商业银行经营中最常见的一种风险，也一直是商业银行面临的最主要风险。信用风险主要存在于商业银行的贷款业务中，商业银行的许多非贷款业务同样存在信用风险，不良贷款率和拨备覆盖率是衡量商业银行贷款信用风险的重要指标。

1.7.1.2 市场风险

市场风险是指由于市场价格反向变化导致市场价值产生波动带来的风险。根据国际清算银行的定义，市场风险是由于资产负债表内和表外的资产价值受到股票、利率、汇率的变动而发生反向变化的风险。市场风险包括利率风险、汇率风险和证券投资风险。利率风险是指利率变动给经济主体造成损失的可能性。资产负债表的绝大多数项目都会受到利率波动的影响。汇率风险又称外汇风险，通常是指由于汇率的变动使某一经济活动主体蒙受损失的可能性。证券投资风险是指证券价格的不确定变化导致行为人遭受损失的不确定性。

1.7.1.3 结构风险

结构风险是指金融机构在运营过程中由于静态的资产负债结构搭配不合理或动态现金流量不均衡而引发的风险。结构风险的产生既有机构内部资产负债结构调整的因素，也有外部经济环境的影响。它是由于金融机构内部资产负债结构性失调，或者现金流量无法适应金融企业经营发展的要求而产生的。金融机构成长过程中的不合理的资本金导向及结构变迁与调整过程中发生的冲突，都会引起金融结构风险。

1.7.1.4 外在风险

随着我国市场化进程的不断加快，金融机构面临着内部和外部各种各样的风险，除金融机构能控制和影响的内部风险之外，还存在机构外部风险，这些风险统称为外在风险。外在风险是指存在于行业、国家等企业外部层面的已超出金融机构可控力和影响力的风险。金融机构的外在风险一直存在，且长期影响金融机构的发展。外在风险从金融机构外部渗透机构内部，对其形成威胁，金融机构与国家有关组织若不及时采取积极措施予以应对，风险将会蔓延进而形成更大损失。当前我国金融机构所面临的外在风险主要包括行业层面的操作风险、国家层面的国家风险，以及由外部因素引起的战略风险、声誉风险、关联风险等。

1.7.2 金融风险管理的基础理论

金融总是与风险联系在一起。可以说无风险，就无金融；有金融，就必然有风险。风险是人类活动的内在特征，它来源于对未来结果的不可知性。因此，粗略地讲，风险可以被定义为对未来结果不确定性的暴露。风险是从事前角度来看的由不确定性因素而造成的损失。金融风险就是指金融市场的参与者在金融活动中对未来结果不确定性的暴露，这里的金融市场参与者主要指各类金融机构(公司)及非金融机构(公司)，一般不包括个体投资者。金融风险主要包括两个方面的内容。一是金融机构因经营管理不善而产生大量不良资产或造成无法承受的巨额亏损进而诱发支付危机，并最终倒闭破产，从而给自身和社会带来重大损失的风险；二是金融市场、金融衍生工具市场、债务市场等领域潜伏的风险。金融风险管理，是指经济主体为了最大限度地减少由金融风险可能带来的不利影响，运用适当的方法、政策和措施，对金融风险进行识别、评估、对策制定和控制的行为过程。

金融风险为什么会产生？这既需要我们从现实经济生活中去寻找答案，也需要我们从理论上予以回答。也就是说，金融风险的产生既有现实起因，也有其理论根源。探讨金融风险产生的理论根源，有助于我们更全面地认识金融风险的生成机制，更好地防范和化解金融风险。

1.7.2.1 金融体系不稳定性理论

金融体系具有内在的不稳定性。金融体系的这种内在不稳定性是金融风险产生的理论根源。金融体系的内在不稳定性开始是一种假说，在信息经济学的帮助下才发展成一种颇有影响力的金融理论。金融体系不稳定性理论认为，金融体系具有内在的不稳定性，这种不稳定性是金融风险产生的理论根源。对于金融不稳定性的解释假说，存在"周期性解释"一派和"货币主义解释"一派。但这些解说缺乏微观基础，在很大程度上不得不依赖心理学的判断来解释金融主体的非理性行为。信息经济学为解释这些不稳定现象提供了新的思路。正是由于信息经济学被引入金融领域，经济学家才对金融市场的微观行为基础有了深刻理解，使金融体系不稳定性理论获得了重大进展。信息经济学中最核心的问题是信息不对称，以及信息不对称对个人选择和制度安排的影响。信息经济学认为，现实世界中信息是不完全的，或者是不对称的，即当事人一方比另一方掌握的信息多。信息不对称因此造成代理人的机会主义行为，这种机会主义行为包括逆向选择和道德风险。逆向选择是交易发生前产生的信息不对称问题，信息不真实或拥有信息较少的一方会做出错误的选择，即在达成协议前，代理人利用信息优势使委托人签订不利的契约。道德风险是发生在交易之后的信息不对称问题，即在达成契约后，代理人利用信息优势不履约或偷懒。信息不对称通过逆向选择和道德风险影响金融体系，形成金融体系内在的不稳定性，也埋下了金融危机的种子。

1.7.2.2 金融资产价格波动性理论

许多金融风险都与金融资产价格的过度波动相关，金融资产价格的过度波动是金融风险产生的一个重要原因。金融资产价格波动性与信息不完全有关。信息不完全决定了经济主体的有限预期，即经济主体不可能完全了解决定金融资产未来收入流量变化的各种因素，从而使金融市场的有效性和完善性大大降低，产生金融市场的失衡状态，造成金融资产价格的不稳定性。而且，不同金融资产价格之间呈现出一定的互动性，通货膨胀率、利率、汇率和股价之间存在联动效应，彼此相互影响，又进一步加剧了资产价格的不稳定性。金融资产价格波动性理论具体包括经济泡沫理论、股价波动理论、汇率波动理论等理论分支。其中，经济泡沫理论认为，预期因素和左右人们行为的信息因素决定了经济泡沫的形成。资产价格的上升通常伴随着预期的反向变化，并带来价格的迅速下降，最终导致金融危机。

股价波动性理论的焦点在于以下4个方面。

第一，过度投机的存在。强调市场集体行为的非理性导致的过度投机对资产价格的影响。

第二，宏观经济的不稳定。股市的波动在很大程度上承载来自宏观经济波动的影响。

第三，市场操纵机制作用。通过操纵市场，操纵者创造虚假交易繁荣和虚假价格，也创造了表面上稳定的市场，最终市场价格必然出现不可逆转的下跌。

第四，交易和市场结构的某些技术性特征的影响。任何有利于高卖低买的技术性特征都可能加剧股市的波动性，如信用交易、保证金交易及做空机制等。汇率波动性理论则认为汇率的波动性分为两种，一种是固定汇率的波动性，即货币对外价值发生意外的变化，使固定汇率水平难以维系；另一种是浮动汇率的波动性，即市场汇率的波动幅度超过了能够用真实经济因素来解释的范围。关于汇率的波动性根源，又产生了许多解释理论，主要包括国际借贷理论、利息平价理论、汇兑心理理论、汇率过度调整理论和汇率错乱理论等。

1.7.2.3 金融风险的传染性理论

依据金融风险的传染性理论，金融风险具有传染性，它可以由一个经济主体传染给别的经济主体，或者由一家金融机构传染给别的金融机构，或者由一个国家传染给别的国家，结果可能导致系统性金融风险，甚至世界性金融危机。金融风险的传染过程就是金融风险由小到大、由此及彼、由单个金融机构到整个金融体系、由一个国家到另一个国家发展的过程，是金融风险的范围和强度不断放大和加深的过程。金融风险的传染性理论包括金融风险的传染机制理论、囚徒困境与银行挤提理论等，这些理论都解释了金融风险的传染根源和过程。

1.7.3 金融风险管理的理论方法

金融风险管理的理论方法在本小节将分7个方面来介绍。

1.7.3.1 风险预防

金融风险的预防是指在风险尚未导致损失之前，经济主体采用防范性措施，以防止损失实际发生或将损失控制在可承受的范围之内。风险的预防是一种传统的风险管理方法，具有安全可靠、成本低廉、社会效果好的特点，可以实现防患于未然，对信用风险、流动性风险、操作风险等十分重要。因此，风险预防通常运用于银行和其他金融机构的信用风险和流动性风险的管理中。

1.7.3.2 风险规避

金融风险的规避是指经济主体根据一定原则，采取一定措施避开金融风险，以减少或避免由于风险引起的损失。风险规避策略的实施成本主要在于风险分析和经济资本配置方面的支出。此外，风险规避策略的局限性在于它是一种消极的风险管理策略。规避与预防有类似之处，二者都可使经济主体事先减少或避免风险可能引起的损失。不过预防较为主动，在积极进取的同时争取预先控制风险；而规避则较为消极保守，在避开风险的同时，或许就放弃了获取较多收益的可能性。例如，当经济主体在选择投资项目时，尽可能选择风险低的项目，放弃风险高的项目，而风险高的项目往往也可能有较高的预期投资收益。银行在发放贷款时，倾向于发放短期的、以商品买卖为基础的自偿性流动资金贷款，而对固定资产贷款采取十分谨慎的态度。风险规避可以应用于信用风险、汇率风险和利率风险管理。

1.7.3.3 风险自留

风险自留是指企业自我承担风险。假如某些金融因素的改变会产生损失，企业将以此时可获得的所有资金偿付，以使损失减小或消失。通常情况下，自留可以是有计划的，也可以是非计划的，且可以预先为可能发生的损失留存资金或不留存。计划自留是指有意识地对预计的风险的自我承担。采取计划自留策略一般是因为它比较便利，有时也是在比较了各种方法之后结合企业自身能力而做出的决策。非计划自留是人们没有预计到风险会产生而形成的。但有时即使预计风险会发生，而风险造成的最大可能损失被低估，也会发生非计划自留。

1.7.3.4 内部风险抑制

从国际金融发展的进程来看，随着经济的全球化和金融的全球化、跨国公司的蓬勃发展、金融业务的规模逐步扩大、竞争的激烈程度增加，银行所面临的金融风险也越来越大。通过联合重组，建立股份制银团，不仅可以适应市场需求的增加，更重要的是可以将原来单个银行所面临的巨大风险合理分摊，使得每一家按照合同协议规定承担有限的风险，从而有利于从银行团体内部结构上抑制风险损失。此外，进行信息投资也是另一种主要的内部风险抑制形式。市场信息具有不对称性、滞后性，不能及时掌握信息会导致对市场预测的失效。信息投资是对市场的未来趋势进行更加精确的估计或预测，目的是使预测的风险和损失程度更准确，使风险承担者可以更及时、准确地实施有效的风险管理措施。

1.7.3.5 风险损失控制

当金融风险不能规避时，应采取措施以减少其相关的损失，这种处理金融风险的方法是损失控制。控制风险与规避风险不同，风险承担者仍然进行金融风险的有关活动。损失控制不是放弃这些活动，而是在开展活动的过程中，通过采取系列措施，来减少和避免最后的风险损失，或是降低损失发生时产生的成本。风险承担者是否采用损失控制的策略依赖于采用这种方法所花的成本是否能够由所获得的预期收益抵补。若成本远远超出收益，则这种损失控制的投资就是不值得的。此时，损失控制的收益应能够被合理量化。

1.7.3.6 风险分散

风险分散是指通过多样化的投资来分散和降低风险的方法。风险分散是常用的风险管理策略。根据马柯维茨的资产组合管理理论，如果各资产彼此间的关系系数小于1，资产组合的标准差就会小于单个资产标准差的加权平均数，因此，有效的资产组合就是寻找彼此之间相关关系较弱的资产加以组合，在不影响收益的前提下尽可能地降低风险。当资产组合中资产的数目趋于无穷大时，组合的非系统性风险将趋于零。银行在信贷管理中，可以利用分散策略减少信用风险。银行的贷款对象不应过度集中于单一客户，而应分布于各行业、各地区、各国家。为此，银行一般都设立了对单一客户贷款的最高限额或限制性比率。若某客户贷款需求量巨大，多家银行将组成银团为其提供贷款，以分散信贷风险。

1.7.3.7 风险转移

风险转移是指通过购买某种金融产品或采取其他合法的经济措施将风险转移给其他经济主体的一种风险管理办法。风险转移可分为保险转移和非保险转移。其转移的风险通常是通过别的风险管理方法无法减少或消除的系统性风险，人们只得借用适当的途径将它转移出去。这种策略的重要特征是风险的转移必须以被转移者同意承担为条件。从宏观角度看，风险转移程度保持不变，只是从转移者到被转移者，改变了风险的承担者。

1.7.4 金融风险管理的计量模型

风险管理人员如何做出决策有赖于他们对将来损失的预测。这里运用数学常识来解释损失预测的一般方法。这些方法要求风险管理部门完成以下几项工作。

第一，收集过去的损失资料，这些资料可用来预测将来的损失。

第二，运用简明的方法来编制预测损失的图表，最常用的方法是概率分析和趋势分析。

第三，在预测时，决定在什么情况下运用概率分析比较合适，在什么情况下运用趋势分析比较合适。

第四，了解预测的局限性，并努力使局限性降到最低，从而避免一些容易发生的错误，如未料到的损失。意外损失的难以预测性可以说是风险管理中最具有挑战性的工作，因为它们的发生是偶然的。如果一家企业的财产损失、净收益损失、责任损失和人员损失与它的销售额或产品成本一样可以测算出来，那么风险管理与一般的管理没有什么区别。然而，成本最小化的风险管理决策的目标同其他营业决策是一样的，先算出每次决策方案的收益和成本，然后选择收益最大和成本最小的决策方案。

1.7.4.1 贷款的风险计量与补偿模型

贷款是商业银行的重点资产项目，它的风险大小决定着银行金融风险的大小。因此，银行在提供和管理贷款时，应该尽量减少信贷风险和呆账损失。完全没有风险的贷款是没有的。银行常常根据贷款的风险程度确定其贷款价格，即贷款的利率，从而确保银行的收益率，保证实现其利润目标。

关于贷款利率的确定，在利率基本实现市场化的发达国家，商业银行通常是在对借款客户的财务报表进行分析、测算，并对其经营管理状况及发展前景调查、评估的基础上，综合考虑贷款期限、担保品质量和担保品价格波动程度，对不同资信等级的借款人确定不同的风险费用或根据历史上同类贷款的拖欠比率对贷款进行分类。信贷管理部门根据这些风险特征和历史上同类贷款的拖欠比率对贷款风险定级。此外，发达国家的许多商业银行还将国库券的收益率作为贷款定价的主要参考指标。在银行可自由选择将资金投入贷款还是国库券的前提下，国库券的收益常常被用来确定风险性贷款的违约报酬率。因为从利润最大化的原则出发，风险性贷款的价格至少应该能保证其期望收益率不小于无风险投资的收益率。当然，风险贷款的定价越高，银行能获得的违约风险报酬也越高。但是，就像任何商品的价格都取决于买卖双方的供求关系一样，银行作为贷款的卖方也不可能随意提高贷款价格，还要根据资金成本和其他影响因素综合确定价格。

1.7.4.2 资产价格波动率与随机游动

波动率的概念来自有效市场假说理论。对有效市场假说理论做出重要贡献的是美国经济学家尤金·费马。他认为，可以根据市场效率的高低将资本市场分为弱有效市场、中度有效市场和强有效市场。在弱有效市场上，证券的价格只反映过去的价格和交易信息；在中度有效市场上，证券的价格能反映包括历史价格和交易信息在内的所有公开发表的信息；在强有效市场上，证券的价格反映了所有公开和未公开的信息。如此看来，强有效市场可以迅速传递所有相关的真实信息，使价格反映其内在价值。在强有效市场中，想取得超常收益几乎是不可能的。如果市场是弱有效的，即存在信息高度不对称，提前掌握大量消息或内部消息的投资人就可以比别人更准确地识别证券的价值，并在价格与价值有较大偏离程度的情况下，通过买进或卖出获取超常利润。资产市场的有效性意味着，所有可获得的关于未来资产价格的信息都包括在当前的资产价格中。有效市场的一个含义是资产收益率遵循随机游动假设。资产价格的波动包括两部分，一是漂移率，即资产价格预期随着时间变动的确定性比率；二是方差率，即资产价格的随机变动或随机游动，它也随时间变化。

随机游动假设被广泛用于金融模型,它有以下几个主要的内容。

(1) 资产价格在下一次期间百分比变动独立于上一次期间百分比变动,也独立于资产价格水平。因此,随机游动有时也被描述为无记忆性的,并不存在一个向上移动或向下移动一定紧跟着另一个向上移动或向下移动的情况。

(2) 准确地说,由于缺乏记忆性,资产价格随着时间趋于从任意初始点随意游动。经过离散时段t,资产价格预期随机游动的比例大小是波动率与时段长度的平方根的乘积。

(3) 资产价格是连续的,它们虽然以很小的幅度波动,但不会跳跃。在给定时段内,它们可能变为偏离初始值较大的一个值,但它们是通过每天变动很小才达到这个值的。

(4) 资产收益率服从均值等于漂移率、标准差等于波动率的正态分布。虽然随机游动是对资产价格行为的一种较好的描述,但事实上,它只是一种近似。即便是最广泛交易的现金资产的回报率也只是近似正态分布,它们同时呈现小的、很重要的非正态性,其经常的表现形态不是峰态,就是偏态。

第一,峰态。分布的峰态或高峰态,或肥尾,是衡量较大的正或负的资产回报率频率的度量,特别地,它用以衡量与均值的平方偏离的频率。如果资产回报率在均值之上很远,或者在均值之下很远的情况经常发生,不管它们更多地在均值之上,还是更多地在均值之下,或者同样地发生,资产回报率的分布都将会显示出很高的峰态。

第二,偏态。分布的偏态用于度量在特定方向上发生高收益率的频率。如果一项资产高的负回报次数多于高的正回报次数,就说明该资产的收益率分布偏向左边,或者说有一个左肥尾。如果一项资产高的正回报次数多于高的负回报次数,就说明该资产回报的分布偏向右边,或者说有一个右肥尾。而正态分布则是对称的,也就是说,正态分布的偏态系数恰好为0。因此,实际中的偏态系数显著大于0或小于0就意味着收益率呈正态分布的假设是不成立的。

1.7.4.3 自回归条件异方差模型

方差的时变特征可以用条件时间序列模型来描述。不同于历史波动模型,这一统计模型能够更有效地利用t时刻所获得的信息集来估计随时间变化的均值和方差。其中一种有用的模型就是ARCH模型和广义ARCH模型(GARCH模型),即自回归条件异方差模型。这类模型的思路是从数据中设法剔除对投机性价格变化分布的尖峰性起主要作用的系统变化方差。从本质上讲,这些模型允许数据分布出现尖峰特征,从而能更好地描述金融数据的经验分布。

1.7.5 金融风险管理的流程

金融风险贯穿金融机构业务活动的整个生命周期,所以风险管理是个持续的过程,建立良好的风险管理机制及基于风险的决策机制是稳健经营和持续发展的重要保证。科学的风险管理流程要求能够有效贯彻、执行金融机构既定的战略目标和管理政策,同时与有效率的风险管理组织体系、严密的风险管理流程、科学适宜的风险管理政策和良好的风险管理文化相互配合,协调运行。

1.7.5.1 金融风险的识别

风险识别是金融风险管理的首要步骤,是风险管理人员运用科学、系统的方法来识别经济主体所面临的各种潜在风险形态，并分析这些风险的成因及后果的动态过程。风险识别为金融风险管理指明了方向。

风险识别的主要内容包括以下几个方面。

一是识别风险源，即找出金融机构拥有的各种交易或非交易部分中有哪些部分暴露在金融风险中，暴露在何种金融风险中。

二是分析风险因子，即进一步对风险背后的因子进行分解、归并，把某种具体的金融风险分解为一种或几种单个的风险因子，或者把几种具有相同风险因子的金融风险进行归并。

三是分析风险效应，即关注正、负两个方面的影响，正面影响意味着利润或机会，负面影响则意味着损失或失败。金融风险识别通常用的方法包括问卷调查法、专家分析法、指标预警法、情景分析法与风险树分析法。

1.7.5.2　金融风险的度量与评估

金融风险的度量是对金融风险大小、程度或水平的分析和估量。风险度量是风险识别的延续，准确地评估金融风险的大小十分重要。如果对风险估计不足，经济主体就不会采取相应措施规避或控制风险，减少风险可能造成的损失；相反，若风险估计过高，也可能因此付出不必要的管理成本，失去获取更大收益的机会。金融风险的度量方法很多、很复杂，技术含量很高，而且仍处在不断发展和演进之中。金融风险的评估是对金融风险水平的分析和估量，包括衡量各种风险发生的可能性及影响的范围和程度。风险评估是金融风险管理过程中的关键环节，是风险识别的延续，也是风险应对的前提。准确地度量和评估风险具有十分重要的意义。

金融风险评估的方法主要有两类。一类是定量评估，通常借助于数理分析技术，运用建模的方法对风险的大小进行数量化的描述。另一类是定性评估，具体有主观判断法、评分或评级法等。金融风险评估的主要指标包括风险事件发生的概率及其分布、风险暴露、对风险因子的敏感程度、风险因子的波动、风险值(VaR)。

1.7.5.3　金融风险的应对与控制

金融风险管理的对策，是指金融风险控制与管理人员在识别和评估金融风险的基础上，寻求切实可行的措施或工具对所面临的金融风险进行防范控制与化解的策略。在金融风险管理中，风险管理对策主要分为两大类，即事前风险控制和事后风险处理。事前风险控制是指在损失发生前全面地消除金融风险损失可能发生的根源，并竭力减少致损事件发生的概率。风险控制的基本点就是预防金融风险损失发生和降低金融风险损失的严重程度。需要注意的是，风险管理的重要性在于损失前的预防胜于损失后的补偿。因为意外事故造成的某些影响或连锁反应往往是难以补救的。即使是经济单位有很完备的金融风险财务计划，一旦发生偶然事故也往往会使之一蹶不振。所以，实施金融风险管理的决策应力求充分发挥损失前的风险控制工具的作用，积极防范损失，消除隐患。事后风险处理是指在金融风险事件发生后已经造成损失时进行必要的处理，力图控制和消减其带来的不良后果。具体来说，处理手段就是对承担的风险损失采取各种形式的补偿，因此也可以称为风险补偿策略。

1.7.5.4　金融风险的报告与监控

风险报告是将风险信息传递到内外部门和机构，使其了解金融机构的风险及其管理状况的重要工具。可靠的风险报告可以为管理层提供全面、及时和精确的风险信息，为风险管理决策提供必要的支持；可靠的风险报告是投资人和监管者对金融机构的要求，他们据此可以了解和掌握金融机构的风险及其管理状况，进而做出相应的反应。金融风险具有瞬变性和不可准确预见性，即使能够对某风险进行度量并采取有针对性的控制措施，随着日常经营的持续进行，该风险也可能相应地增大或变小，还可能出现新的风险，这些可能出现的变化会进一步导致早先采取的控制措施失效。因此，金融风险管理实质上是一个持续的动态过程。在这一过程中，对金融风险进行监控是非常重要的一环。从内容上看，金融风险的监控主要包括两个层面，一是跟踪已识别风险的发展、变化情况，包括在整个考察期内风险的产生条件和导致后果的变化，评估风险减缓计划的需求状况；二是根据风险的变化情况及时调整风险控制计划，对已发生的风险及其产生的遗留风险和新增风险进行及时识别、分析，并采取适当的控制措施等。金融风险的监控应该贯穿风险管理的全过程。实践中，建立风险预警系统是监测风险的一种重要手段。所谓风险预警系统，是指通过设置并观察一些极具敏感性的风险指标的变化，从而对金融机构可能面临的风险进行预测、预报的风险分析系统。一般来说，所选定的风险指标必须具备两个基本特征，一是必须具备高度的敏感性，即风险因子一旦发生变化，能够在指标值上迅速地反映出来；二是必须具有高度的前瞻性，即一旦指标值趋于恶化，往往就意味着损失可能发生或将要发生，是属于损失发生的先兆性指标，而非结果性指标。

本章习题

一、名词解释

请解释下列名词：金融市场、直接融资、间接融资、金融机构、商业银行、政策性银行、投资银行、投资基金、私募基金、私募股权基金、道德风险、逆向选择、银行同业拆借市场、货币市场、资本市场、大额可转让定期存单、金融衍生工具、远期合约、金融期权、看涨期权、看跌期权、金融期货、互换合约、金融风险、价格波动率、自回归条件异方差、反洗钱。

二、简答题

1. 简述中国银行保险监督管理委员会的职责。
2. 法律关系的构成要素有哪些？
3. 商业银行的经营原则是什么？
4. 商业银行与客户的业务往来，应当遵循什么原则？
5. 未经中国人民银行批准，擅自设立商业银行、证券交易所、期货交易所、证券公司、期货经纪公司、保险公司或者其他金融机构的行为构成哪种犯罪？

三、论述题

1. 银行业金融机构应当制定风险管理政策和程序，包括哪些内容？
2. 金融市场的特征有哪些？
3. 简述金融市场的构成要素。
4. 简述金融市场的功能。
5. 比较直接融资与间接融资的异同。

6. 简述金融机构体系的一般构成。
7. 试比较商业银行与投资银行的区别。
8. 如何解释银行业存在的合理性?
9. 比较货币市场与资本市场的特点。
10. 简述银行同业拆借市场的特点。
11. 大额可转让定期存单的特点有哪些?
12. 简述银行如何实现内部风险抑制。
13. 简述公募与私募的异同。
14. 比较一级市场与二级市场的异同。
15. 简要说明期权、期货、互换交易的特征与基本功能。
16. 简述金融风险的类别。
17. 金融风险管理的理论基础有哪些?

四、选择题

1. 下列行为正确的是(   )。
   A. 记载和保留适当的记录,以支持投资分析
   B. 泄露客户的机密信息
   C. 接受礼物导致与客户利益竞争
   D. 做出歪曲价格的行为
2. 以下行为错误的是(   )。
   A. 全面合理地披露可能会损害其独立性和客观性的所有事项
   B. 提出投资建议之前,对客户的投资经历、风险偏好、利润目标等进行评估
   C. 保持合理的谨慎,做出尽职的判断
   D. 有意曲解投资分析
3. 股东会的职权包括(   )。
   A. 决定公司的经营方针和投资计划
   B. 审议批准公司的年度财务预算方案、决算方案
   C. 审议批准公司的利润分配方案和弥补亏损方案
   D. 修改公司章程

五、填空题

1. 中央银行是国家调控国民经济发展的重要工具,具有_____等权利。
2. 为加强金融监管协调、补齐监管短板,2017年11月,_____成立。
3. 个人独资企业是在中国境内设立,由一个自然人投资,财产为投资人个人所有,投资人以其个人财产对企业债务承担_____。
4. 合伙企业的有限合伙人以其_____为限对合伙企业债务承担责任。
5. 股份有限公司发起人的人数限制为_____。
6. 董事任期由公司章程规定,每届任期不得超过_____。
7. 设立全国性商业银行的注册资本最低限额为_____元人民币。设立城市商业银行的

注册资本最低限额为_____元人民币,设立农村商业银行的注册资本最低限额为_____元人民币。注册资本应当是实缴资本。

8. 商业银行资本充足率不得低于_____。

六、计算题

1. 有一张大额存单,面额为100万元,票面年利率为15%,90天到期,1个月后,某投资者欲在二级市场购买该大额存单,当时的市场利率为16%,请问,该大额存单的市场价格为多少?

2. 某投资者购买某看跌股票期权1000股,期限为半年,期权执行价格为每股35元,期权费为4%。该股票现货交易价格为40元。半年后,该股票现货价格下跌到25元,请计算该投资者的损益情况。

第 2 章 金融数据分析

在信息时代，人们每天生活在纷繁复杂的数据海洋中。因此，管理好海量数据并学会从中提取有用的信息，帮助自己做出科学决策，提高工作效率和排除数据干扰伤害，是每个人都要面临的基本课题。目前，随着云计算、大数据、区块链及人工智能等技术创新应用于支付清算、借贷融资、财富管理、零售、银行、保险等诸多金融领域，金融数据分析越来越成为每个人工作生活中的一种必不可少的工作能力。

读懂金融数据还需要借助一些方法和工具，统计分析理论为处理分析金融数据提供了许多很好的理论和方法。但是，面对海量金融数据的处理分析工作，没有计算机相关的应用软件是不可能完成的，而Python软件正是这样一款功能强大的应用软件系统。

2.1 Python程序设计基础

20世纪90年代初，Python 由 Guido van Rossum 在荷兰国家数学和计算机科学研究所设计出来。Python编辑工具有很多，但这里只推荐Anaconda，Anaconda是一个用于科学计算的Python发起版，提供了强大的包的管理和环境管理的功能，可以为初学者节省大量安装和配置环境的时间，可以方便解决第三方包的管理和切换问题，支持Linux，Mac，Windows系统。该软件可从Anaconda官网下载并安装(官方网站：https://www.anaconda.com)。

2.1.1 Python基础

2.1.1.1 常量与变量

在Python程序运行时不会被改变的量叫作常量。一个字面意义上常量的例子是如同5、1.23这样的数，或者如同"This is a string""It's a string!"这样的字符串，这些数字或字符串在程序运行中，始终代表它自己，不会改变它的值。

在Python程序运行时可以被更改的量叫作变量。等号(=)用来给变量赋值，称为赋值符，使用时其左边是一个变量名，右边是存储在变量中的值。variable(变量)=value(值)。例如，我们定义一个变量a并将数字1赋值给它，然后再将数字2赋值给a，此时a的值就变成了2，类似这种可以被赋值也能被更改的量就是变量。

2.1.1.2 数与字符串

Python中的数字有4种类型，即整数、布尔型、浮点数和复数。

- int (整数)，如1；另有一种长整型，表示为long，如88888888。
- bool (布尔型)，如True。
- float (浮点数)，如1.23。

- complex (复数)，如1 + 2i， 1.1 + 2.2i。

字符串是字符的序列，在Python中加引号的字符集叫作字符串，例如'Hello' 'Python'。在Python中可以使用单引号、双引号、三引号，区别如下。

- 使用单引号(')。可以用单引号指示字符串，如同'Hello world'这样。所有的空白，即空格和制表符都照原样保留。
- 使用双引号(")。在双引号中的字符串与单引号中的字符串的使用完全相同。如果字符串本身就有双引号或单引号时，为了避免使用转义符，我们一般交叉使用，例如"What's your name?"。
- 使用三引号('''或""")。利用三引号，可以指示一个多行的字符串，可以在三引号中自由地使用单引号和双引号。

转义符：假设想要在一个字符串中包含一个单引号(')，那么该怎么指示这个字符串？例如，这个字符串是"What's your name?"，这个时候就需要指明单引号而不是字符串的结尾。可以通过转义符来完成这个任务。用"\'"来指示单引号，注意这个反斜杠。现在可以把字符串表示为"What\'s your name? "。

字符串的索引和切片：如果想获取'hello Python'里面的子字符串'Python'或是'hello'，就要用到字符串的索引或者切片了。通过方括号使用索引s[i]可以获取特定偏移的元素。切片运算符[a：b]是指从a下标开始取到第b-1下标，包前不包后。索引值以 0 为开始值，-1 表示结束。当索引为正时是从左往右取，当索引是负时则是从右往左取。a[:2]代表取到a[2]，即取a的[0,1]位置的元素。

字符串的转化：Python不允许字符串和数字直接相加。字符串可以用"+"运算符连接在一起，用"*"运算符重复。许多Python对象使用str函数可以转化为字符串。

2.1.1.3 标志符

标志符是用户编程时使用的名字，用于给变量、常量、函数、语句块等命名，以建立起名称与使用之间的关系。

Python中的关键字是指系统自带的具备特点含义的标志符，我们的变量命名不能与Python中的关键字冲突，常用的Python关键字有"False""None""True""and""as""assert""break""class""continue"等。

2.1.1.4 缩进与注释

Python希望每行都只使用一个语句，这样使得代码更加易读。如果想要多行，那么需要使用分号(;)来特别地标明这种用法，分号表示一个语句的结束。

在Python中是以缩进(indent)来区分程序功能块的，缩进的长度不受限制，但就一个功能块来讲，保持一致的缩进量，不要混合使用制表符和空格来缩进，因为这在跨平台的时候无法正常工作。可以使用空格、Tab键等。同一个代码块的语句必须包含相同的缩进空格数，这可以区分不同代码块，让Python的代码可读性优于其他语言。

2.1.1.5 运算符与表达式

在Python中我们可以对一个或多个数字，或者字符串进行运算操作。在Python中常见的运算符有以下几种。

算术运算符：算术运算符是对一个或多个数字或是字符串进行算术运算，常用的算术运算符包括"+""-""*""**"(幂)、"/""//"(取整)、"%"(取模)。

比较运算符：比较运算符用于比较两个值，结果返回一个布尔类型值True或者False，但是要注意比较的两个值必须属于同一大类，数字会根据数字的大小进行比较，而字符串会根据字符串的序列值来比较，常用的比较运算符包括"<"">""<="">=""=="(等于)、"!="(不等于)。

逻辑运算符：逻辑运算符可以将两个或多个关系表达式连接成一个表达式。常用的逻辑运算符包括"not"(非)、"and"(与)、"or"(或)。

2.1.1.6 基本数据类型

Python中基本的数据类型有4种，分别是元组、列表、集合、字典。

元组(tuple)：元组是一个固定长度、不可改变的Python序列对象，一旦创建了元组，其对象就不能修改，因此其最大优势在于安全。元组通过小括号"()"的方式声明，是用逗号分隔开的一列元素，当元素个数为1时，也需要加一个逗号，否则，会被错认成非元组类型。用tuple函数可以将任意序列转换成元组。

列表(list)：列表是写在方括号"[ ]"之间、用逗号分隔开的一连串元素序列。列表是Python中最具灵活性的有序集合对象类型。和字符串不同的是，列表可以包含任何种类的对象，如数字、字符串、自定义对象甚至其他列表。列表可以用方括号定义，或用list函数来创建。

集合(set)：集合是无序不可重复的元素集合。集合主要有两个功能，一个功能是进行集合操作，另一个功能是消除重复元素。可以用两种方式创建集合，即通过set函数或使用大括号语句。集合支持合并、交集等数学集合运算，并可用于消除重复元素。

字典(dict)：字典是Python重要的数据结构。字典类似于通过联系人名字查找地址和联系人详细情况的地址簿，即把键(名字)和值(数据内容)联系在一起。注意，键必须是唯一的，就像如果有两个人恰巧同名，将无法通过名字进行区分。字典是键和值一一对应的大小可变集合，键和值都是Python对象。创建字典的方法是使用大括号"{}"来创建，用冒号分隔键和值，也可以使用dict( )函数来创建字典。通过字典keys( )可以取到字典所有的键，可以像访问列表或元组中的元素那样，访问字典中的元素。

2.1.2 Python控制流

在Python中有三种控制流语句——if、for和while。

2.1.2.1 分支结构if

if表示选择性地执行，是Python主要的选择工具，常与elif和else连用，必须以冒号(:)结束。注意if语句在同时满足多个条件的情况下会优先执行最先满足的条件。它判断一个条件，如果为True，就执行后面的语句；如果为False，就继续运行。if后面可以跟一个或多个elif，所有条件都是False时，还可以添加一个else。如果某个条件为True，后面的elif就不会被执行。

2.1.2.2 循环结构for

for循环是在一个集合(列表或元组)中进行迭代，可以遍历任何有序的序列对象内元素。for语句可用于字符串、列表、元组、其他内置可迭代对象，以及用户通过类创建的新对象。运行for循环时，会逐个将序列对象中的元素赋值给目标，然后为每个元素执行循环主体。for一般与in连用，循环的标准语法是for...in 迭代对象，for...in语句可以在一系列对象上进行迭代，即按顺序逐一使用序列中的每一个项目。for 循环和if循环一样，必须以冒号(:)结束。

2.1.2.3　循环结构while

while语句用来控制一段语句的重复执行，可以循环指定条件和代码，当条件为False或用break退出循环，代码才会退出。同样，while语句也可以和if语句嵌套使用。

2.1.2.4　continue和break语句

continue和break语句主要用于终止循环，防止死循环，两者各有不同。continue语句可以强制停止循环中的这一次执行，跳过剩下的部分，继续进行下一轮循环。break语句用来终止程序的执行，break语句可以跳出for循环。当在循环结构中出现break语句时，即使在循环条件中没有False条件，或者序列还没被完全递归，也会终止循环语句。如果break语句出现在嵌套循环中，则应当终止执行最深层的循环，并开始执行下一行代码。

2.1.3　Python函数与模块

函数是一个能完成特定功能的代码块，可在程序中重复使用，减少程序的代码量和提高程序的执行效率。通过给函数起一个名字，还可以提高代码的可读性。

自定义函数：定义一个函数首先要声明函数，其次要定义这个函数所包含的功能。你可以定义一个有自己想要的功能的函数，以下是简单的规则。

- 函数代码块以 def 关键词开头，后接函数标志符名称和圆括号"()"。
- 任何传入参数和自变量必须放在圆括号中间。
- 函数内容以冒号起始，并且缩进。
- return[表达式]结束函数，选择性地返回一个值给调用方。不带表达式的return相当于return None。
- 输入并运行函数名即可调用函数。

函数的参数：在函数中，有时我们需要传入参数来实现功能。比如len函数是取字符串的长度，但是单独调用len()是无效的，因为没有字符串，只有像len('python')这样将字符串传入才有意义。这个字符串'python'就是函数的参数。如果len()函数中不传入参数就会报错，参数就是函数执行中要用到的数据。

形参与实参：在Python中参数有两种，一种是形参，一种是实参。所谓形参是在函数定义过程中参数的名称，而不代表真实的数据，因此只是形式上的参数；而实参则是指参数具体的值，即真实的参数。

全局变量与局部变量：在Python中如果想让某些变量作用域变为全局，则需要进行全局变量声明，就要使用global关键字，声明后的变量就变为全局变量。而如果变量只在某自定义函数中有定义，则称为局部变量，局部变量的作用域是局部的(非全局)。

2.2　Python进阶

2.2.1　NumPy的使用

NumPy是高性能科学计算和数据分析的基础包,是接下来要讲解的Pandas、Scikit-learn、StatModels等库的构建基础。NumPy大部分代码都由C语言写成并进行了优化,因此计算速度大大加快。在本书中对NumPy的引入约定为import numpy as np,因此,一旦在代码中看到np,就是使用了NumPy。

NumPy最重要的一个特点就是其N维数组对象(即ndarray)可以用于对整块数据执行一些数学运算,其语法跟标量元素之间的运算一样。

例2-1:将2018年7月2日至2019年7月18日平安银行股票各天的开票价、收盘价、最低价和最高价读入为N维数组对象,并对开票价求均值、中位数、极差、标准差。

```
In[]:
import tushare as ts
import pandas as pd
import numpy as np
#需要自行到tushare网站注册获取,在此隐藏
ts.set_token('')
pro = ts.pro_api()
df = pro.query('daily', ts_code='000001.SZ', start_date='20180701',
end_date='20190718')
lists=df.open
print("极差: ",np.max(lists)-np.min(lists))
#最大值减最小值
lists_std=np.std(lists)
print("标准差: ",lists_std)
print("平均数: ",np.mean(lists))
print("中位数: ",np.median(lists))
Out[]:
极差:  6.0
标准差:  1.6435064410068063
平均数:  11.203515625000005
中位数:  10.78
```

2.2.2　Pandas的使用

2.2.2.1　Series

Series是一种类似于一维数组的对象,它由一组数据(各种NumPy数据类型)及一组与之

相关的数据标签(即索引)组成。Series的字符串表现形式为索引在左边，值在右边。由于没有为数据指定索引，于是会自动创建一个0到N-1(N为数据的长度)的整数型索引。可以通过Series的 values和index属性获取其数组表示形式和索引对象。

2.2.2.2 DataFrame

DataFrame是最常用的数据结构，它是一个表格型的数据结构，它含有一组有序的列，每列可以是不同值类型。DataFrame既有行索引也有列索引，它可以被看作由Series组成的字典。跟其他类似的数据结构相比，DataFrame中面向行和面向列的操作基本上是平衡的。其实，DataFrame中的数据是以一个或多个二维块存放的。构建DataFrame的办法有很多，最常用的一种是直接传入一个由等长列表或NumPy数组组成的字典。

DataFrame的常用操作和函数包括排序(sort_values)、去重(drop_duplicates)、删除数据(drop)、重命名(rename)、缺失值过滤(dropna)等。

2.2.2.3 Pandas数据载入和存储

Pandas使用read_csv和read_excel函数，来读取csv和excel文件，并返回DataFrame；使用to_excel函数导出文件。

例2-2：将2018年7月2日至2019年7月18日平安银行股票数据由xls文件读入，提取价格变化(change)为正的各天数据为一个新对象，并将价格变化绝对值最大的10天数据保存为默认路径下的csv文件。

```
In[]:
import pandas as pd
data = pd.read_excel(r'df.xls')
newdata =data[data.change>0]#筛选价格变化为正的数据作为新的对象
data['change']=abs(data['change'])#将价格变化转为绝对值
datas=data.sort_values('change',ascending=False)[:10]#提取价格变化绝对值最大的10天数据
datas.to_csv(r'datas.csv')
```

2.2.3 Matplotlib数据可视化

Matplotlib是Python最著名的绘图库，以各种硬拷贝格式和跨平台的交互式环境生成出版质量级别的图形，它能够输出的图形包括折线图、散点图、直方图等。

2.2.3.1 散点图

散点图(Scatter Diagram)是以一个变量为横坐标，另一个变量为纵坐标，利用散点(坐标点)的分布形态反映变量关系的一种图形。散点图经常用来显示分布或者比较几个变量的相关性或者分组。

例2-3：对2018年7月2日至2019年7月18日平安银行股票的开盘价和收盘价、价格变动绝对值和交易量(vol)分别做散点图，分析其相关形式。

```
In[]:
import pandas as pd
import matplotlib.pyplot as plt
```

```python
df=pd.read_excel('df.xls')#读取数据
df=df.iloc[::-1]#如果数据倒序需要将数据进行反转
df1=df['open']#开盘价
df2=df['close']#收盘价
df3=abs(df['change'])#价格变动绝对值
df4=df['vol']#交易量

plt.rcParams['font.sans-serif']=['SimHei']#显示中文
plt.rcParams['axes.unicode_minus'] = False
plt.style.use('ggplot')#设置绘图格式

x=[i for i in range(len(df))]
plt.figure(figsize=(12, 6),dpi=200)
plt.scatter(x,df1,color='r')
plt.title('开盘价散点图',fontsize=20)
plt.show()

plt.figure(figsize=(12, 6),dpi=200)
plt.scatter(x,df2,color='b')
plt.title('收盘价散点图',fontsize=20)
plt.show()

plt.figure(figsize=(12, 6),dpi=200)
plt.scatter(x,df3,color='g')
plt.title('价格变动绝对值散点图',fontsize=20)
plt.show()

plt.figure(figsize=(12, 6),dpi=200)
plt.scatter(x,df4,color='k')
plt.title('交易量散点图',fontsize=20)
plt.show()
Out[]:
```

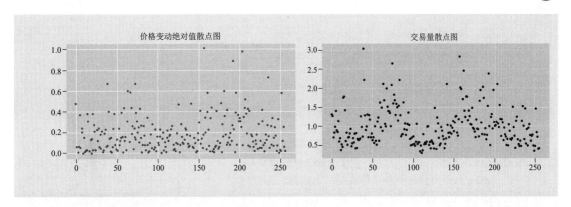

2.2.3.2 直方图

直方图(Histogram)又称柱状图,用其每根柱子的长度表示值的大小,通常用来比较两组或多组值,了解统计数据的分布特征,并分析其分布状态,即数据分布的集中或离散状况,从中掌握所需数据的分布情况。

例2-4:对2018年7月2日至2019年7月18日平安银行股票的开盘价和价格变化百分比(pct_chg)分别做直方图,分析其分布特征。

```
In[]:
plt.figure(figsize=(12, 6),dpi=200)
df5=df['pct_chg']
plt.bar(x,df1,color='r')
plt.title('开盘价直方图',fontsize=20)
plt.show()
plt.figure(figsize=(12, 6),dpi=200)
plt.bar(x,df5,color='b')
plt.title('价格变化百分比直方图',fontsize=20)
plt.show()
Out[]:
```

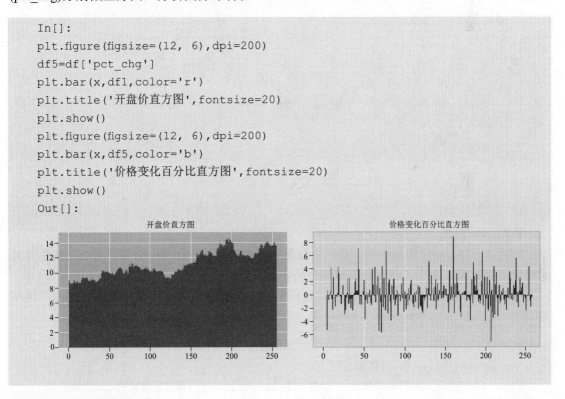

2.2.3.3 折线图

折线图(Line Chart)可以绘制排列在工作表的列或行中的数据。折线图可以显示随时间而变化的连续数据,因此非常适用于显示在相等时间间隔下数据的趋势。

例2-5:对2018年7月2日至2019年7月18日平安银行股票的开盘价和收盘价与日期做折线图,并将不同类型的线在同一图中展示。

```
In[]:
fig1=plt.figure(figsize=(12, 6),dpi=500)
ax1=fig1.add_subplot()
plt.rcParams['font.sans-serif']=['SimHei']
plt.rcParams['axes.unicode_minus'] = False
plt.style.use('ggplot')
lns_=ax1.plot(x,df1,label='开盘价')
Ins1_=ax1.plot(x,df2,'b--',label='收盘价')
plt.title('开盘价与收盘价折线图',fontsize=15)
ax1.set_xlabel('天数')
ax1.set_ylabel('价格')
plt.legend()
plt.show()
Out[]:
```

2.2.3.4 饼图

饼图(Pie Graph)又称圆形图，是一个划分为几个扇形的统计图，它能够直观反映个体与总体的比例关系，用于总体中各组成部分所占比重的研究。

例2-6：对2018年7月2日至2019年7月18日平安银行股票各天的正负收益做饼图；价格变化百分比(pct_chg)离散化为"小于-1""-1到1"和"大于1"三种，并做散点图。

```
In[]:
df6=df[['change']]#价格变动
positive_return=len(df6.loc[(df6['change']>0)])#筛选出收益为正的天数
negative_return=len(df6.loc[(df6['change']<0)])#筛选出收益为负的天数
plt.rcParams['font.sans-serif']=['SimHei']
plt.rcParams['axes.unicode_minus'] = False
plt.style.use('ggplot')
plt.figure(figsize=(12, 6),dpi=200)
label=['正收益','负收益']#定义饼图的标签，标签是列表
```

```
explode=[0.01,0.01]#设定各项距离圆心n个半径
values=[positive_return,negative_return]
plt.pie(values,explode=explode,labels=label,autopct='%1.1f%%')#绘制饼图
plt.title('正负收益饼图')#绘制标题
#%%
df_=df[['pct_chg']]#读取价格变化百分比
df_['label']=''#创造空的DataFrame
df_=df_.reset_index(drop=True)#重建索引
df_=df_.reset_index()#建立索引并作为列
df_.rename(columns={'index':'天数'},inplace=True)#重命列名
df_.loc[(df_['pct_chg']<-1),'label']=0#筛选条件并赋值
df_.loc[(df_['pct_chg']>=-1) &(df_['pct_chg']<=1),'label']=1
df_.loc[(df_['pct_chg'])>1,'label']=2
x1=df_[df_.label==0]#三种类型
x2=df_[df_.label==1]
x3=df_[df_.label==2]
plt.rcParams['font.sans-serif']=['SimHei']
plt.rcParams['axes.unicode_minus'] = False
plt.style.use('ggplot')
plt.figure(figsize=(12, 6),dpi=200)
plt.scatter(x1.values[:,0],x1.values[:,1],color='r')
plt.scatter(x2.values[:,0],x2.values[:,1],color='b')
plt.scatter(x3.values[:,0],x3.values[:,1],color='g')
plt.title('三种类型价格变化百分比散点图',fontsize=20)
plt.show()
```

Out[]:

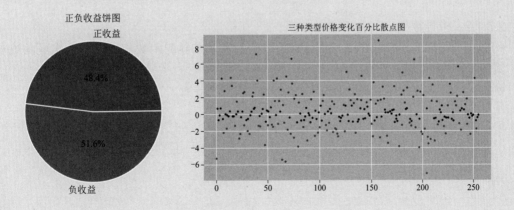

2.3 数理统计基础

2.3.1 微积分基础

微积分是高等数学中研究函数的微分、积分,以及有关概念和应用的数学分支。它是数学的一个基础学科,内容主要包括极限、微分学、积分学及其应用。微积分思想是很多金融数据分析方法的思想起源,对于灵活掌握这些工具有很强的支撑作用。

2.3.1.1 求极限

Python中可以使用limit( )函数求函数极限,其使用方法有两种,即函数的侧边趋近极限和函数的趋近极限,其基本语法分别为limit(expr, var, doit, "+")和limit(expr, var, doit)。

例2-7:对函数 $f(x) = \dfrac{\sin(x)}{2x}$ 和 $f(x) = \dfrac{1}{x}$ 求极限。

```
In[]:
from sympy import *
x = symbols('x')
fx1 = sin(x)/(2*x)
fx2 = 1/x
r1 = limit(fx1, x, 0)#求极限
r2 = limit(fx2, x, 0, '+')
print(r1,r2)
Out[]:
1/2 oo
```

2.3.1.2 求导数

Python中可以利用SymPy库中的diff函数传入需要求导的函数和求导变量实现函数求导,其基本语法为diff(expr, x)。

例2-8:对函数 $f(x) = \sin(\cos(x))$ 和 $f(x) = e^{2x}$ 求一阶导数。

```
In[]:
from sympy import *
x = symbols('x')
fx1 = sin(cos(x))
fx2 = exp(2*x)
r1 = diff(fx1, x)#求导
r2 = diff(fx2, x)
print("r1:", r1)
print("r2:", r2)
Out[]:
r1: -sin(x)*cos(cos(x))
r2: 2*exp(2*x)
```

diff函数也能对一元函数求多阶导数，其基本语法为diff(expr, x, n)。

例2-9：对函数$f(x)=x^3$求二阶导数。

```
In[]:
from sympy import *
x = symbols('x')
fx = x**3
r = diff(fx,x,2)
print(r)
Out[]: 6*x
```

diff函数还能对多元函数求偏导数。

例2-10：对函数$f(x,y)=x^2+y^3$分别求x和y的偏导数。

```
In[]:
from sympy import *
x = symbols('x')
y = symbols('y')
z=x**2+y**3
print(diff(z,x))
print(diff(z,y))
Out[]:
2*x
3*y**2
```

2.3.1.3 求积分

Python中可以利用SymPy库中的integrate函数传入需要积分的函数和积分变量实现求不定积分，如果同时传入积分变量的积分限能进一步实现求定积分，其基本语法分别为integrate(expr, var)和integrate(expr, (var, min, max))。

例2-11

```
In[]:
from sympy import *
x = symbols('x')
print(integrate(5*x**3, x))
print(integrate(sin(x), x))
print(integrate(sin(x),(x, 0, pi/2)))
print(integrate(3*x,(x,0,1)))
Out[]:
5*x**4/4
-cos(x)
1
3/2
```

2.3.2 线性代数基础

在Python中进行线性代数的运算时,先要导入NumPy模块。矩阵创建有两种方法,一是使用mat函数或者matrix函数(matrix类型),二是使用数组代替矩阵(array类型)。例2-12中使用mat函数创建一个2×3矩阵,并使用shape函数获取矩阵的维度信息。

例2-12

```
In[]:
import numpy as np
a = np.mat([[1,2,3],[4,5,6]])
print(a)
Out[]:
[[1 2 3]
 [4 5 6]]
In[]:
c = a.shape
print(c)
Out[]:
(2, 3)
```

单位阵在线性代数运算中经常使用,可以通过eye函数生成对应维度的单位矩阵,如例2-13所示。

例2-13

```
In[]:
I = np.eye(3)
print(I)
Out[]:
[[1. 0. 0.]
 [0. 1. 0.]
 [0. 0. 1.]]
```

此外,可以从中括号中提出矩阵对应的行、列或相应位置的元素。例2-14显示的是提取例2-13构造的矩阵a的元素。

例2-14

```
In[]:
print(a[0])  #获取a矩阵的第一行
Out[]:
[[1, 2, 3]]
In[]:
d = a[:,0].reshape(-1,1)  #获取矩阵的第一列
print(d)
Out[]:
[[1]
```

```
[4]]
In[]:
print(a[0,1])  #获取矩阵某个元素
Out[]:
2
```

2.3.2.1 矩阵的运算

在满足乘法规则的条件下,两个矩阵可以做矩阵相乘,但矩阵相乘的结果与矩阵次序有关。

例2-15

```
In[]:
A = np.mat([[1, 2, 3], [3, 4, 5], [6, 7, 8]])
B = np.mat([[5, 4, 2], [1, 7, 9], [0, 4, 5]])
print(A*B)
Out[]:
[[  7  30  35]
 [ 19  60  67]
 [ 37 105 115]]
In[]:
print(B*A)
Out[]:
[[ 29  40  51]
 [ 76  93 110]
 [ 42  51  60]]
```

如果是使用数组代替矩阵进行运算则不可以直接使用乘号,应使用dot函数。对于二维数组,它计算的是矩阵乘积;对于一维数组,它计算的是内积。注意由array函数定义的对象为array类型,不能直接进行矩阵运算。

例2-16

```
In[]:
C = np.array([[1, 2, 3], [3, 4, 5], [6, 7, 8]])
D = np.array([[5, 4, 2], [1, 7, 9], [0, 4, 5]])
E = np.dot(C,D)
print(E)
Out[]:
[[  7,  30,  35],
 [ 19,  60,  67],
 [ 37, 105, 115]]
```

此外,无论是matrix类型还是array类型的矩阵,都可以做加法和数乘。

例2-17

```
In[]:
#矩阵的加法对matrix类型和array类型是通用的
print(A+B)
```

```
Out[]:
[[ 6,  6,  5],
 [ 4, 11, 14],
 [ 6, 11, 13]]
In[]:
print(C+D)
Out[]:
[[ 6,  6,  5],
 [ 4, 11, 14],
 [ 6, 11, 13]]
In[]:
print(2 * A)#矩阵的数乘对matrix类型和array类型是通用的
Out[]:
[[ 2,  4,  6],
 [ 6,  8, 10],
 [12, 14, 16]]
In[]:
print(2 * C)
Out[]:
[[ 2,  4,  6],
 [ 6,  8, 10],
 [12, 14, 16]]
```

2.3.2.2 求行列式

行列式在数学中，是一个函数，其定义域为det的矩阵A，取值为一个标量，写作det(A)或|A|。无论是在线性代数、多项式理论，还是在微积分学中，行列式作为基本的数学工具，都有着重要的应用。Python中可以利用linalg.det函数求矩阵的行列式，其代码运算如例2-18所示。

例2-18

```
In[]:
A=np.array([[1, 2], [1, 4]])
print(np.linalg.det(A))
Out[]:
2.0
```

2.3.2.3 矩阵的秩

Python中可以利用linalg.matrix_rank函数求矩阵的秩，其代码运算如例2-19所示。

例2-19

```
In[]:
I = np.eye(3)
J = np.linalg.matrix_rank(I)
print(J)
Out[]:
3
```

```
In[]:
I[1,1] = 0#将该元素置为0
print(I)
Out[]:
[[ 1.,  0.,  0.],
 [ 0.,  0.,  0.],
 [ 0.,  0.,  1.]]
In[]:
print(np.linalg.matrix_rank(I))
Out[]:
2
```

2.3.2.4 求线性方程组

线性方程组是各个方程关于未知量均为一次的方程组,可以通过np.linalg.solve( )解多元线性方程组。

例2-20:求解以下一元二次方程组。

$$\begin{cases} x+2y+2z=7 \\ 2x-y+6z=7 \\ 3x+y+4z=18 \end{cases}$$

```
In[]:
A = np.array([[1,2,2],[2,-1,6],[3,1,4]])
B = np.array([7,7,18])
C = np.linalg.solve(A,B)
print(C)
Out[]:
[ 7.  1.-1.]
In[]:
D = np.dot(A,C)  #检验运算是否正确,结果为B,则正确
print(D)
Out[]:
[ 7.  7. 18.]
```

2.3.2.5 求特征值和特征向量

Python中可以利用linalg.eig函数求矩阵的特征根和特征向量。

例2-21

```
In[]:
x = np.diag((1,2,3))
print(x)
Out[]:
[[1 0 0]
 [0 2 0]
 [0 0 3]]
In[]:
```

```
a,b = np.linalg.eig(x)
print(a)
print(b)
Out[]:
[1. 2. 3.]
[[1. 0. 0.]
 [0. 1. 0.]
 [0. 0. 1.]]
```

2.3.3 概率统计基础

概率分布对现实世界的过程建模和分析十分有用，它利用数学公式描述的理论分布来回答现实过程中所表现的问题，或者从分布中生成一些随机数来模拟现实过程行为。

2.3.3.1 随机变量的概率特征

根据随机变量可能取值的结果进行分类，可分为离散型随机变量和连续型随机变量。

离散型随机变量：在一定区间内变量取值为有限多个，或者数值可以一一列举出来，比如掷骰子的结果只能取1、2、3、4、5、6。

连续型随机变量：在一定区间内随机变量可以任意取值，或者数值无法一一列举。

在金融投资分析中，大部分的随机变量像收益率、价格等都是连续型随机变量。常用的离散型概率分布有二项分布、泊松分布；连续型概率分布有正态分布、均匀分布、t分布、卡方分布等。

1.随机变量的概率分布

在Python中，我们可以通过Scipy包的Stats模块中的binom.pmf函数来计算给定数值的二项分布概率，其他离散分布同理，只需要修改函数名中的分布名称即可。例2-22以$n=20$，$p=0.5$的二项分布为例。

例2-22

```
In[]:
import numpy as np
import scipy.stats as st
n=20;p=0.5
print(st.binom.pmf(10,n,p))
print(st.binom.pmf(np.linspace(1,n,n),n,p))
Out[]:
0.17619705200195293    #取值为10时的概率
[1.90734863e-05 1.81198120e-04 1.08718872e-03 4.62055206e-03
 1.47857666e-02 3.69644165e-02 7.39288330e-02 1.20134354e-01
 1.60179138e-01 1.76197052e-01 1.60179138e-01 1.20134354e-01
 7.39288330e-02 3.69644165e-02 1.47857666e-02 4.62055206e-03
 1.08718872e-03 1.81198120e-04 1.90734863e-05 9.53674316e-07]
#1-20取值的概率
```

通过binom.cdf函数求二项分布的累计概率，以cdf为后缀可求对应分布的累计概率。

```
In[]:print(st.binom.cdf(10,n,p))
Out[]:0.5880985260009768    #取值小于等于10时的概率
```

正态分布是人们最常用的描述连续型随机变量的概率分布,广泛应用于数学、物理及金融工程等领域。金融学研究中常常将收益率等变量的分布假定为正态分布或者对数正态分布(取对数后服从正态分布)。在Python中,我们可以通过norm.pdf函数来给定数值的正态分布的密度,注意正态分布为连续分布函数的后缀为.pdf,不同于离散分布的.pmf。其他连续分布同理,只需要修改函数名中的分布名称即可。可以通过norm.cdf函数求正态分布的累计概率和区间概率,如例2-23所示。

例2-23

```
In[]:
import numpy as np
import scipy.stats as st
mu=5;sigma=10    #μ=5,σ=10
print(st.norm.pdf(0,mu,sigma))
print(st.norm.cdf(0,mu,sigma))
print(st.norm.cdf(10,mu,sigma)-st.norm.cdf(5,mu,sigma))
Out[]:
0.03520653267642995  #取值0的密度
0.3085375387259869   #小于0累计概率
0.19146246127401312  #5~10区间的概率
```

在Python中,我们可以通过chi.pdf函数来计算给定数值的卡方分布的密度,还可以通过chi.cdf函数求卡方分布的累计概率和区间概率。

例2-24

```
In[]:
import numpy as np
import scipy.stats as st
n=5 #给定自由度
print(st.chi.pdf(5,n))
print(st.chi.cdf(5,n))
print(st.chi.cdf(10,n)-st.norm.cdf(5,n))
Out[]:
0.0006194664464472624   #取值5的密度
0.9998606662088144   #小于5累计概率
0.5   #5~10区间的概率
```

在Python中,我们可以通过t.pdf函数来计算给定数值的t分布的密度,可以通过t.cdf函数求t分布的累计概率和区间概率。

例2-25

```
In[]:
import numpy as np
```

```
import scipy.stats as st
n=5                    #给定自由度
print(st.t.pdf(0,n))
print(st.t.cdf(0,n))
print(st.t.cdf(3,n)-st.t.cdf(-3,n))
Out[]:
0.3796066898224944  #取值0的密度
0.5                 #小于0累计概率
0.9699007521025375  #-3~3区间的概率
```

2. 随机变量的分位点

在假设检验中，需要先确定临界值，再通过比较统计量的值与临界值之间的关系来选择拒绝或不拒绝原假设，在质量管理和经济决策中也需要一个参考值来做决策。这些临界值和参考值通常就是随机变量对应概率的分位点，例如标准正态分布95%或97.5%的分位点、卡方分布99.73%的分位点等。在Python中，我们可以通过ppf类函数来计算累计概率的随机变量分位点。

例2-26

```
In[]:
import numpy as np
import scipy.stats as st
print(st.norm.ppf(0.975))
print(st.t.ppf(0.975,5))
print(st.chi.ppf(0.975,5))
print(st.binom.ppf(0.975,20,0.5))
Out[]:
1.959963984540054    #标准正态分布97.5%的分位数
2.5705818366147395   #t(5)分布97.5%的分位数
3.582248175940638    #卡方(5)分布95%的分位数
14.0                 # n=10,p=0.5二项分布95%的分位数
```

3. 生成随机样本

在数理统计中，研究对象的全体称为总体，通常用一个随机变量表示总体，组成总体的每个基本单元称为个体。从总体中随机抽取一部分个体称为样本，样本中的个体数量称为样本容量，通常用n表示。Python可以对有限总体进行有放回抽样和无放回抽样，由NumPy包的random模块中的choice函数实现。其语法为choice(a, size=None, replace=True, p=None)，a为总体向量，可以是数值、字符、逻辑值等；size表示样本容量；replace=True表示有放回抽样，False则表示无放回抽样；p可以设置各单元的入样概率，默认为等概率抽样。下面，我们使用choice函数生成100个随机数。

例2-27

```
In[]:
import numpy as np
np.random.seed(0)                          #固定随机种子
```

```
number=np.random.choice([1,3,5,7,9],      #给定总体向量
size=100, replace=True,                    #给定样本容量和抽样方式
p=[0.1,0.2,0.3,0.1,0.3])                   #给定入样概率
print(number)
Out[]:
[5 9 7 5 5 7 5 9 9 5 9 5 5 9 1 1 1 9 9 9 9 9 5 9 3 7 3 9 5 5 3 9 5 5 1 7
 7 9 7 5 5 7 1 7 7 3 5 5 5 5 5 9 3 3 7 3 5 3 3 3 7 3 3 5 9 1 9 1 9 9
 7 9 1 3 3 3 3 5 5 1 7 5 3 5 1 5 9 5 7 3 9 3 3 5 1 9 1]
```

此外,实践中我们还经常需要对某个常见总体抽取随机样本。choice函数只适用于离散变量,如果各个个体的入样概率计算比较复杂或变量为连续型,那么choice函数将不适用。NumPy库中提供了random类函数可以针对常见分布生成随机样本。注意,由于样本是随机产生的,不同时间产生的样本也不同,如果想固定随机样本的结果,可以在随机抽样前先运行随机数种子函数,即np.random.seed(k),k为随机数种子。给定种子不同,随机抽样的结果也不同。下面,我们使用random类函数对一些常见分布做随机抽样。

例2-28

```
In[]:
import numpy as np
np.random.seed(1)                              #设置随机种子数以便重复结果
n=10                                            #给定样本容量
print(np.random.binomial(20,0.5,size=n))       #二项分布(20,0.5)
print(np.random.normal(0,1,size=n))            #标准正态分布
print(np.random.chisquare(3,size=n))           #卡方分布(3)
Out[]:
[10 11  2  9  8  7  8  9  9 10]
[ 1.74481176 -0.7612069   0.3190391  -0.24937038  1.46210794
 -2.06014071 -0.3224172  -0.38405435  1.13376944 -1.09989127]
[1.98031525 0.90430487 0.67186599 5.78268555 4.8705693  1.1460481
 1.8011532  3.67678047 1.14142175 0.94232126]
```

2.3.3.2 总体均值的假设检验

在Python中,我们可以通过Scipy包中的ttest_1samp函数对总体均值做单样本t检验,ttest_ind函数对两个总体均值做两次独立样本t检验,ttest_rel则可做两次配对样本t检验。注意,这些函数将返回两个数值,统计量的值和p值。

例2-29

```
In[]:
import numpy as np
from scipy import stats
np.random.seed(1)
dat1=np.random.normal(0,1,size=30)
t1,p1=stats.ttest_1samp(dat1,0.5)              #单样本t检验
dat2=np.random.normal(0.5,1,size=10)
t2,p2=stats.ttest_ind(dat1,dat2)               #两次独立样本t检验
```

```
dat3=np.random.normal(0.3,1,size=30)
t3,p3=stats.ttest_rel(dat1,dat3)          #两次配对样本t检验
print(p1,p2,p3)
Out[]:
0.005664390754659016 0.29726532721053645
0.015351970589835763                      #三次检验的p值
```

2.3.3.3 回归分析

回归分析是一种能确定两种或两种以上变量间相互依赖的定量关系的一种统计分析方法，能够将多个连续型或是离散型的变量之间的关系量化，从而找到变量之间的因果关系或进行预测。

多元线性回归模型的形式见式(2-1)。

$$Y_i = \beta_0 + \beta_1 X_{1,i} + \beta_2 X_{2,i} + \cdots + \beta_k X_{k,i} + \varepsilon_i \quad \varepsilon = 1, 2, \cdots, n \tag{2-1}$$

其中，$X_{k,i}$为第k个自变量X_k的第i个样本，通常采用最小二乘法来估计模型参数。ε_i为随机误差项(Error)或干扰项，表示Y_i的变化中未被X_i解释的部分。参数β_0和β_i都被称为回归系数，其中β_0是截距项，β_i为斜率表示X_i每增加一个单位，Y平均会增加β_i个单位。注意，线性回归模型中"线性"指模型是参数的线性函数，并不要求是变量X和Y的线性函数。

对回归系数的真实值β_0和β_i提出原假设和备择假设，然后构建并计算出统计量的取值，并根据$\hat{\beta}_0, \hat{\beta}_i, \hat{\sigma}_\varepsilon^2$的分布性质判断$\beta_0$和$\beta_i$是否显著异于0，以此来判断是否接受原假设。也正因如此，我们把这样的假设检验称为显著性检验，即检验变量之间的关系是否显著。以系数$\hat{\beta}$为例，显著性检验分为以下4个步骤。

- 提出原假设$H_0: \beta_0 = b$，备择假设$H_1: \beta_0 \neq b$。
- 构造检验统计量，收集样本数据，计算检验统计量的样本观察值和检验统计量的值。
- 确定显著性水平0.05、0.01等(根据具体情况而定)，确定临界值和拒绝域。
- 查自由度$df=n-k+1$的t分布表，得到临界值或者是计算出t_β对应的P值，做出检验决策，即拒绝还是接受原假设的决策。

在Python中，我们可以通过StatsModels包中的OLS函数对线性回归模型进行估计，再通过summary函数对回归系数进行假设检验。例2-30的总体回归模型为$Y=0.5-X$，样本估计为$\hat{Y} = 0.366 - 1.0197X$，且$X$的系数检验显著。

例2-30

```
In[]:
import numpy as np
import statsmodels.api as sm              #加载线性回归模型库
np.random.seed(1)                         #设置随机种子数以便重复结果
x=np.linspace(-4,4,20)                    #构建[-4,4]上 x 的数据向量
e=np.random.randn(20)                     #随机误差数据向量 e~N(0,1)
```

```
y4=0.5-x+e                                      #总体模型
fm1=sm.OLS(y4,sm.add_constant(x)).fit()         #估计带常数项模型
print(fm1.summary().tables[1])                  #参数检验
Out[]:
==============================================================================
              coef    std err          t      P>|t|      [0.025      0.975]
------------------------------------------------------------------------------
const       0.3666      0.259      1.416      0.174      -0.177       0.911
x1         -1.0197      0.107     -9.560      0.000      -1.244      -0.796
==============================================================================
```

2.3.3.4 方差分析

方差分析可以用来推断一个或多个因素在其状态变化时，其因素水平或交互作用是否会对实验指标产生显著影响。主要分为单因素方差分析、多因素无重复方差分析和多因素重复方差分析。方差分析本质上仍为线性模型，可以先用Pandas库的DataFrame数据结构来构造输入数据格式，然后用StatsModels库中的OLS函数得到最小二乘线性回归模型，最后用StatsModels库中的anova_lm函数进行方差分析。

下面，我们调用StatsModels中的anova进行单因素方差分析，探讨金融交易中交易量对股票收盘价的影响。

例2-31

```
In[]:
#读取数据
import pandas as pd
from statsmodels.formula.api import ols
from statsmodels.stats.anova import anova_lm
from statsmodels.stats.multicomp import pairwise_tukeyhsd

df =pd.read_excel('df.xls')

#探讨交易量因素对收盘价的影响
data=df[['vol','close']]
formula = 'close~ vol'
anova_results = anova_lm(ols(formula,data).fit())
print(anova_results)

Out[]:
              df      sum_sq     mean_sq         F     PR(>F)
vol          1.0     25.993101  25.993101  9.868471   0.001881
Residual   254.0    669.024360   2.633954       NaN        NaN
```

2.3.3.5 时间序列分析

在金融世界中绝大多数是金融数据，从股票的价格到GDP数值都是随时间变化的变

量，其在不同时间的不同值构成的序列即所谓的时间序列。同时，金融时间序列又与其他普通的时间序列有较大的区别，即金融理论及金融时间序列都包含不确定因素，例如，对资产波动率有各种不同的定义，一个股票收益率序列的波动率是我们不能直接观察到的。正因为带有不确定性，所以统计的理论和方法在金融时间序列分析中起到重要的作用。因此，时间序列分析是研究金融数据的重要工具。

时间序列的常用均值模型包括自回归(AR)模型、滑动平均(MA)模型和自回归滑动平均(ARMA)模型等。

AR(p)模型见式(2-2)。

$$r_t = \varphi_0 + \varphi_1 r_{t-1} + \cdots + \varphi_p r_{t-p} + a_t \tag{2-2}$$

MA(q)模型见式(2-3)。

$$r_t = c_0 + a_t - \theta_1 a_{t-1} - \cdots - \theta_q a_{t-q} \tag{2-3}$$

ARMA(p，q)模型见式(2-4)。

$$r_t = \phi_0 + \sum_{i=1}^{p} \phi_i r_{t-i} + a_t + \sum_{i=1}^{q} \theta_i a_{t-i} \tag{2-4}$$

其中，$\{a_t\}$为白噪声序列，满足$E(a_t) = 0$，$Var(a_t) = \sigma_a^2$；p和q都是非负整数，需要事先给定。

上述三个模型的建模流程基本一致，包括平稳性检验、白噪声检验、模型识别、模型定阶、模型估计、模型检验、模型预测。

股票数据是典型的时间序列数据，计算移动平均线是股票数据常用的时间序列分析法，这里以简单移动平均线SMA数据为例进行计算。SMA是对特定周期的收盘价进行平均化。比如$C1$为第一天的收盘价，$C2$为第二天收盘价，则第五日的均线SMA5=($C1+C2+C3+C4+C5$) / 5。例2-32是对平安股票数据的SMA5的计算。

例2-32

```
In[]:
import numpy as np
import pandas as pd
# 导入股票文件数据，并将trade_date一列转换为日期格式
data = pd.read_excel('df.xls', index_col=0, parse_dates=['trade_date'])
# 将股票数据的索引设置为交易日期trade_date
data.set_index('trade_date', inplace=True)
# 使用rolling方法进行时间窗口的计算，mean为计算时间窗口内的平均数
data['sma5']=data['close'].rolling(5) .mean()
print(data[['close','sma5']].head(10) )  #查看前10天的计算结果
Out[]:
```

trade_date	close	sma5
2019-07-18	13.67	NaN
2019-07-17	13.69	NaN
2019-07-16	13.75	NaN
2019-07-15	14.00	NaN
2019-07-12	14.12	13.846
2019-07-11	13.54	13.820
2019-07-10	13.56	13.794
2019-07-09	13.59	13.762
2019-07-08	13.59	13.680
2019-07-05	13.92	13.640

2.4 金融数据管理

2.4.1 数据治理

关于数据治理，国际数据管理协会(DAMA)给出的定义是，数据治理是对数据资产管理行使权力和控制的活动集合，包括规划、监控、执行等。数据治理是在高层次上执行数据管理制度，是组织中涉及数据使用的一整套管理行为。数据治理非常必要，是企业实现数字战略的基础，数据治理的最终目标是提升数据的价值。

数据治理是一个相对前沿的术语，从范围来讲，数据治理涵盖了从前端事务处理系统、后端业务数据库到终端的数据分析，从源头到终端再回到源头，形成一个闭环。从目的角度来讲，数据治理就是要对数据的获取、处理、使用进行监管。

在执行数据治理时要考虑不同组织及不同文化的问题，因此每个有效的数据治理方案都应该是独特的。但无论如何，有效的数据治理方案可以说是万变不离其宗，基本概念和原则都是一致的。

2.4.1.1 数据质量评估标准

数据质量的评估标准大致可以分为七大维度。一是完整性，数据完整性问题包括模型设计不完整、数据条目不完整、数据属性不完整等。不完整的数据会大幅降低数据的价值，也是数据质量问题最为基础和常见的一类问题。二是一致性，数据一致性问题包括多源数据的数据模型不一致、数据实体不一致、数据编码不一致等。相同数据有多个副本的情况下的数据不一致，数据内容可能产生冲突问题。三是准确性，准确性是指保证通过分析和识别后找出哪些是不准确的或无效的数据，并将其剔除，因为不可靠的数据可能导致严重的问题，会造成有缺陷的方法和糟糕的决策。四是唯一性，唯一性用于识别和度量重复数据、冗余数据。重复数据是导致业务无法协同、流程无法追溯的重要因素，也是数据治理需要解决的最基本的数据问题。五是关联性，数据关联性问题是指存在数据关联的数据关系缺失或错误，例如函数关系、相关系数。存在数据关联性问题，会使得数据分析的结果失真，进而影响管理决策。六是真实性，数据必须真实准确地反映客观的实体存在或真实的业务，真实可靠的原始统计数据是企业统计工作的核心，是一切管理工作的基础。七是及时性，及时性是指能否在需要的时候立即获得数据，数据的及时性与企业的数据处理速度及效率有直接的关系，是影响业务处理和管理效率的关键指标。

2.4.1.2 数据质量评估方法

定义数据质量指标之前对数据进行评估是十分重要的，一般可以采用两种方法——自下而上或自上而下。自下而上评估主要从数据集的角度对数据集进行检查和评价。自下而上分析包括概率分析、数据重复性分析、跨数据集的数据依赖分析、异常数据分析和冗余数据分析等。通过自下而上分析，可以提前发现潜在的数据异常，并进行有效性验证和分析。自上而下评估主要从业务的角度进行分析。自上而下分析需要理解业务流程，即如何使用数据，哪些数据较为重要，哪些数据无关紧要。

分析步骤包括确定需要评审的数据集；运用数据分析工具和技术对数据集进行分析；找出可能存在的异常值；对重要数据异常进行优先级排序，准备定义数据质量指标；统计频繁出现的数值；分析同一张表中字段的关系；分析跨表的关系。

利用这些统计信息可以发现对业务有较大影响的问题，对其进行持续的数据监控，从而形成对数据质量持续的检查和控制。在金融市场中，金融机构通过对数据的深入分析，可能发现一些重要的信息。例如，某些用户的账户资金短时间内产生了大量的流水，可能存在洗钱的风险。

2.4.2 数据安全与隐私保护

2.4.2.1 数据安全

数据安全可以理解为保护数据安全的行为。在传统意义上，数据的整个生命周期是创建—使用—备份—再利用—销毁的循环过程，在大数据的环境下也是如此。在这样的过程中牵涉的数据安全性问题主要是数据隐私问题和数据完整性问题。完整性是数据安全里面最基础也最重要的一个特性，主要指的是数据没有被刻意修改甚至恶意制造错误数据，在传输、存储信息或数据的过程中，确保信息或数据不被未授权地篡改。

如果数据安全得不到保障，对于金融机构而言就丧失了客户的信任，会造成重大的不利影响。汇丰银行(HSBC Bank)在2019年的11月2日向美国加利福尼亚州政府提交了一份数据泄露通知，说明美国汇丰银行(HSBC Bank USA)部分客户的网上银行账户在2018年10月4日至2018年10月14日期间遭到了未经授权的访问。部分客户的个人和财务信息已经被证实能够被入侵者访问，其中包括全名、邮寄地址、电话号码、电子邮箱地址、出生日期、账户号码、账户类型、账户余额、交易历史、收款人账户信息和账单历史记录。这次相关数据的泄露，对汇丰银行的信誉和业务开展造成了较大的不利影响，值得相关金融机构引以为鉴。

2.4.2.2 隐私保护

隐私保护的主要对象是用户个人的隐私信息。隐私信息包括个人隐私信息和企业隐私信息。其中个人隐私信息是指个人生活中不愿为他人公开或知悉的秘密，且这一秘密与其他人及社会利益无关。而企业隐私信息则是包括企业内部财务信息、企业商业秘密、企业重大事项未公布披露信息等，如果客户的隐私信息无法得到有效保护，则会对其生活或者工作造成重大的影响。

金融机构在日常的操作过程中，会收集往来用户的各项信息，其中包含隐私信息。这些信息起初可能是在监管部门的要求下对客户进行收集的，但是将来也有可能为金融机构带来额外的经济效益。

针对客户个人隐私保护，客户的信息泄露主要可分为三种类型。第一，内部泄露。内部泄露是指从商业机构或政府机构等单位内部泄露客户个人信息。造成这种泄露的原因可能是机构的管理系统存在漏洞，也有可能是机构内部隔离墙制度的不完善，不能有效保障合规管理信息。第二，外部攻击。外部攻击主要是指公司网络、系统被不法分子入侵后窃取客户隐私信息，这些信息成为黑客拖库的工具，会给用户造成巨大的生活困扰和财产安全风险。第三，个人原因导致隐私信息泄露。这类隐私信息泄露的原因主要是个人在平时的工作和生活中没有对个人信息保护给予足够的重视。例如，用户盲目授权钓鱼App，导致手机内大量资料的外流；用户忽略个人信息安全的重要性，轻信他人，填写不法分子提供的调查问卷。

2.4.3 数据信息加密及其Python实现

信息加密可以分为对称加密和非对称加密。对称加密，又叫私钥加密，即信息发送方和接收方用一个密钥去加密和解密数据。最大的优势是加解密速度快，适合对大量数据进行加密，对称加密的缺点是密钥的管理和分配问题，换句话说，就是如何把密钥发送到需要解密该消息的人手里。

Message-Digest Algorithm 5(MD5，信息一摘要算法)可以将一个字符串，或文件，或压缩包，生成一个固定长度为128bit的串。MD5算法是唯一且不可逆的，理论上是可以对应多个原文的，因为MD5是有限多个而原文是无限多的。

例2-33：Python数据加密。

```
In[]:
import hashlib
info = '2334103142'                              #待加密信息
h = hashlib.md5()                                #创建md5对象
h.update(info.encode(encoding='utf-8'))          #必须声明encode
print('MD5加密前 : ' + str(info))
print('MD5加密后 : ' + h.hexdigest())
Out[]:
MD5加密前 : 2334103142
MD5加密后 : 0b9ae5365f7f47c41492f1cae74731f2
```

2.5 金融数据初步处理

2.5.1 金融数据的获取

目前可以通过多种途径获取金融数据,许多公司会购买Wind、恒生聚源等数据提供商的数据库,也可以通过非常多的第三方平台获得数据。Tushare是一个开源的财经数据接口包,提供了免费的、全面的金融数据,包括股票、指数、基金、债券、期货期权等。通过Python语言可以使用其API获取数据。下面将演示如何使用Tushare平台来获取金融数据。

例2-34:通过Tushare平台下载2018年7月2日至2019年7月18日平安银行各天股票交易数据,并生成数据对象df。

首先要注册一个Tushare账号,注册完成后就可以获取个人的接口token,接下来安装Tushare就可以使用API。安装Tushare并设置token步骤如下。

```
In[]: pip install tushare
Out[]:
In[]:
import tushare as ts
ts.set_token('your token here')   #将自己的token复制到此处
```

以上方法只需要在第一次或者token失效后调用,完成调取Tushare数据凭证的设置,正常情况下不需要重复设置。也可以忽略此步骤,直接用pro_api('your token')完成初始化。初始化pro接口步骤如下。

```
In[]:
pro = ts.pro_api()
```

如果上一步骤ts.set_token('your token')无效或不想保存token到本地,也可以在初始化接口里直接设置token。

```
In[]:
pro = ts.pro_api('your token')
In[]:
df = pro.daily(ts_code='000001.SZ', start_date='20180702',
    end_date='20190718',fields=' ts_code,trade_date,open,high,low,
    close,pre_close,change,pct_chg,vol,amount')
```

2.5.2 金融数据预处理

常用的数据预处理技术有数据描述、数据清理、数据集成、数据归约和数据变换这5种。

2.5.2.1 数据描述

统计分析是以数据为基础，对数据进行科学的处理、分析进而做出推断的分析方法。统计分析包括描述统计和推断统计两大部分。Python中也可以比较方便地进行数据描述，DataFrame.describe函数可以展现基本的统计信息，统计结果包括数据量、均值、方差、最大值、最小值等。前面我们已经获得了关于股票的行情数据df文件，现在我们对这个数据进行基本的数据描述。

```
In[]: print(df.describe())
```

这样就可以快速得到基本的统计数据，但值得注意的是，只有数值型数据才可以得到结果。如果想得到非数值型数据的基本信息，则可以使用DataFrame.info函数获取数据的基本信息。

2.5.2.2 数据清理

数据清理的目的是解决数据的错误和不一致问题。噪声数据平滑化、异常数据的识别和删除、依照数据逻辑关系的修正，都属于数据清理的范畴。数据清理一般是数据预处理中最先的操作，其最终的目的是格式标准化、异常数据的发现与处理、数据纠错、重复数据的发现与清除。

缺失值处理：针对缺失值的处理方法，主要是基于变量的分布特性和变量的重要性(信息量和预测能力)而采用不同的方法，主要分为删除变量、定值填充、统计量填充、插值法填充、模型填充。

离群点处理：异常值是数据分布的非常态，处于特定分布区域或范围之外的数据通常被定义为异常或噪声。异常分为两种，一是"伪异常"，由特定的业务运营动作产生，是正常反映业务的状态，而不是数据本身的异常；二是"真异常"，不是由特定的业务运营动作产生的，而是数据本身分布异常，即离群点。检测离群点的方法主要包括简单统计分析、基于绝对离差中位数、基于距离、基于聚类的方法。

噪声处理：噪声是变量的随机误差和方差，是观测点和真实点之间的误差，通常的处理办法是对数据进行分箱操作，等频或等宽分箱，然后用每个箱的平均数、中位数或者边界值代替箱中所有的数，起到平滑数据的作用。另外一种做法是，建立该变量和预测变量的回归模型，根据回归系数和预测变量，反解出自变量的近似值。

2.5.2.3 数据集成

数据集成的目的是整合来自多个数据源的数据。代表同一概念的事物在不同的数据系统中的名字可能不同，这会导致数据不一致和数据冗余。比如要分析股票的行情时还要加上成交量数据，当我们拿到成交量数据后就要把成交量数据也整合到我们的行情数据中。

2.5.2.4 数据归约

数据归约的目的是得到数据更加精简的表达。在内容大幅度压缩的同时，所表达的内容不能出现走样，最终的分析结果也应该保持不变。数值归约往往使用参数模型或者非参数模型，用较小的值表示取代数据。

2.5.2.5 数据变换

数据变换是对数据进行规范化、离散化和概念分层。现实中的数据往往是多维的，各维度之间的关系不算紧密但是互有牵连。如其思路主要是找到数据的特征表示，用维变换或转换方法减少有效变量的数目或找到数据的不变式,从而变成适于后续处理的形式。数据变换的主要技术包括规格化、归约、变换、旋转、投影等。

例2-35:对例2-34中的数据df随机选择10个位置为缺失值生成df_NA。查找缺失值,显示缺失值出现的日期;并将缺失值用变量均值替代。对价格变化百分比(pct_chg)进行标准化处理,如果标准化绝对值大于3,为异常值,求异常值比例。对价格变化百分比(pct_chg)等频分箱形成新变量pct_chg_1。

```
In[]:
import pandas as pd
import numpy as np
data=pd.read_excel('df.xls')#读取数据
print(data)
data.loc[:,'open'][np.random.randint(0,len(data),10)]=np.nan
data[data.isnull().values==True]['trade_date'].values
data.fillna(data.open.mean(),inplace=True)
print('异常值{:.2f}%'.format(sum(data['pct_chg'].map(lambda x:abs(x))>3)/len(data)*100))
bindata=pd.qcut(data['pct_chg'],5)
data['pct_chg1']=bindata
print(data)
Out[]:
```

	Unnamed: 0	ts_code	trade_date	open	high	low	close	pre_close	change	pct_chg	vol	amount
0	0	000001.SZ	20190718	13.65	13.81	13.56	13.67	13.69	-0.02	-0.1461	422826.22	578067.487
1	1	000001.SZ	20190717	13.70	13.81	13.61	13.69	13.75	-0.06	-0.4364	410020.63	561944.451
2	2	000001.SZ	20190716	13.97	13.99	13.71	13.75	14.00	-0.25	-1.7857	722780.79	998151.578
3	3	000001.SZ	20190715	14.03	14.12	13.84	14.00	14.12	-0.12	-0.8499	841282.76	1175798.104
4	4	000001.SZ	20190712	13.60	14.23	13.58	14.12	13.54	0.58	4.2836	1465366.52	2055749.881
...	...	...	...	...	...	...	...	...	...	...	...	...
251	251	000001.SZ	20180706	8.61	8.78	8.45	8.66	8.60	0.06	0.7000	988282.69	852071.526
252	252	000001.SZ	20180705	8.62	8.73	8.55	8.60	8.61	-0.01	-0.1200	835768.77	722169.579
253	253	000001.SZ	20180704	8.63	8.75	8.61	8.61	8.67	-0.06	-0.6900	711153.37	617278.559
254	254	000001.SZ	20180703	8.69	8.70	8.45	8.67	8.61	0.06	0.7000	1274838.57	1096657.033
255	255	000001.SZ	20180702	9.05	9.05	8.55	8.61	9.09	-0.48	-5.2800	1315520.13	1158545.868

256 rows × 12 columns

异常值14.06%

```
     Unnamed: 0  ts_code    trade_date  open   high   low    close  pre_close  \
0             0  000001.SZ  20190718    13.65  13.81  13.56  13.67  13.69
1             1  000001.SZ  20190717    13.70  13.81  13.61  13.69  13.75
2             2  000001.SZ  20190716    13.97  13.99  13.71  13.75  14.00
3             3  000001.SZ  20190715    14.03  14.12  13.84  14.00  14.12
4             4  000001.SZ  20190712    13.60  14.23  13.58  14.12  13.54
..          ...        ...       ...     ...    ...    ...    ...    ...
251         251  000001.SZ  20180706     8.61   8.78   8.45   8.66   8.60
252         252  000001.SZ  20180705     8.62   8.73   8.55   8.60   8.61
253         253  000001.SZ  20180704     8.63   8.75   8.61   8.61   8.67
254         254  000001.SZ  20180703     8.69   8.70   8.45   8.67   8.61
255         255  000001.SZ  20180702     9.05   9.05   8.55   8.61   9.09

     change  pct_chg        vol       amount        pct_chg1
0     -0.02  -0.1461   422826.22    578067.487   (-0.42, 0.367]
1     -0.06  -0.4364   410020.63    561944.451   (-1.342, -0.42]
2     -0.25  -1.7857   722780.79    998151.578   (-7.077, -1.342]
3     -0.12  -0.8499   841282.76   1175798.104   (-1.342, -0.42]
4      0.58   4.2836  1465366.52   2055749.881   (1.724, 8.752]
..      ...      ...         ...           ...              ...
251    0.06   0.7000   988282.69    852071.526   (0.367, 1.724]
252   -0.01  -0.1200   835768.77    722169.579   (-0.42, 0.367]
253   -0.06  -0.6900   711153.37    617278.559   (-1.342, -0.42]
254    0.06   0.7000  1274838.57   1096657.033   (0.367, 1.724]
255   -0.48  -5.2800  1315520.13   1158545.868   (-7.077, -1.342]

[256 rows x 13 columns]
```

2.5.3 蒙特卡罗方法

蒙特卡罗方法的基本思想是，为了求解问题，首先建立一个概率模型或随机过程，使它的参数或数字特征等于问题的解；然后通过对模型或过程的观察或抽样试验来计算这些参数或数字特征；最后给出所求解的近似值。解的精确度用估计值的标准误差来表示。蒙特卡罗方法的主要理论基础是概率统计理论，主要手段是随机抽样、统计试验。

蒙特卡罗方法是金融学和数值科学中最重要的算法之一。它之所以重要，是因为在期权定价或者风险管理问题上有很强的能力。和其他数值方法相比，蒙特卡罗方法很容易处理高维问题，在这种问题上复杂度和计算需求指数增大。

例2-36：这里使用蒙特卡罗方法进行圆周率的计算，基本思想是二维坐标系中，均匀随机生成某正方形内的点，并统计落入该正方形内切圆内的点数，通过内切圆内点数与正方形内点数的比值与圆面积与正方形面积比值之间的关系来计算圆周率。代码如下。

```
In[]:
import random
# 正方形的面积 / 圆的面积 = 所有点个数 / 圆内点个数
# 圆的面积 = 正方形面积 / 所有点个数 * 圆内点个数
def genPoint():
    # 随意生成(x,y)坐标对 , 范围在 [0,1]
    return random.random(),random.random()
def isInCircle(x,y):
    # 判断(x,y)在不在以(0.5,0.5)-0.5的圆内
    d =((x-0.5)**2 +(y-0.5)**2 )**0.5
    return   0.5 - d > 0.00001 # d <= 0.5
n = 1000000
in_circle = 0
for i in range(n):
    x,y =genPoint()
    if isInCircle(x,y):
        in_circle += 1
area_circle = 1 / n * in_circle
pi = area_circle * 4
print(pi)
Out[]:
3.1402479999999997
```

✎ 本章习题

1. 学习使用help函数查看某函数/对象/方法的帮助文档，使用dir函数查看某对象可用的属性和方法。

2. 使用至少4种方法生成列表[2，4，…，20]。

3. 随机生成1000个1到10之间的随机整数，使用字典记录每个整数出现的次数，并依次输出该字典每一项。

4. 统计下面一段话共出现了多少个单词(重复不累计)。

Beautiful is better than ugly.

Explicit is better than implicit.

Simple is better than complex.

Complex is better than complicated.

Flat is better than nested.

Sparse is better than dense.

5. 自定义一个函数，功能是判断传入参数是否为质数，通过调用该函数来输出1000以内的质数。

6. 使用蒙特卡罗方法来计算圆周率，即在二维坐标系中，随机生成某正方形内的点，统计落入该正方形内切圆内的点数，通过内切圆内点数与正方形内点数的比值与圆面积与正方形面积比值之间的关系来计算圆周率。

7. 学习NumPy的arange、linspace方法，分别生成[3, 6, 9, …, 99] 和 [0, …, 1](第二个数组共100个数)。

8. 学习Pandas使用方法，模拟100行2列数据，列名分别为A和B，索引为2021年前100天的日期，数据均为1到100之间的整数(包含1和100)，并按照A、B列之和进行从大到小的排序。

9. 学习Matplotlib画图库使用方法，通过sklearn.datasets的load_iris方法引入鸢尾花数据(如下代码)，使用散点图对数据进行可视化。

```
In[]:
from sklearn.datasets import load_iris
a = load_iris()
iris = pd.DataFrame(a.data)
```

10. 学习Tushare财经数据库使用方法，获取股票基本信息数据，通过画图分别按照省份、板块、行业查看股票分布情况。

11. 处理"数据.xls"文件中的平安银行股票数据。

(1) 导入文件数据，并以trade_date作为日期索引。

(2) 用折线图画出该股票的开收高低数据。

(3) 画出该股票的蜡烛图。

(4) 分别统计涨幅最大、跌幅最大、交易量最大的交易日。

(5) 计算这只股票的MA5、MA10。

第 3 章
金融数据库

本章将介绍金融数据库的相关概念，包括数据库及数据仓库的概念、类型与作用；关系型数据库的设计流程及规范；关系型数据库的标准语言；在此基础上引出NoSQL数据库，分析NoSQL数据库处理数据的优势，介绍几种比较常用的NoSQL数据库；最后介绍数据仓库的原理、应用及构建方式，金融数据仓库前沿等，旨在使读者掌握金融大数据平台数据库及数据仓库搭建、使用和运维的方法。

3.1 数据库

数据库是数据管理的有效技术，是金融科技的重要基础设施。在大数据、云计算、人工智能、区块链、移动互联等技术驱动下，金融行业的发展模式不断更新。金融科技已成为金融行业高质量发展的主要技术动力，而信息资源作为金融行业的重要财富和资源，则是金融科技发挥作用的动力源泉。随着互联网的发展，金融企业客户可以直接访问并使用数据库，例如通过门户网站、App等进行网上银行转账、存取款、理财投资、交易收付款等。因此，金融行业越来越重视利用数据库技术来存储和处理金融信息资源。

3.1.1 关系型数据库

3.1.1.1 基本概念及主流关系型数据库

数据、数据库、数据库管理系统和数据库系统是数据库技术的4个基本概念。描述事物的符号记录称为数据，文字、图形、图像、音频、视频等都是数据。在计算机存储设备上，按一定格式存放数据的仓库称为数据库。数据库具有永久存储、有组织和可共享三个基本特点。位于用户应用程序与操作系统软件之间，专门用于对数据进行管理和维护的系统软件称为数据库管理系统(Database Management System，DBMS)。数据库管理系统具有数据定义、数据组织存储和管理、数据库的事务管理和运行管理、数据库的建立和维护等主要功能。由数据库、数据库管理系统(及其应用开发工具)、应用程序、数据库管理员组成的存储、管理、处理和维护数据的系统称为数据库系统(Database System，DBS)。

数据在数据库中的组织方式称为组织层数据模型(也称为组织模型或数据模型)。目前，数据库主要采用以下几种组织模型：层次模型(用树形结构组织数据)、网状模型(用图形结构组织数据)、关系模型(用二维表结构组织数据)。面向对象模型(用面向对象的方法组织数据)、对象—关系模型(用复杂的表格及其他结构组织数据)。其中，关系模型是目前最重要的一种数据模型。采用关系模型作为数据组织方式的数据库称为关系数据库。

在关系数据库中，数据被看作二维表中的元素，这个二维表就称为关系。表3-1和表3-2分别为教师表和授课表，表示"教师"与"课程"关系模型的数据结构，其中"课程"和"教师"间的授课联系是通过"工号"和"课程号"实现的。

表3-1 教师表

工号	姓名	性别	年龄	单位号
2002002	刘大冲	男	46	D001
2009019	安小博	女	36	D002
2010001	陈小刚	男	33	D002
2010002	湛小明	男	33	D003
2020002	周周	男	25	D002

表3-2 授课表

工号	课程号	班级号
2002002	K001	C202101
2009019	K001	C202102
2010001	K002	C202101
2010001	K002	C202102
2020002	K003	C202103

在关系模型中有一些基本术语，如下所示。
- 关系：一个关系对应通常是一张二维表，例如表3-1。
- 元组：表中的一行，例如表3-1中教师刘大冲的各种信息。
- 属性：表中的一列，例如表3-1中"性别"列表示教师的性别属性。
- 码(Key)：表中的某个属性组，可以唯一确定一个元组，例如表3-1中工号可以唯一确定一名教师，也就成为本关系的码。
- 域：一组具有相同数据类型的值的集合，例如表3-1中教师年龄的域是(18～120岁)，性别的域是(男，女)。
- 分量：元组中的一个属性值。
- 关系模式：对关系的描述，一般表示如下。

关系名(属性1,属性2,…,属性n)

表3-1的关系可以表示如下。

教师(工号,姓名,性别,年龄,所在单位)

关系模型具有数据结构简单、清晰，用户易懂易用，易于设计、实现、维护和使用，同时数据独立性高、安全保密性好等特点。因此在实际应用中关系型数据库显示出强大的活力和生命力，目前很多著名数据库都是关系数据库，如SQL Server、Oracle、MySQL、DB2。

1. SQL Server

SQL Server 是微软公司推出的适用于大型网络环境的关系型数据库管理系统,具有使用方便、可伸缩性好、与相关软件集成程度高等优点。SQL Server推出后,微软公司对其不断迭代,目前最新版本为SQL Server 2019,其中内置 Apache Spark,可以实现跨关系、非关系、结构化和非结构化数据的查询、分析功能。

2. Oracle

Oracle Database(简称Oracle)是甲骨文公司的一款关系数据库管理系统,在数据库领域一直处于领先地位。Oracle系统可移植性好、使用方便、功能强,适用于各类大、中、小微机环境。它是一种高效率、可靠性好、适应高吞吐量的数据库方案。Oracle的最新版本为Oracle Database 21c。

3. MySQL

MySQL是一个关系型数据库管理系统,由瑞典MySQL AB 公司开发,后被甲骨文公司收购。MySQL 是最流行的关系型数据库管理系统之一,分为社区版和商业版,其具有体积小、速度快、总体拥有成本低、源码开放的特点,一般中小型网站的开发都选择 MySQL 作为网站数据库。

4. DB2

DB2是IBM开发的一种大型关系型数据库平台。作为一种分布式数据库解决方案,它支持多用户或应用程序在同一条SQL 语句中查询不同数据库甚至不同DBMS中的数据。

3.1.1.2　E-R模型到关系模型转换

1. E-R模型

实体—联系模型(Entity-Relationship,E-R)由P.P.S.Chen于1976年提出,是用来描述现实世界的一种常用概念层数据模型(又称概念模型)。

实体、属性、码、实体型、实体集、联系是E-R模型常涉及的内容。

- 实体:客观存在并可相互区别的事物称为实体。实体是具体的人、事、物,例如教师、课程、学生。
- 属性:实体所具有的某一种特性称为属性。一个实体可以有多个属性,属性可以区分一个个实例。例如,教师的工号、姓名、性别、年龄等都是教师实体的属性。
- 码:唯一表示实体的属性集称为码(又称键)。例如,工号是教师实体的码。
- 实体型:用实体名及其属性名集合来抽象和刻画同类实体,称为实体型。在不引起歧义的情况下,也将实体型称为实体。例如,教师(工号,姓名,性别,年龄,所在单位)就是一个实体型。
- 实体集:同一类型实体的集合称为实体集。例如,全体教师就是一个实体集。
- 联系:现实世界中,事物之间具有普遍的联系。信息世界中,这种联系即实体内部的联系和实体之间的联系。实体内部的联系指实体的各属性之间的联系,实体之间的联系指不同实体集之间的联系。例如,表3-2体现了教师实体、课程实体、班级实体之间的联系。

2. 实体间联系

实体之间的联系有一对一、一对多和多对多等类型。

- 一对一(1∶1)。如果对于实体集A中的任意一个实体，在实体集B中至多有一个实体与之联系，反之亦然，则称实体集A与实体集B具有一对一联系。例如在不考虑兼职的情况下，单位实体集与院长实体集具有一对一联系。
- 一对多(1∶n)。如果对于实体集A中的任意一个实体，在实体集B中有n个实体($n \geq 0$)与之联系；反之，对于实体B中的任意一个实体，在实体集A中至多有一个实体与之联系，则称实体集A与实体集B具有一对多联系。例如，单位实体集与教师实体集具有一对多联系。
- 多对多($m∶n$)。如果对于实体集A中的任意一个实体，在实体集B中有n个实体($n \geq 0$)与之联系；反之，对于实体集B中的任意一个实体，在实体集A中有m个实体($m \geq 0$)与之联系，则称实体集A与实体集B具有多对多联系。例如，教师实体集与课程实体集具有多对多联系。

3. E-R图

E-R图提供了表示实体型、属性和联系的方法。如图3-1所示，实体型用矩形表示，矩形框写明实体名。属性用椭圆形表示，椭圆形内写明属性名，并用无向边将其与相应的实体型连接起来。联系用菱形表示，菱形框内写明联系名，并用无向边将有联系的实体连接起来，同时在无向边旁标注联系的类型($1∶1$，$1∶n$或$m∶n$)。

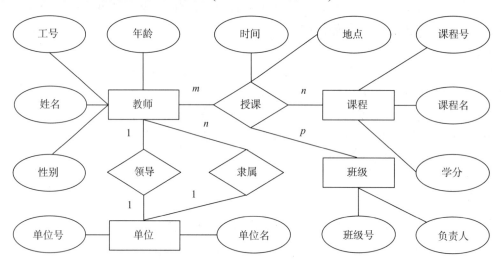

图3-1 实体型、属性及联系示例

4. E-R图向关系模型的转换

E-R图由实例型、实体的属性和实体型之间的联系这三个要素组成。在将E-R图向关系模型转换的过程中，要将实体型、实体的属性和实体型之间的联系转换为关系模式。一个实体型转换为一个关系模式，实体的属性就是关系的属性，实体的码就是关系的码。

一个1∶1联系的E-R图能够转换成一个独立的关系模式，也可以与任意一端对应的关系模式合并。以图3-1为例，领导联系属于1∶1联系，当转换成一个独立的关系模式时，与领导联系相连的各实体的码，以及联系本身的属性均转换为关系的属性，每个实体的码均是该关系的候选码，表示如下。

领导(<u>领导编号</u>,单位号,院长工号,⋯)

当1∶1联系与某一端实体对应的关系模式合并时,需要在该关系模式的属性中加入另一个关系模式的码和联系本身的属性,表示如下。

单位(<u>单位号</u>,单位名,院长工号,⋯)

此为单位实体对应的关系模式。该关系模式已经包含了联系"领导"所对应的关系模式,院长工号是关系的候选码。

一个1∶n联系可以转换为一个独立的关系模式,也可以与n端对应的关系模式合并。以图3-1为例,隶属联系为1∶n联系,当转换为一个独立的关系模式时,与该联系相连的各实体的码,以及联系本身的属性均转换为关系的属性,而关系的码为n端实体的码,表示如下。

隶属(<u>教师工号</u>,单位号,⋯)

当1∶n联系与n端对应的关系模式合并时,需要在该关系模式的属性中加入另一个关系模式的码和联系本身的属性,表示如下。

教师(<u>工号</u>,姓名,性别,年龄,单位号,⋯)

一个m∶n联系转换为一个关系模式,与该联系相连的各实体的码,以及联系本身的属性均转换成关系的属性,各实体的码组成关系的码或关系码的一部分。以图3-1为例,授课联系为m∶n联系,表示如下。

授课(<u>教师工号</u>,<u>课程号</u>,时间,地点,⋯)

3.1.1.3 数据库设计规范

作为金融科技的基础设施,数据库要能够充分满足金融机构及各种用户的需求,并且要具有良好的性能,能够有效地存储和管理数据,因此应用关系数据库设计规范,判断关系模式的优劣,并在充分表达原有语义的前提下适当优化关系模式。

1. 函数依赖

变量Y与变量X间的依赖关系见式(3-1)。

$$Y = f(X) \tag{3-1}$$

给定任意一个X值,都会有一个Y值与它对应,即X函数决定Y,或Y函数依赖于X。

在关系数据库中,一般地,设有关系模式$R(A_1, A_2, \cdots, A_n)$,将$\{A_1, A_2, \cdots, A_n\}$的子集表示为$X$或$Y$。函数依赖见式(3-2)。

$$X \rightarrow Y \tag{3-2}$$

如果Y不包含于X,则称式(3-2)是非平凡的函数依赖。

现有教师关系模式Teacher(Tno, Tname, Tgender, Tage, Dept, Dept_master, Cno, Class_no, Date),其中一些函数依赖表示为式(3-3)、式(3-4)、式(3-5)、式(3-6)、式(3-7)。

$$Tno \rightarrow Tname \tag{3-3}$$

$$(Tno, Cno) \xrightarrow{p} Tname \qquad (3\text{-}4)$$

$$(Tno, Cno, Class\_no) \xrightarrow{f} Date \qquad (3\text{-}5)$$

$$Tno \xrightarrow{f} Dept\_no \qquad (3\text{-}6)$$

$$Dept\_no \xrightarrow{f} Dept\_master \qquad (3\text{-}7)$$

式(3-3)表示姓名函数依赖于工号；式(3-4)表示姓名部分函数依赖于工号和课程号；式(3-5)表示上课时间完全函数依赖于工号、课程号和班级号；式(3-6)表示所在单位号完全依赖于工号；式(3-7)表示院长完全依赖于单位号。

因为式(3-6)和式(3-7)所表示的函数依赖的存在，所以有式(3-8)所表示的函数依赖。

$$Tno \xrightarrow{传递} Dept\_master \qquad (3\text{-}8)$$

式(3-8)表示院长传递依赖于工号。

在Teacher关系模式中假设有表3-3所列数据。

表3-3 Teacher模式的部分数据表

Tno	Tname	Tgender	Tage	Dept	Dept_master	Cno	Class_no	Date
2002002	刘大冲	男	46	办公室	刘大冲	K001	FT202101	2021-4-17
2009019	安小博	女	36	互联网金融系	安小博	K002	FT 202101	2021-4-17
2010001	陈小刚	男	33	互联网金融系	安小博	K002	FT 202102	2021-5-8
2010001	陈小刚	男	33	互联网金融系	安小博	K002	FT 202103	2021-5-15
2010001	陈小刚	男	33	互联网金融系	安小博	K003	FT 202101	2021-5-22
2010001	陈小刚	男	33	互联网金融系	安小博	K003	FT 202102	2021-4-17
2010001	陈小刚	男	33	互联网金融系	安小博	K003	FT 202103	2021-6-12
2010001	陈小刚	男	33	互联网金融系	安小博	K005	FT 202102	2021-6-13
2020002	周周	男	25	互联网金融系	安小博	K005	FT 202103	2021-6-1

在表3-3中，明显具有数据冗余，并且数据更新、插入、删除存在问题。在Teacher关系中，教师所在单位和其所对应的领导的信息有冗余，因为一个单位有多少个员工，这个单位所对应的领导信息就要重复存储多少遍，即数据冗余。如果教师陈小刚从互联网金融系转到区块链工程系，那么不但要修改该教师的Dept列的值，而且还要修改其Dept_master列的值，即数据更新问题。如果新成立了人工智能系，并且也确定了一名教师的Tno和Tname信息，但因为还没有排课，也无法插入表3-3，因为Tno，Cno和Class_no是这个表的主属性，Cno和Class_no不能为空，即数据插入问题。表3-3中，教师刘大冲只开设了一门课程，并且该课程仅由该教师讲授，如果因为某种原因，要取消课程K001，那么在删除课程K001记录的同时，也会删除教师刘大冲的基本信息，即数据删除问题。

2. 关系模式中的码(键)

在关系模式$R(A_1, A_2, \cdots, A_n)$中，将属性全集记为U。

- 候选键：决定R中全部属性值的最小属性组，记为K，则 $K \xrightarrow{f} R$，候选键可以有多个。
- 主键：在关系模式R的多个候选键中，选择其中一个作为主键。
- 全键：当候选键为全集U，即整个属性组时，称为全键。
- 主属性：包含在任一候选键中的属性称为主属性。
- 非主属性：不包含在任一候选键中的属性称为非主属性。
- 外键：用于关系表之间建立关联的属性(组)称为外键。

例如，有教师关系模式Teacher(Tno, Tname, Tgender, Tage, Dept, Dept_master, Cno, Class_no, Date)。

候选键为(Tno, Cno, Class_no)。

主键为(Tno, Cno, Class_no)。

主属性为Tno, Cno, Class_n。

非主属性为Tname, Tgender, Tage, Dept, Dept_master, Date。

外键为Cno, Class_no。通过外键，Teacher关系表与Course关系表、Class关系表建立了联系。

3. 范式

范式，是关系数据库中的关系要满足的条件。通过范式可以对关系模式的属性间的函数依赖加以不同程度的限制。范式分为不同的等级，根据条件程度，范式有第一范式、第二范式、第三范式等。

1) 第一范式(1NF)

不包含重复组的关系(即不包含非原子项的属性)称为第一范式，记为$R \in 1NF$。非原子项即关系表中所有数据项都必须是不可再分的最小数据项。

例如，在对各单位课堂效果进行统计时，课堂效果要划分到最小原子项，即表3-3。而不能是表3-4形式，因为合格课堂还可以拆分为优质课堂和一般课堂。

表3-4 课堂效果统计表

单位名称	合格课堂数		不合格课堂数
	优质课堂数	一般课堂数	
办公室	2	1	0
互联网金融系	5	1	0
人工智能系	1	0	0
区块链工程系	1	0	0

2) 第二范式(2NF)

在关系$R \in 1NF$的基础上，R中任意一个非主属性都完全函数依赖于主键，称关系模式满足第二范式，即$R \in 2NF$。

在关系模式Teacher(Tno, Tname, Tgender, Tage, Dept, Dept_master, Cno, Class_no, Date)中，由于具有复合主键(Tno, Cno, Class_no)，并且存在式(3-4)所示的部分函数依赖，所以

Teacher不满足第二范式。

当关系不满足第二范式的情况时,需要通过下列步骤,将不满足第二范式的关系模式,转换为多个满足第二范式的关系模式。

第一步:将复合主键的每个子集作为主键,构建一个新的关系模式。

第二步:将非主属性放置到所依赖的主键所在的关系模式。

第三步:去掉全键所在的关系模式。

复合主键(Tno, Cno, Class_no)的子集有{Tno}{ Cno }{ Class_no}{Tno, Cno}{Tno, Class_no}{Cno, Class_no}{Tno, Cno, Class_n}。

首先,将关系模式Teacher分解成7个关系模式,分别是T(Tno,…)、C(Cno,…)、Class(Class_no,…)、T-C(Tno, Cno,…)、T-Class(Tno, Class_no,…)、C-Class(Cno, Class_no,…)、T-C-Class(Tno, Cno, Class_no,…)。

其次,将非主属性放置到所依赖的主键所在的关系模式。

```
T(Tno, Tname, Tgender, Tage, Dept, Dept_master)
C(Cno)
Class(Class_no)
T-C(Tno, Cno)
T-Class(Tno, Class_no)
C-Class(Cno, Class_no)
T-C-Class(Tno, Cno, Class_no, Date)
```

最后,去掉全键所在的关系模式,得到以下关系模式。

```
T(Tno, Tname, Tgender, Tage, Dept, Dept_master)
T-C-Class(Tno, Cno, Class_no, Date)
```

可以看到,在关系模式T中,所有非主属性完全函数依赖于主键(Tno),即T∈2NF。在关系模式T-C-Class中,所有非主属性完全函数依赖于主键(Tno, Cno, Class_no),即T-C-Class∈2NF。

3) 第三范式(3NF)

在关系$R \in 2NF$的基础上,若任意一个非主属性都不传递依赖于主键,那么称该关系满足第三范式,记为$R \in 3NF$。

通过分解,得到满足第二范式的关系模式T(Tno, Tname, Tgender, Tage, Dept, Dept_master),但在关系T中,因为教师所在单位Dept属性完全函数依赖于Tno属性,Dept_master属性完全函数依赖于Dept,所以导致存在式(3-8)显示的传递依赖。为使得关系T满足第三范式,需要进行下列步骤的操作。

第一步:当存在某属性函数依赖于非主属性时,将该属性删除。

第二步:使用第一步删除的属性及该属性的决定因子,重新构建一个关系模式。

第三步:在第二步新建的关系模式中,将决定因子设置为主键。

首先,因为Dept_master函数依赖于非主属性Dept,所以将属性Dept_master删除,得到关系模式T_new(Tno, Tname, Tgender, Tage, Dept)。

其次,利用属性Dept_master及其决定因子Dept,新建一个关系模式D(Dept, Dept_

master)。

最后，在关系模式D中将决定因子Dept设置为主键，得到D(Dept, Dept_master)。此时，T_new∈3NF，D∈3NF。

3.1.1.4 SQL语言

结构化查询语言(Structured Query Language，SQL)是关系数据库的标准语言，由Boyce和Chamberlin于1974年提出，随后SQL语言不断发展，在1987年被国际标准化组织(ISO)确立为关系数据语言的标准语言，成为数据库领域的主流语言。

SQL语言具有综合统一、高度非过程化、操作方式面向集合、语言简洁等特点，SQL语言不仅能够作为独立的语言应用于联机交互使用，还能够作为嵌入式语言，嵌入Python、C++等高级语言程序和SAS等专业统计分析工具。不仅如此，SQL语言还集数据定义语言(Data Definition Language，DDL)、数据操纵语言(Data Manipulation Language，DML)、数据控制语言(Data Control Language，DCL)的功能于一体。

1. 数据定义语言

使用数据定义语言，可以对数据库中的表、视图等进行创建、删除、修改操作。表是数据库中非常重要的对象，可以用来存储用户的数据。

1) 创建表

SQL语言中使用CREATE TABLE语句实现，一般格式如下。

```
CREATE TABLE  <表名>(<列名1>  <数据类型>  <列级完整性约束条件>,
                <列名2>  <数据类型>  <列级完整性约束条件>,
                …
                <列名n>  <数据类型>  <列级完整性约束条件>,
                <表级完整性约束条件>
                );
```

以简化的某金融科技研究生班为例，通过创建并维护教师(Teacher)表、课程(Course)表、授课(TC)表，来展示SQL语句在关系型数据库中的应用，表结构见表3-5到表3-7。

表3-5 Teacher表结构

列名	含义	数据类型	约束
Tno	工号	长度为7的字符串，CHAR(7)	主键
Tname	姓名	VARCHAR(10)	非空
Tgender	性别	长度为2的字符串，CHAR(2)	{男，女}
Tage	年龄	短整数，SMALLINT	
Tel	电话	长度为11的字符串，CHAR(11)	取值不重

表3-6 Course表结构

列名	含义	数据类型	约束
Cno	课程号	长度为4的字符串，CHAR(8)	主键
Cname	课程名	VARCHAR(10)	非空
Credit	学分	短整数，SMALLINT	默认值为2
Semester	学期	短整数，SMALLINT	

表3-7 TC表结构

列名	含义	数据类型	约束
Tno	教师工号	长度为7的字符串，CHAR(7)	主键
Cno	课程号	长度为4的字符串，CHAR(4)	主键
Class_date	上课日期	日期，DATE	
Class_room	上课教室	VARCHAR(10)	

创建表3-5到表3-7的SQL语句分别如下。

```
CREATE TABLE Teacher(Tno   char(7) PRIMARY KEY,       /*列级完整性约束条件*/
                    Tname varchar(10) NOT NULL,       /*非空约束*/
                    Tgender char(2) ,
                    Tage  smallint,
                    Tel   char(11) UNIQUE,            /*不重复约束*/
                    CHECK(Tgender IN('男','女'))      /*取值范围约束*/
                    );
CREATE TABLE Course(Cno   char(4) PRIMARY KEY,        /*列级完整性约束条件*/
                    Cname varchar(10) NOT NULL,       /*非空约束*/
                    Credit smallint DEFAULT 2,        /*默认值约束*/
                    Semester smallint,
                    );
CREATE TABLE TC(Tno   char(7) NOT NULL,               /*非空约束*/
                Cno   char(4) NOT NULL,               /*非空约束*/
                Class_date date,
                Class_room varchar(10) ,
                PRIMARY KEY(Tno, Cno)
                FOREIGN KEY(Tno) REFERENCES Teacher(Tno),
                FOREIGN KEY(Cno) REFERENCES Course(Cno),
                );
```

2) 删除表

删除表的SQL语句如下。

```
DROP TABLE <表名> [RESTRICT|CASCADE];
```

当选择RESTRICT时，被删除的表不能被其他表的约束所引用，如FOREIGN KEY。当选择CASCADE时，在删除该表时，在此表基础上建立的视图等将会被一同删除，同时若有其他表的外键引用该表，则相关表也可能被删除。

删除test表的语句如下。

```
DROP TABLE test RESTRICT;
```

删除test表的同时，test表中存储的数据也将被一并删除。因此，在对数据库中的表执行DROP TABLE命令时一定要慎重、小心，仔细核对表名，确认无误后再执行删除语句。

3) 修改表

当需要添加或变更时，需要相应地对表进行一些修改操作，这时通过SQL语句中的ALTER TABLE语句可以修改表结构，其语法如下。

```
ALTER TABLE   <表名>
[ADD [COLUMN]   <新列名>   <数据类型>   [列级完整性约束]]   /*增加新列*/
[ADD   <表级完整性约束>]                                    /*增加新约束*/
[DROP [COLUMN]   <列名>   [RESTRICT|CASCADE] ]              /*删除列*/
[DROP CONSTRAINT <完整性约束名> [RESTRICT|CASCADE]]         /*删除约束*/
[ALTER COLUMN <列名> <数据类型>];                           /*修改指定列的数据类型*/
```

在Teacher表中添加"职称"列，则SQL语句如下。

```
ALTER TABLE Teacher ADD Title char(10) NULL;   /*可以为空*/
```

考虑职称存储内容，需要将Title数据类型更改为变长字符串，SQL语句如下。

```
ALTER TABLE Teacher ALTER COLUMN Title varchar(20);
```

2. 数据操纵语言

在数据操纵语言中，使用量最大的是查询语句。通过对数据的查询，进行数据的统计分析，并进一步运用数据挖掘工具、算法进行深入分析，发现有价值的数据，指导金融领域的实际业务。

1) 基础查询

SQL的基础查询语句语法如下。

```
SELECT   [<列名1>, <列名2>, …, <列名n>]     /*指定需要查询的列*/
FROM <表名或视图名>                          /*指定数据源*/
[WHERE   <条件表达式>]                        /*选择记录的条件*/
[GROUP BY <列名> [HAVING <条件表达式>]]       /*对查询的结果进行分组*/
[ORDER BY <列名> [ASC|DESC]];                /*对查询的结果进行排序*/
```

假设的教师(Teacher)表、课程(Course)表、授课(TC)表的数据见表3-8、表3-9、表3-10。

表3-8 Teacher表数据

Tno	Tname	Tgender	Tage	Tel
2002002	刘大冲	男	46	03123330001
2009019	安小博	女	36	03123330002
2010001	陈小刚	男	33	03123330003
2020002	周周	男	25	03123330006

表3-9 Course表数据

Cno	Cname	Credit	Semester
K001	互联网思维	2	2
K002	深度学习	4	2

续表

Cno	Cname	Credit	Semester
K003	机器学习	3	2
K005	Python 程序设计	2	2

表3-10 TC表数据

Tno	Cno	Class_date	Class_room
2002002	K001	2021-4-17	笃学楼 B403
2009019	K002	2021-4-17	笃学楼 A101
2010001	K002	2021-5-8	尚行楼 A103
2010001	K002	2021-5-15	尚行楼 B203
2010001	K003	2021-5-22	笃学楼 C303
2010001	K003	2021-4-17	笃学楼 D503
2010001	K003	2021-6-12	博学楼 A203
2010001	K005	2021-6-13	博学楼 B503
2020002	K005	2021-6-1	博学楼 C409

下面使用SELECT查询语句对表3-8到表3-10进行查询操作。

- 查询全体授课教师的工号、姓名、电话号。

```
SELECT Tno, Tname, Tel FROM Teacher;
```

- 查询全体授课教师的全部列。

```
SELECT Tno, Tname, Tgender, Tage, Tel FROM Teacher;
SELECT * FROM Teacher;
```

- 查询年龄在40岁及以上的授课教师的全部信息。

```
SELECT * FROM Teacher WHERE Tage>= 40;
```

SELECT语句中<条件表达式>可以用逻辑运算(AND, OR)使得表达式同时满足多个条件。

- 查询年龄在20岁及以上的女性授课教师的全部信息。

```
SELECT * FROM Teacher WHERE Tage>= 20 AND gender = '女';
```

- 查询年龄在40岁及以上,或者女性教师的全部信息。

```
SELECT * FROM Teacher WHERE Tage>= 20 OR gender = '女';
```

- 查询年龄在20岁以上,40岁以下男教师的全部信息。

```
SELECT * FROM Teacher WHERE(Tage < 40 AND Tage > 20) AND Tgender = '男';
SELECT * FROM Teacher WHERE(Tage BETWEEN 20 AND 40) AND Tgender = '男';
```

SELECT语句中<条件表达式>还可以运用LIKE运算符进行条件表示。在使用LIKE运算符的过程中，经常要用到通配符，常见的通配符有以下几种。

_：匹配任意一个字符。

%：匹配0个或多个字符。

[]：匹配[]中的任意一个字符。

[^]：不匹配[]中的任意一个字符。

- 查询名字中第三个字是"刚"字的教师的全部信息。

```
SELECT * FROM Teacher WHERE Tname LIKE '_ _刚';
```

- 查询姓"安""陈"教师的全部信息。

```
SELECT * FROM Teacher WHERE Tname LIKE '[安陈]%';
```

使用ORDER BY语句可以对查询结果进行排序。

- 查询TC表数据，并按日期从小到大排序。

```
SELECT * FROM TC ORDER BY Class_date ASC;
```

- 查询TC表数据，并按日期从大到小排序。

```
SELECT * FROM TC ORDER BY Class_date DESC;
```

2) 聚合查询

在查询的基础上，SQL语句还提供了简单的统计功能函数，包含常用的求和SUM(<列名>)、平均值AVG(<列名>)、最大值MAX(<列名>)、最小值MIN(<列名>)、计数COUNT(*)等。

其中，COUNT(*)的结果虽然是表示查询所有列的行数，但查询结果是一行一列的二维表，列名为COUNT(*)。

通常，使用聚合查询时，需要重新命名。

- 查询教师人数。

```
SELECT COUNT(*) num FROM Teacher;
```

- 查询所有课程的学分总和。

```
SELECT SUM(Credit) sum_credit FROM Course;
```

在SELECT语句中的HAVING子句，可以实现对分组后的查询结果进行筛选。在实际操作中，HAVING子句经常和GROUP BY组合使用，并且HAVING子句中的条件语句可以使用聚合函数。

- 查询讲授4次课以上的教师的工号和授课次数。

```
SELECT Tno, COUNT(*) 授课次数
```

```
FROM TC
GROUP BY Tno
HAVING COUNT(*) > 4;
```

在SELECT语句中如果同时使用WHERE，GROUP BY，HAVING语句，需要注意三个子句的执行顺序。首先，WHERE子句从数据源中筛选符合条件的记录；其次，GROUP BY对筛选结果按照指定属性进行分组；最后，在分组结果的基础上，再通过HAVING子句进行条件筛选。

3) 多表查询

通常，单一表无法满足数据库使用者对于数据的需求，此时需要对多个表进行数据查询操作。根据查询方法的不同，多表查询可以分为笛卡尔积查询、投影查询、连接查询。根据涉及表的数量，可以分为两表查询、多表查询(三表及以上)，两表查询可以看作多表查询的特例。

笛卡尔积查询，构以笛卡尔积的方式，返回查询结果，在两表查询中，即两表中的每一行记录都两两拼接到一起。这样得到返回结果的列数是两表属性数量之和，行数是两表记录数的乘积。

- 构建Teacher表和TC表的笛卡尔积查询。

```
SELECT * FROM Teacher, TC;
```

虽然笛卡尔积查询在语句上操作比较简洁，但是因为涉及多表，笛卡尔积查询的结果容易出现列名重复现象，从而对结果阅读造成困难。此外还易产生大量的返回数据，对数据库造成压力，影响数据库运行效果。

对于第一种不足，投影查询可以很方便地解决，即通过命名别名方式，进行查询。

- 构建Teacher表和TC表的投影查询。

```
SELECT t.Tno '工号', t.Tname '姓名', t.Tel '电话',
TC.class_date '授课日期', TC.class_room '教室'
FROM Teacher t, TC;
```

对于第二种不足，可以使用WHERE子句进行条件筛选，以减少返回结果数据量。但实际中，连接查询可以避免这些不足。

连接查询是对多个表进行JOIN运算，即先确定一个主表作为结果集，然后，把其他表的行有选择地"连接"在主表结果集上。连接查询分为内连接、外连接和交叉连接，其中内连接和外连接使用较为普遍。连接查询的一般SQL语句如下。

```
SELECT   [<表名1.>]<列名1>[,[<表名2.>] <列名2>]      /*指定需要查询的列*/
FROM <表名1> [INNER|LEFT[OUTER]|RIGHT[OUTER]] JOIN <表名2>
                                                  /*指定数据源及连接形式*/
ON <表名1.><列名1> <比较运算符> <表名2.><列名2>      /*常用等值连接条件*/
[WHERE <条件表达式>]                               /*选择记录的条件*/
[GROUP BY <列名> [HAVING <条件表达式>]]             /*对查询的结果进行分组*/
[ORDER BY <列名> [ASC|DESC]];                     /*对查询的结果进行排序*/
```

注意连接查询须首先使用FROM <表名1>确定主表；其次用INNER JOIN <表名2>等JOIN连接确定需要连接的表；之后使用ON <条件…>确定连接条件，最后可以加上WHERE，GROUP BY，ORDER BY等子句。

- 查询教师姓名、上课时间、上课地点。

```
SELECT t.Tname '姓名', TC.class_date '上课时间', TC.class_room '地点'
FROM Teacher t
INNER JOIN TC
ON t.Tno=TC.Tno;
```

在INNER JOIN中，根据ON子句的匹配条件，查询结果中只返回同时存在于两张表的记录。

- 查询所有课程的授课教师名称。

```
SELECT c.Cno, c.Cname, t.Tname
FROM Course C
LEFT OUTER JOIN TC ON c.Cno = TC.Cno
INNER JOIN Teacher t ON TC.Tno = t.Tno;
```

虽然查询所有课程的授课教师名称时，所要查询的列和TC表无关，但因为Course表与Teacher表没有直接连接的属性，需要借助第三张表。此时，将返回所有课程的授课教师名称，如果某一门课程还未安排授课教师，也将返回该记录，对应的教师名称为NULL，这是左连接LEFT OUTER JOIN的特点。

- 查询每名教师的课堂数量。

```
SELECT T.Tname, COUNT(*)
FROM(SELECT TC.class_date, t.Tname
     FROM TC
     RIGHT OUTER JOIN Teacher t
     ON TC.Tno = t.Tno) T
GROUP BY T.Tname;
```

RIGHT OUTER JOIN返回右表都存在的行。如果某一行仅在右表存在，那么结果集就会以NULL填充剩下的字段。

在数据操纵语言中，除SELECT查询语句外，还有添加、删除和更新语言，对应的SQL语句分别是INSERT、DELETE、UPDATE。

INSERT添加数据的语法如下。

```
INSERT INTO <表名> [(<列名1>,…,<列名n>)] VALUES(值1, …, 值n);
```

- 新入职教师一名，将其信息添加至Teacher表。

```
INSERT INTO Teacher VALUES('2020003','王刚','男',      25'03123330006');
```

当在INSERT INTO语句中省略<列名>时，VALUES子句中的列值，需要与Dept表中属性的顺序一致。否则，易造成添加错误。

DELETE删除表中记录的语法如下。

```
DELETE [FROM] <表名> [WHERE <删除条件>];
```

DELETE删除分为无条件删除和有条件删除。无条件删除将会删除指定表中的所有数据，但保留表的结构，使得指定表称为空表。

- 根据教学计划，删除2021年6月1日以后的课程安排。

```
DELETE FROM TC WHERE Class_date > '2021-6-1';
```

如果WHERE条件没有匹配到任何记录，DELETE语句不会报错，也不会有任何记录被删除。在执行DELETE语句时要非常小心，一般先用SELECT语句测试WHERE条件是否筛选出期望记录，然后再用DELETE删除。

使用UPDATE更新数据库表中的记录，其语法如下。

```
UPDATE <表名>
SET <列名> = <表达式>
[WHERE <更新条件>];
```

在UPDATE语句中，SET子句指定了要修改的列，以及通过表达式的方式更新得到修改后的值。根据有无WHERE子句，UPDATE可以分为无条件更新和有条件更新。

- 在2022年，需要将所有教师的年龄添加1岁。

```
UPDATE Teacher
SET Tage = Tage + 1
WHERE YEAR(now()) = 2022;           /*判断时间是否为2022年*/
```

YEAR(now())是SQL语句的默认函数，可以调取系统时间的年份。

3. 数据控制语言

使用数据控制语言，可以确认或者取消对数据库中的数据进行的变更，也可以对用户是否有权限操作数据库中数据进行设定。

在对数据库使用插入、删除和修改语句后，需要进一步将这些操作向数据库提交后才算真正操作了数据库，即需要在语句执行后，运行COMMIT命令。在MySQL数据库中，系统默认设置了自动提交功能，因此无须运行COMMIT命令。

如果在MySQL数据库中，取消了默认提交功能，那么在使用插入、删除、修改语句后，若还未执行COMMIT命令，则通过执行ROLLBACK命令，可以取消对数据库中的数据进行的变更。但如果已经执行COMMIT命令提交事务，那么再执行ROLLBACK命令，系统会提示错误。

通过GRANT、REVOKE可以实现用户操作权限的赋予和撤销。具体语法如下。

```
GRANT 权限名称 ON <表名> TO 用户名;
REVOKE 权限名称 ON <表名> FROM 用户名;
```

- 授予用户user1查询Teacher表的权限。

```
GRANT SELECT ON Teacher TO user1;
```

- 撤销用户user2插入、删除、修改Teacher表的权限。

```
REVOKE INSERT, DELETE, UPDATE ON Teacher FROM user2;
```

3.1.1.5 ACID属性

在金融企业的实际业务中，金融数据库时刻面临大量客户及维护者的使用，不断收到各种事务，而不同事务之间或许会存在冲突、关联的关系。因此金融数据库必须具有一定的属性，从而保障金融数据的安全、正确、可靠。在数据库中常见的属性有原子性、一致性、隔离性、持久性，统称ACID属性。

原子性(atomicity)要求在数据库中事务是最小的单位，一个事务要么被全部执行，要么不被执行。例如在银行的实际业务中，当用户在ATM机提取存款时，要么存款被提取现金，账户金额减少；要么存款未被提取，账户金额不变；不能出现存款提取失败，而账户金额减少的情况。

一致性(consistency)要求在事务执行前和执行后，数据库的完整性约束是一致的，即数据库系统要从一种正确的状态到另一种状态。

隔离性(isolation)要求当数据库系统中并发多个事务时，一个事务的执行不能被其他事务所干扰。

持久性(durability)要求事务执行成功后，对数据库的修改是永久的，每次启动数据库，数据库的状态都是事务执行成功后的状态。

3.1.2 NoSQL数据库

关系数据库性能稳定、功能强大，但并不能很好地应用于所有场景，随着Web2.0的飞速发展，海量数据的高效访问需求日益明显，数据不仅仅包括传统的结构化数据，还包含大量的半结构化及非结构化数据，传统的关系型数据库应用出现很多难以克服的问题，因此，非关系型数据库应运而生。NoSQL(not only SQL)即"不仅仅是SQL"，泛指非关系型的数据库，并没有一个明确的范围和定义，但它们都普遍存在一些主要特征。

3.1.2.1 NoSQL数据库的主要特征

1. 数据模型灵活

互联网数据如网站用户信息、社交图谱、地理位置数据等，正在快速改变着人们的通信、购物、娱乐等日常生活行为，这些数据有别于传统数据，类型更丰富，使用更灵活，因此，开发者需要数据库的使用更加灵活，不易受到第三方数据的结构变化影响。NoSQL数据库提供的数据模型能够很好地满足这个需求，无须事先定义表结构，随时可以存储自定义的数据格式，每条记录都允许设置不同的属性和格式；外部应用存储数据无须修改表，或者只需要增加更多的列，无须进行数据迁移。

2. 弹性可扩展

NoSQL数据库数据之间无关系，非常容易扩展，可以在系统运行的时候，动态增加或者删除节点；不需要停机维护，数据可以自动迁移；在架构的层面上它是分布式的、横向扩展的，当服务器无法满足数据存储和数据访问的需求时，只需要增加服务器数量，将用户请求分散到多台服务器上，即可减少单台服务器性能瓶颈出现的可能性，带来了可扩展的能力。

3. 自动分区

相对于关系型数据库将数据存放在同一个节点，NoSQL数据库是对数据进行分区，将记录分散在多个节点上，这意味着它们会自动地在多台服务器上分发数据，而不需要应用程序增加额外的操作。

4. 自动复制

在NoSQL数据库分布式集群中，服务器会自动将数据复制存储到多台服务器上。因此，当多个用户访问同一数据时，可以将用户请求分散到多台服务器中；当某台服务器出现故障时，其他服务器可以提供备份数据，这样既提高了并行性能，又能避免单点失效的问题。

5. BASE

相对于关系数据库中事务严格的ACID特性，NoSQL数据库保证的是BASE特性，即基本可用(basically available)、软状态(soft-state)、最终一致性(eventually consistent)，更强调可用性。具体解释详见下一小节中的BASE理论。

3.1.2.2　NoSQL理论

大数据需要通过分布式的集群方式来解决存储和访问的问题。本小节将从分布式的角度来介绍NoSQL数据库的相关理论。分布式系统的核心理念是让多台服务器协同工作，完成单台服务器无法处理的任务，尤其是高并发或者大数据量的任务。分布式数据库是数据库技术与网络技术相结合的产物，它通过网络技术将物理上分开的数据库连接在一起，进行逻辑层面上的集中管理。在分布式数据库系统中，一个应用程序可以对数据库进行透明操作，数据库中的数据分别存储在不同的局部数据库中，由不同机器上不同的DBMS进行管理。

分布式系统可以解决海量数据的存储和访问，但是在分布式环境下，数据库会遇到更为复杂的问题，具体有以下两种。

第一，数据在分布式环境下以多副本方式进行存储，那么，在为用户提供数据访问时如何选择一个副本，或者用户修改了某一副本的数据，如何让系统中每个副本都得到更新。

第二，如果正在更新系统所有副本信息时，某个服务器由于网络或硬件、软件功能出现问题导致其发生故障，在这种情况下，如何确保故障修复时，此服务器上的副本与其他副本一致。

这些问题给分布式数据库管理系统带来了挑战，那如何管理分布数据，控制数据之间的一致性及数据访问的安全性呢？

1. CAP定理

CAP定理指的是在一个分布式系统中，一致性(consistency)、可用性(availability)、分区容错性(partition tolerance)三个指标不可兼得。为了方便对CAP理论的理解，我们结合商品信息管理的流程来理解，如图3-2所示。

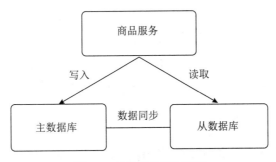

图3-2 商品信息管理流程

整体执行流程分三步。第一步，商品服务发出请求向主数据库写入商品信息(添加、修改或删除)；第二步，主数据库向商品服务响应写入成功；第三步，商品服务请求从数据库读取商品信息。

1) 一致性(C)

一致性是指更新操作成功后，所有节点的数据备份在同一时刻应完全一致，即写操作之后的读操作能够读取最新的数据状态。因此，一致性的问题通常在并发读写的场景下需要考虑。

图3-2中，商品信息的读写要满足一致性，即要实现，商品服务写入主数据库成功，则从数据库查询新数据也成功；商品服务写入主数据库失败，则从数据库查询新数据也失败。

如何实现一致性？

- 写入主数据库后要将数据同步到从数据库。
- 在向从数据库同步期间要将从数据库锁定，待同步完成后再释放锁，以免从数据库查询到更新前的旧数据。

2) 可用性(A)

可用性是指用户的任何事务操作都可以得到服务器的响应结果，并且不会出现用户操作失败或者响应超时等用户体验不好的情况。

图3-2中，商品信息读取满足可用性，即要实现，从数据库接收到数据查询的请求，则立即能够响应数据查询结果；从数据库不允许出现响应超时或响应错误。

如何实现可用性？

- 写入主数据库后要将数据同步到从数据库。
- 由于要保证从数据库的可用性，不可将从数据库中的资源进行锁定。
- 如果数据没有同步过来，从数据库也返回查询的数据，哪怕是旧数据，如果连旧数据也没有，则按照约定返回一个默认信息，但不能返回错误信息或响应超时。

3) 分区容错性(P)

分区容错性是指分布式系统在遇到部分节点或网络分区故障的时候，仍然能够对外提供服务，完成数据的访问。

图3-2中，商品信息读写满足分区容错性，即要实现，主数据库向从数据库同步数据失败不影响读写操作；一个节点挂掉不影响另一个节点对外提供服务。

如何实现分区容错性？
- 尽量使用异步取代同步操作，例如使用异步方式将数据从主数据库同步到从数据库，这样节点之间能有效地实现松耦合。
- 添加从数据库节点，若一个从节点故障，其他的从节点提供服务。

4) CAP能否共存

商品信息管理的例子是否同时具备CAP呢？

所有分布式事务场景中不会同时具备CAP三个特性，因为在具备了P的前提下，C和A是不能共存的。

如商品信息管理的示例，如果要实现C则必须保证数据一致性，在数据同步的时候为了防止从数据库查询到不一致的数据，需要将从数据库数据锁定，待同步完成后解锁；如果同步失败，从数据库要返回错误信息或超时信息。

然而，如果要实现A则必须保证数据可用性，不管任何时候都可以向从数据库查询数据，并且不会响应超时或返回错误信息。显然，在满足P的前提下C和A存在矛盾性，不能共存。

CAP定理认为分布式系统只能兼顾上述三个指标中的两个，即存在CA、CP、AP三种情况，如图3-3所示。

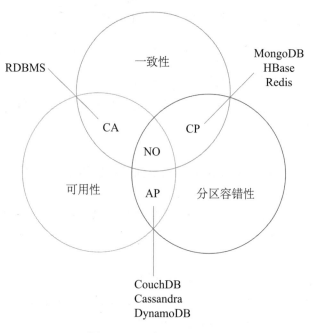

图3-3 CAP定理三种情况

CA：如果不进行分区，不考虑网络或节点故障的问题，则可以实现一致性和可用性。但这样系统将不是一个标准的分布式系统，如最常用的关系型数据就满足了CA。之前所述的商品管理如果要实现CA，则主数据库和从数据库中间不进行数据同步，数据库可以响应每次的查询请求，通过事务隔离级别实现每个查询请求都可以返回最新的数据。

CP：如果不要求可用性，则每个请求都需要在各服务器之间追求一致性和分区容错性，而分区容错性会导致同步时间无限延长，比如跨行转账，一次转账请求要等待双方银行系统都完成整个事务才算完成，如此CP也是可以保证的。很多传统的数据库分布式事务都属于这种模式。

AP：如果追求可用性并允许分区，则需要放弃一致性，这是很多分布式系统设计时的选择。一旦分区发生，节点之间可能失去联系，为了提高可用性，每个节点只能用本地数据提供服务，这样就会导致数据的不一致。通常情况下，AP会保证最终一致性，后面讲的BASE理论就是根据AP来扩展的。一些业务场景如订单退款，今日退款成功，明日账户到账，只要用户可以接受在一定时间内到账即可。

在实践中，可根据实际情况进行权衡，或者在软件层面提供配置方式，由用户决定如何选择CAP策略。对于多数大型互联网应用的场景，由于节点众多、部署分散，节点或网络故障是常态，因此，要保证服务的高可用性和良好的响应性能，一般都会选择AP，舍弃C，保证最终一致性即可。

2. BASE理论

BASE理论是对CAP中一致性和可用性权衡的结果，其来源于大规模分布式系统实践的总结，是基于CAP定理逐步演化而来的，其核心思想是虽然无法做到强一致性，但每个应用都可以根据自身的业务特点，采用适当方式使系统达到最终一致性。该理论的三要素具体解释如下。

基本可用：基本可用指分布式系统在出现不可预知的故障时，允许损失部分可用性，即保证核心功能或者当前最重要功能可用。如正常情况下，一个在线搜索引擎应在0.5秒内返回查询结果，但由于出现异常(比如系统部分机房断电)，查询结果响应时间增加到1~2秒。

软状态：软状态是指允许系统数据存在中间状态，并认为该中间状态不会影响系统的整体可用性，即允许不同节点的副本之间存在暂时的不一致情况。

最终一致性：系统中所有的数据副本，在经过一段时间的同步之后，最终能够达到一致的状态，而不需要实时保证系统数据的强一致性。例如，银行系统中的非实时转账操作，允许24小时内账户状态在转账前后可以不一致，但24小时后账户数据必须一致。

BASE原理的核心是最终一致性，这也是NoSQL数据库的主要特点，通过弱化一致性，提高系统的可伸缩性、可靠性和可用性，是大多数分布式数据库产品的方向。

3. NoSQL数据库分类

常见的NoSQL数据库根据存储特点及存储内容大致分为键值数据库、文档数据库、列存储数据库和图形数据库，其具体分类和特点见表3-11。

表3-11　NoSQL数据库分类

分类	相关产品	典型应用场景	数据模型	优点	缺点
键值数据库	Riak、Redis、Memcached	内容缓存，如会话、配置文件、参数等；频繁读写，拥有简单数据模型的应用	<key, value>键值对，通过散列表来实现	查找速度快	数据无结构化，通常只被当作字符串或者二进制数据

续表

分类	相关产品	典型应用场景	数据模型	优点	缺点
文档数据库	MongoDB, CouchDB	Web应用，存储面向文档或类似半结构化的数据	<key, value>, value为JSON结构的文档	数据结构灵活，不需要预先定义表结构	查询性能不高，缺乏统一查询语法
列存储数据库	Cassandra, HBase	分布式文件系统	以列族式存储，多列数据存在一起	查找速度快，可扩展性强，复杂度低	功能相对局限
图形数据库	Neo4J, InfoGrid	社交网络、推荐系统，专注构建关系图谱	图结构	支持复杂的图形算法	复杂性高，不太好做分布式集群方案

1) 键值数据库

此类数据库主要使用散列表，通过key来添加、查询或者删除数据，可以通过对key进行排序和分区，来实现更快速的数据定位。由于使用主键访问，所以会获得不错的性能及扩展性。

2) 文档数据库

文档数据库的灵感来自Lotus Notes办公软件，该类型的数据模型是版本化的文档、半结构化的文档以特定的格式存储，比如JSON。它可以看作键值数据库的升级版，允许数据之间嵌套键值，由于它还可以根据文档内容创建索引，其查询效率比键值数据库高。

3) 列存储数据库

列存储数据库将数据储存在列族中，一个列族存储经常被一起查询的相关数据，通常用来应对分布式存储的海量数据。该数据库中键仍然存在，但特点是指向了多个列。

4) 图形数据库

图形数据库应用图形理论存储实体之间的关系信息，使用灵活的图形模型，并且能扩展到多个服务器上。这种拓扑结构类似E-R图，但在图形模式中，关系和节点本身就是数据；而在E-R图中，关系描述的是一种结构。

3.1.2.3 MongoDB与文档数据库

MongoDB(来自英文单词"humongous"，中文含义为"庞大")是一个开源文档数据库，是用C++语言编写的非关系型数据库，提供高性能、高可用性和自动扩展的功能，存储数据十分方便，主要特性有面向集合存储，易于存储对象类型的数据，模式自由，支持动态查询，支持完全索引，支持复制和故障恢复，使用高效的二进制数据存储，文件存储格式为BSON(一种JSON的扩展)等，是目前NoSQL数据库中使用最广泛的数据库之一。

MongoDB是一个基于分布式文件存储的数据库，它主要解决的是海量数据的访问效率问题，为Web应用提供可扩展的高性能数据存储解决方案。当数据量达到50GB以上的时候，MongoDB的数据库访问速度可以达到MySQL的10倍以上。官方提供的性能测试表明，MongoDB的并发读写效率每秒可处理0.5万～1.5万次读写请求，它还自带一个出色的分布式文件系统GridFS，可以支持海量的数据存储。

MongoDB服务端可运行在Linux、Windows或OS X平台，支持32位和64位应用，默认端口为27017。推荐运行在64位平台，因为MongoDB在32位模式运行时支持的最大文件尺寸为2GB。

1. 文档数据模型

MongoDB存储的数据类型为BSON，BSON与JSON相似，文档存储模型也支持数组和键值对。MongoDB的文档数据模型如图3-4所示，MongoDB的存储逻辑结构为文档，文档中采用键值对结构，文档中的_id为主键，默认创建主键索引。从MongoDB的逻辑结构可以看出，MongoDB的相关操作大多通过指定键完成对值的操作。文档数据库无须事先定义数据存储结构，这与键值数据库和列存储数据库类似，只需要在存储时采用指定的文档结构即可。一个"{}"中包含了若干个键值对，大括号中的内容被称为一条文档。

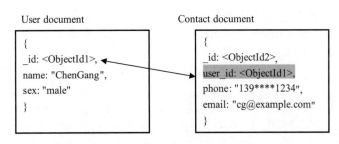

图3-4　MongoDB文档数据模型

2. 文档存储结构

文档数据库的存储结构分为4个层次，从小到大依次是键值对、文档、集合、数据库。表3-12描述了MongoDB存储与MySQL存储的对应关系，从表中可以看出，MongoDB中的文档、集合、数据库分别对应关系数据库中的行数据、表、数据库，见表3-12。

表3-12　MongoDB与MySQL存储对比

MySQL	MongoDB	解释
database	database	数据库
table	collection	数据表/集合
row	document	行/文档
column	field	列/属性
table join	不支持	表连接
primary key	primary key	主键

1) 键值对

文档数据库存储结构的基本单位是键值对，具体包含数据和类型。键值对的数据包含键和值，键的格式一般为字符串，值的格式可以包含字符串、数值、数组、文档等类型。键(key)起唯一索引的作用，确保一个键值结构里数据记录的唯一性；值(value)是键所对应的数据，其内容通过键来获取，可存储任何类型的数据，甚至可以为空。键和值的组成构成了键值对(key-value pair)，它们之间的关系是一一对应的，例如定义了"country：China"键值对，"country"是键，"China"是值，"country"只能对应"China"，而不能对应"Japan"。

2) 文档

文档是MongoDB的核心概念，是数据的基本单元，与关系数据库中的行十分类似，但是比行要复杂。文档是一组有序的键值对集合，所有存储在集合中的数据都是BSON格式，BSON是一种类似JSON的二进制存储格式，是Binary JSON的简称。一个简单的文档例子如下。

```
{"country": "China","city": "BeiJing"}
```

MongoDB中的数据具有灵活的架构，集合不强制要求文档结构，但数据建模的不同可能影响程序性能和数据库容量。文档之间的关系是数据建模需要考虑的重要因素，文档与文档之间的关系包括嵌入和引用两种。

下面是一个关于顾客client和地址address之间的例子，来说明在某些情况下，嵌入优于引用。

```
{
_id: "Jane",
name: "Jane Bookreader"
}
{
client_id: "Jane",
street: "People Street",
city: "BaoDing",
state: "HeBei",
zip: "071000"
}
```

关系数据库的数据模型在设计时，将client和address分到两个表中，在查询时进行关联，这就是引用的使用方式。如果在实际查询中，需要频繁地通过_id获得address信息，那么就需要频繁地通过关联引用来返回查询结果。在这种情况下，嵌入是更合适的数据模型，将address信息嵌入client信息中，这样一次查询就可获得完整的client和address信息，如下所示。

```
{
_id: "Jane",
name: "Jane Bookreader",
address: {
     street: "People Street",
     city: "BaoDing",
     state: "HeBei",
     zip: "071000"
        }
}
```

3) 集合

MongoDB将文档存储在集合中，一个集合是一些文档构成的对象，集合就相当于"表"，但它没有固定的结构，用户可以插入不同格式和类型的数据，但通常情况下一个集合中的文档应该具有相关性。

4) 数据库

在MongoDB中，数据库由集合组成。一个MongoDB可承载多个数据库，各数据库之间互相独立，不同数据库存放在不同文件中。数据库结构如图3-5所示。

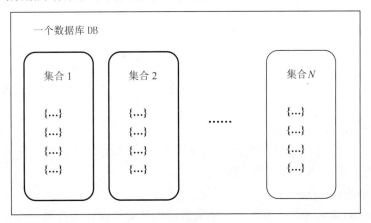

图3-5　数据库DB的结构

3. 集群架构

随着数据量爆发式增长，系统对可用性和可伸缩性的需求越来越高，MongoDB的集群架构支持副本集replication，体现了高可用性，分片集群的部署方式体现了其优秀的可伸缩性。MongoDB的副本集提供了自动故障转移和数据冗余服务，replication结构可以保证数据库中的全部数据都有多份备份，采用副本集的集群中具有主(master)、从(slaver)、仲裁(arbiter)三种角色。主从关系(master-slaver)负责数据的同步和读写分离；arbiter服务负责心跳(heartbeat)监控，master宕机时可将slaver切换到master状态，继续提供数据的服务，以完成数据的高可用需求。

当需要存储海量数据时，副本集中的一台机器不足以存储数据，需要将数据拆分并分散存放在不同机器上，这就是分片(sharding)技术，MongoDB的分片机制允许创建一个包含许多台机器的集群，将数据子集分散在集群中，每个分片维护着一个数据集合的子集。MongoDB的集群架构如图3-6所示。

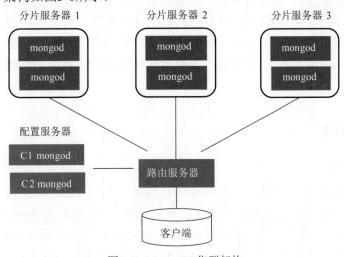

图3-6　MongoDB集群架构

1) 分片服务器(shard server)

每个shard server都是一组mongod，用于存储实际的数据块，通常一组为两台，主从或互为主从。每组中的数据是相同的，数据按有序方式分割，每个分片上的数据为某一范围的数据块，故可支持指定分片的范围查询。整个数据库集合分成多个块存储在不同的分片服务器中。数据块有指定的最大容量，一旦某个数据块的容量增长到最大容量时，就会切分为两块，当分片的数据过多时，数据块将被迁移到系统的其他分片中。在实际应用中，一个分片服务器可由多台机器组成一个副本集来承担，防止主节点单点故障导致整个系统崩溃。

2) 配置服务器(config server)

保存集群和分片的元数据，在集群启动最开始时建立，保存每个分片包含数据的信息，保证每台配置服务器上数据的一致性。

3) 路由服务器(route server)

这是独立的mongos进程，相当于一个负责路由和协调操作的控制中心。mongos启动时需要从config server上加载集群信息到缓存中，并将客户端的请求路由给每个分片服务器，然后整理汇总的结果返回给客户端。

MongoDB的安装十分友好，部署容易，支持多种安装方式，对第三方组件的依赖很低，用户可以使用它较容易地搭建起一个完整的生产集群。MongoDB允许用户在服务端执行脚本，可以用JavaScript编写某个函数，直接在服务端执行；也可以把函数的定义存储在服务端，使用时直接调用即可。MongoDB支持各种编程语言，包括Ruby、Python、Java、C++、PHP、C#等。

3.2 数据仓库

数据仓库(Data Warehouse，DW或DWH)，也称为企业数据仓库(Enterprise Data Warehouse，EDW)，是用于分析数据、生成报表以进行决策支持的系统，被认为是商业智能的核心组成部分。与数据库应用不同，数据仓库更像一种过程，对分布在企业内部各处的业务数据进行整合、加工和分析的过程，将不同来源、当前与历史的数据进行集中存储。本质上，数据仓库旨在为从操作型数据库系统到决策支持环境的数据流提供体系结构模型。

3.2.1 基本概念

3.2.1.1 DW 1.0

数据仓库的概念可以追溯到20世纪80年代后期，当时IBM研究人员Barry Devlin和Paul Murphy为解决企业的数据集成问题发表文章"An architecture for a business and information system"，引入术语"业务数据仓库"(Business Data Warehouse)。到了1992年，后来被誉为"数据仓库之父"的Bill Inmon在*Building the Data Warehouse*中给出了数据仓

库的定义，数据仓库是一个面向主题的、集成的、相对稳定的、随时间变化的数据集合，用于支持管理决策和信息的全局共享。其主要功能是将组织透过资讯系统之联机事务处理(OLTP)经年累月所累积的大量资料，透过数据仓库理论所特有的资料储存架构，通过系统的分析整理，以利各种分析方法如在线分析处理(OLAP)、数据挖掘之进行，并进而支持如决策支持系统(DSS)、主管资讯系统(EIS)之创建，帮助决策者快速有效地从大量资料中，分析出有价值的资讯，以利决策拟定及快速回应外在环境变动，帮助建构商业智能(BI)。数据仓库有以下4个特点。

第一，面向主题，是指用户使用数据仓库进行决策时所关心的重点方面，如收入、客户、销售渠道等。所谓面向主题，是指数据仓库内的信息是按主题进行组织的，而不是像业务支撑系统那样是按照业务功能进行组织的。

第二，集成，是指数据仓库中的信息不是从各个业务系统中简单抽取出来的，而是经过一系列加工、整理和汇总的过程，因此数据仓库中的信息是关于整个企业的一致的全局信息。

第三，相对稳定，也称为非易失性，指的是一旦创建便无数据更改。

第四，随时间变化。是指数据仓库内的信息并不只是反映企业当前的状态，而是记录了从过去某一时点到当前各个阶段的信息。通过这些信息，可以对企业的发展历程和未来趋势做出定量分析和预测。

3.2.1.2 DW 2.0

2008年，Bill Inmon在*DW 2.0：The Architecture for the Next Generation of Data Warehousing*中提出数据仓库2.0(DW 2.0)概念，并讨论了DW 2.0的几个重要特征，数据的生命周期，数据仓库应该包含非结构化数据，元数据的重要性，数据仓库的技术基础。

DW 2.0一个重要的贡献是提出数据生命周期，根据数据从生命周期的划分来解决数据仓库基础建设成本不断增加带来的问题。在DW 2.0数据仓库中，有4个主要的数据生命周期区。

第一，交互区。数据仓库在更新模式下完成构建，在交互区经过数据调整后就会进入整合区，一般为事务型数据；交互区的数据被频繁访问，并且其访问模式是随机访问。

第二，整合区。数据在这里经过整合并完成分析处理，使用频率最高，但一般2~3年之后数据访问频率会急剧下降；整合区数据的被访问概率也很高，但通常是被按顺序、成串地访问。

第三，近线区。作为整合区数据的一个缓存区域，这个区域不是必需的，有时候数据可以直接从整合区进入归档区，而在数据访问频率和效率差别较大时，需要通过近线区来处理；近线区的数据访问概率较低，并且在访问时是随机的。

第四，归档区。存放访问概率显著下降但仍有可能被访问的数据，归档区的数据可以从近线区，也可以从整合区进入，通常是5~10年，或者更长时间周期的数据；归档区的数据很少被访问，它能够被按顺序地、不定期地、随机地访问。

在区与区之间，除了不同的数据访问概率和访问模式外，数据量上也有很明显的差别。交互区的数据量较小，整合区的数据较多。如果一个企业中完全是近线数据，那么近线区通常会有大量的数据。归档区的数据也可能显著增长，即使最初获取的归档数据较少，但随着时间的推移，大量数据完全有可能聚集到归档区。

3.2.1.3 应用发展

从应用场景来看，数据仓库平台逐步从以商业智能报表为主到以分析为主，到以预测为主，再到以操作智能为目标。

商业智能是一种以提供决策分析性的运营数据为目的而建立的信息系统，将预先计算完成的汇总数据，储存于数据立方体之中，针对复杂的分析查询，提供快速的响应，属于在线分析处理的范畴。主要用于将分散于企业内部、外部的各种数据加以整合并转换成知识，并依据某些特定的主题需求，进行决策分析和运算；用户则通过报表、图表、多维度分析的方式，寻找解决业务问题所需要的方案；这些结果将呈报给决策者，以支持策略性的决策和定义组织绩效，或者融入智能知识库自动向客户推送。

随着大数据技术的发展，数据挖掘和嵌入式商业智能技术逐步应用到数据仓库中，通过对数据的预测分析、实时分析、全业务分析，为决策者提供"什么正在发生""将会发生什么"等问题的数据答案。而更高阶的动态数据仓库阶段，将数据变为数字资产，通过万物互联、人工智能等技术实现数字孪生，让正确的事情发生，实现操作智能。

3.2.1.4 优势

数据仓库能够为企业组织运行提供以下优势。

(1) 增强的商业智能。借助数据仓库技术和流程，可以从多个来源访问和分析数据。因此，数据不限于任何特定部分，这有利于业务人员做出改进和智能的业务决策。数据仓库和相关的BI流程也可以直接在库存管理、财务管理、销售和营销中实施。

(2) 提高查询和系统性能。数据仓库是专门设计出来并构建的，重点是数据检索和分析的速度。此外，数据仓库旨在存储大量数据并能够快速查询数据。这些分析系统的构建与专注于数据创建和修改的操作系统不同。相比之下，数据仓库是为分析和检索数据而构建的，而不是有效维护单个记录，可以减轻操作环境中的大量系统负担，并在整个组织的技术基础设施中有效地分配系统负载。

(3) 确保数据质量和一致性。数据仓库支持将数据转换为通用的标准格式。数据和输出的标准化使组织的多个部门能够产生相称且格式良好的结果，而不会产生任何差异。因此，企业可以以更高的准确性和一致性运行，产生持久和可靠的决策。

(4) 降低时间和经济成本。将所有数据保存在一个地方可节省用户访问一组特定数据的时间。他们可以对关键的企业行动做出快速决策，因为企业不会花费额外的时间去分析多个来源的无序数据。数据仓库的执行不需要太多的IT支持，甚至不需要更多的渠道，从而确保成本效益。同样，对查询数据感兴趣的业务主管在进行任何数据检索之前都不会等待其他IT流程开始工作。业务随时随地继续运行，没有任何时间滞后或对外部资源的依赖。

(5) 跟踪历史智能数据。数据仓库以存储历史数据而闻名，通常包含多年的数据，这些数据既不能存储在操作系统OLTP中，也不能从中直接获取。相比之下，数据仓库存储大量历史数据，可以实现高级商业智能，包括时间段分析、趋势分析和趋势预测。

3.2.1.5 主要术语及技术

1. OLAP

在线分析处理(On Line Analytical Processing)的特点是交易量较低，查询通常非常复杂，涉及聚合。OLAP数据库以多维模式存储聚合的历史数据。OLAP方法用于从多个来源和角度分析多维数据，包括三个基本操作，分别是汇总、向下钻取和切片与切块。对于OLAP系统，控制响应时间是一种有效措施。OLAP系统可以有几个小时的数据延迟，而数据集市期望延迟则可能接近一天。

2. OLTP

在线事务处理(On Line Transaction Processing)的特点是大量的短时间在线事务(INSERT，UPDATE，DELETE)。OLTP系统强调在多访问环境中非常快速地查询处理并维护数据完整性。对于OLTP系统，有效性是通过每秒的事务数来衡量的。OLTP数据库包含详细的当前数据。用于存储事务数据库的模式是实体模型(通常为3NF)。

3. ODS

操作型数据存储(Operational Data Store)是存储多个数据源业务数据的系统，可用于支持企业对即时性的、操作性的、集成的全体信息的需求。ODS常常被作为数据仓库的过渡，是数据仓库体系结构中的一个可选部分，具备数据仓库的部分特征和业务系统数据库的部分特征。和数据库相比，ODS中的数据组织方式和数据仓库一样，是面向主题的和集成的；ODS只存放当前或接近当前的数据，如果需要还可以对ODS中的数据进行增、删和更新等操作，而数据仓库中的数据一般不进行修改，所以ODS和数据仓库的区别主要体现在数据的可变性、当前性、稳定性、汇总度上。

4. 数据集市

数据集市(Data Mart)，也称数据市场，是一个结构概念，是数据仓库的子集，主要面向部门级业务，并且只面向某个特定的主题。数据集市可以理解为一种"小型数据仓库"，它只包含单个主题，且关注范围也非全局。例如，营销数据集市可能只包含与商品、客户和销售相关的数据。

数据集市可以分为两种。一种是独立数据集市，这类数据集市有自己的源数据库和ETL架构。另一种是非独立数据集市，这种数据集市没有自己的源系统，它的数据来自数据仓库。当用户或者应用程序不需要或不必要或不允许用到整个数据仓库的数据时，非独立数据集市就可以简单地为用户提供一个数据仓库的子集。

5. 元数据

元数据(Metadata)可被简单地定义为关于数据的数据，用于表示其他数据的数据称为元数据。例如，一本书的索引用来作为书中内容的元数据。在数据仓库方面，我们可以对元数据做以下定义。

- 元数据是数据仓库的路线图。
- 数据仓库中的元数据定义了仓库对象。
- 元数据充当目录，该目录帮助决策支持系统定位数据仓库的内容。

6. 元数据存储库

元数据存储库(Metadata Repository)是数据仓库系统的一个组成部分，它包含以下元数据。

- 业务元数据，包含数据所有权信息，业务定义和更改策略。
- 操作元数据，包括处于活动、存档或清除等表示业务操作状态标志的数据，还包括表示迁移和应用转换历史特征的数据。
- 用于从操作环境映射到数据仓库的数据，它的元数据包括源数据库及其内容、数据提取、数据分区、清理、转换规则、数据刷新和清除规则。
- 汇总算法元数据，包括维度算法、粒度数据、聚合、汇总等。

7. 数据立方体

在数据库中，数据的组织形式往往为二维的数据表，并且通过关系的形式进行一对一、一对多、多对多的关联。而在数据仓库中，通过数据立方体可帮助我们在多个维度上表示数据，它由维度和事实定义，可以认为是数据仓库多维数据模型更形象的说法。

3.2.2 数据仓库构建

3.2.2.1 ETL

数据仓库的集成特性使得其数据源往往来自多个系统，这些系统在物理位置、存储格式、数据库平台、开发语言等方面可能存在很大差异，构建数据仓库要做的工作就是将数据按照所需要的格式提取(extract)出来，再进行必要的转换(transform)，包括统一数据格式、去掉无效或者不需要的数据等，最后装载(load)进数据仓库，这个过程就是ETL。

ETL是数据仓库体系架构中的重要组成部分，是实现数据流程的控制手段和技术平台。数据仓库需要整合业务数据，构建统一的、集成的、面向主题和保存历史的数据信息平台，通过ETL把上游系统提供的数据文件清洗、抽取、加载到数据仓库模型中，并基于数据仓库基础模型生成应用集市，向用户提供业务支持和数据服务。ETL流程调度把整个ETL过程连接起来，实现自动化流程控制，有效保证数据仓库系统正常运行。如果说数据仓库提供的是一种数据服务，那么ETL就是准备这些数据的过程，是具体实现的工具。可以结合业务需求，采用合适的ETL工具。

ETL是数据仓库数据流向的主要环节，数据仓库数据流动的流程调度核心如图3-7所示，流程调度主要以下几个方面。

第一，监控并获取来自文件传输应用的接口文件，解压缩并执行文件级检查。

第二，将接口文件加载到ODS层，对数据执行清洗、转换等操作，最终完成基础数据区数据的生成。

第三，针对基础数据区的客户、账户、交易等信息进行相应维度组合的汇总，完成汇总数据区的数据生成。

第四，针对基础数据区和汇总数据区的数据进行应用级的汇总，完成应用支持接口集市数据的生成。

第五，按照备份策略完成日常备份工作。

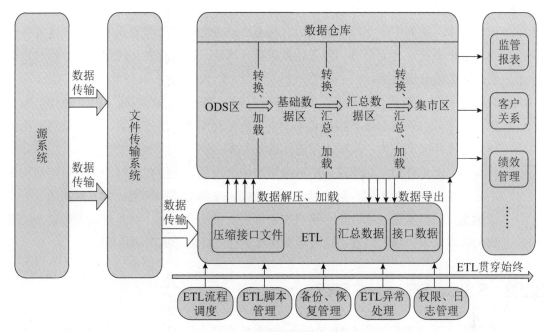

图3-7 ETL调度总体流程

3.2.2.2 构建模式

在构建数据仓库过程中,根据数据先转换还是先入库可分为两种模式,即ETL和ELT。

1. 基于ETL的数据仓库

典型的基于提取、转换、加载(ETL)的数据仓库使用暂存层、集成层和访问层来实现其关键功能。暂存层存储从每个不同的源数据系统中提取的原始数据;集成层通过转换来自暂存层的数据来集成不同的数据集,这些数据通常将转换后的数据存储在运营数据存储(Operational Data Store,ODS)数据库中。然后将集成的数据移动到数据仓库中,在数据仓库中按照维度和事实(即数据立方体的形式)进行排列和汇总。

2. 基于ELT的数据仓库

基于ELT的数据仓库摆脱了用于数据转换的独立ETL工具,将数据加载及转换操作集中在数据仓库中进行。在这种方法中,首先从不同源系统中提取数据;其次在未进行任何转换之前将其直接加载到数据仓库内部维护的一个临时区域,所有数据转换都在数据仓库内部进行处理;最后,被处理的数据被加载到同一数据仓库的目标表中。

3.2.2.3 建设挑战

在数据仓库的构建和管理过程中,可能遇到的问题及挑战如下。

- 集成的复杂性。数据仓库管理最重要的领域是集成能力。组织必须花费大量时间来确定各种不同的数据仓库工具可以集成到所需要的整体解决方案中的程度,这可能是一项非常艰巨的任务,因为数据仓库的每个操作都有许多工具。
- 未捕获所需数据。在某些情况下,源系统未捕获所需数据,这对于数据仓库的目的来说可能非常重要。例如,财产的注册日期可能不会在源系统中使用,但它可能是非常重要的分析目的。

- 源数据的隐藏问题。为数据仓库提供数据的源系统相关的隐藏问题可能在多年后被识别出来，比如生产系统对输入的限制不严，可能导致异常数据的保存，这种可能在该生产系统中并无影响，但流转到数据仓库后，在进行多来源数据的分析时可能会严重影响分析结果。
- 数据所有权。数据仓库可能改变最终用户对数据所有权的态度。为了进行全面分析，一个部门拥有的敏感数据必须加载到数据仓库中以进行决策，但对敏感数据的访问需要从隐私保护、权限方面进行更多考虑。
- 终端用户需求增加。在满足一些终端用户的查询后，企业对支持的请求可能增加而不是减少，这是由于用户越来越意识到数据仓库的功能和价值。需求增加的另一个原因是，一旦数据仓库联机，用户和查询的数量就会增加，并且对越来越复杂的查询的答案请求也随之增加。这对数据仓库的性能提出了更高的挑战。

3.2.3 SSIS、SSAS、SSRS

微软基于关系数据库引擎SQL Server构建了数据仓库解决方案，主要通过SSIS、SSAS、SSRS三种工具来实现企业商业智能和信息处理的不同方面，包括数据集成、报表和分析。

SSIS代表SQL Server集成服务(SQL Server Integration Services)，主要实现了数据提取、转换和加载(ETL)功能。它提供了将数据从一个数据源移动到另一个数据源并在必要时更改数据的工具。SSIS 平台中用于启动数据集成过程的三个组件是导入和导出向导、SSIS 设计器和 SSIS API 编程。导入和导出向导只是将数据从源传输到目标，但不包括数据转换功能；SSIS 设计器是 Business Intelligence Development Studio 的一个集成组件，用于开发和维护集成服务包；SSIS API编程模块支持使用多种编程语言对SSIS包进行编码。

SSAS代表SQL Server分析服务(SQL Server Analysis Services)，是一种多维分析工具，具有联机分析处理功能和强大的数据挖掘功能，是数据库中业务信息的更深维度。多维分析是一种OLAP技术，将数据存储在轴和单元格中而不是在行和列中，使用传统的关系二维视图，可以产生分析大量数据的能力。SSAS允许用户通过使用熟悉的应用程序(例如 Microsoft Excel 和 SharePoint)创建与后端数据的即时连接，以进行分析、可视化演示和协作，从而为信息工作者提供预测分析功能。

SSRS代表SQL Server 报表服务(SQL Server Reporting Services)，是一个报表机制框架，包括报表生成器、报表设计器、报表服务器和报表管理器等组件，通过 Web 界面协同工作，实现交互式报表解决方案。报表生成器是一种简单的生成报表的解决方案，可供用户在无须了解数据的核心结构时快速创建报表；报表设计器是开发人员的工具，增加了自定义报表开发的复杂性；报表服务器是 SSRS 中的核心流程引擎，它使用处理器管理报表的处理和交付；报表管理器是一种管理工具，可通过 Web 界面控制报表服务。

3.3 金融数据仓库

3.3.1 金融行业建设数据仓库的必要性

金融行业的业务系统具有机构复杂、系统繁多、业务流程长等特点，同时各业务系统都会产生海量密集的金融数据，这些数据本身都具备较强的逻辑性，也蕴藏着巨大的价值。

随着业务系统的建设和不断优化，会造成一个类似"蜘蛛网"的形态，如图3-8所示，必然会带来以下问题。

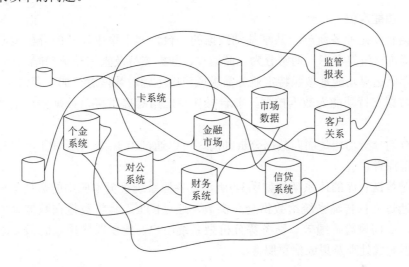

图3-8 "蜘蛛网"形态的业务系统

第一，多个业务系统间数据加工的统计逻辑不同，造成数据不一致的问题。

第二，数据散落在各个业务系统中，无法整合成可用的信息。

第三，数据从各个业务系统中提取，需要花费很大的工作量。

建立金融数据仓库的目的是要解决这些问题，形成一个拥有统一的企业数据标准、能够完成各类信息整合、面向主题模型的为决策分析提供更快捷支持的企业级数据仓库，为客户关系管理、财务管理、绩效管理、风险管理、信息管理等提供强有力的支撑，突显金融数据的价值。

3.3.2 金融行业传统数据仓库

金融行业数据仓库系统的建设实施不同于传统的信息系统，它是提取原始数据转换成决策信息，进而衍生企业智慧的过程，它的价值体现在深度运用中，是持续改善的一个过程，并非一个短暂的项目。传统数据仓库为辅助决策提供分析依据和数据支持，主要针对时效性要求不高的场景，以批量处理为主要处理模式，时效一般为T+1~T+2。

3.3.2.1 建设方法和路线

金融数据仓库的建设模式与传统的业务系统不同,是业务人员和技术人员互相沟通、理解的过程,是一个螺旋式前进、稳步提升的过程,需要循序渐进、反复建设。

传统的业务系统遵循"需求驱动"的方法,由业务人员提出确定的功能需求,技术人员完成系统开发,整个过程基本上是一次性完成的。

数据仓库主要面向启发式查询,即业务人员在看到数据之前无法描述清楚自己真正想要的是什么,需要先加载一部分数据供业务人员使用,根据业务人员的反馈,再在数据仓库中修改、增添一些数据。

不断进行数据质量和数据缺口评估,促进源系统数据质量的完善,这也是分析型应用的关键因素。

3.3.2.2 功能定位

金融数据仓库是业务统一、共享基础数据的平台,属于集中模式的分析型应用,需要结合业务功能进行统筹考虑,通常分为存储运算、数据支持及查询分析功能。

第一,存储运算功能是按照特定业务需求或应用主题对数据进行加工存储。

第二,数据支持功能为数据挖掘、前台操作型应用等提供接口数据并加工计算某些通用指标。

第三,查询分析功能是面向数据分析师的,可以通过BI工具、OLAP工具进行灵活的查询分析和模型探索。

传统金融数据仓库的体系架构如图3-9所示。各源系统负责本应用的数据集成处理,并为目标应用通过文件传输系统给数据仓库供数,通过ETL工具将数据在数据仓库中加载、流转、处理,面向风险、绩效、财务等分析型系统用户,提供跨应用、时效要求低、含历史的复杂数据集成处理及集成信息服务。

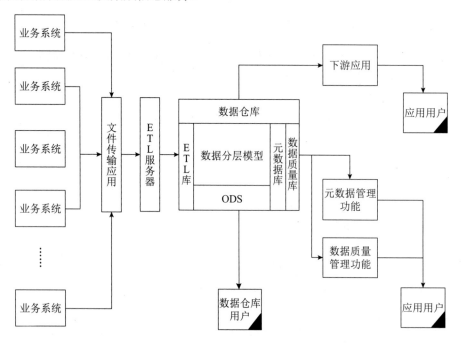

图3-9 传统金融数据仓库体系架构

3.3.2.3 确定数据仓库主题

数据仓库是面向主题的,侧重于数据分析工作,按照主题存储。在明确了功能定位和业务需求后,从需求中总结提炼出重要的业务数据主题。不同的金融行业会设计不同的主题模型产品,但基本上会分为以下几个主题:当事人、资产、财务、地域、营销活动、协议、事件、内部机构、产品、渠道,如图3-10所示。

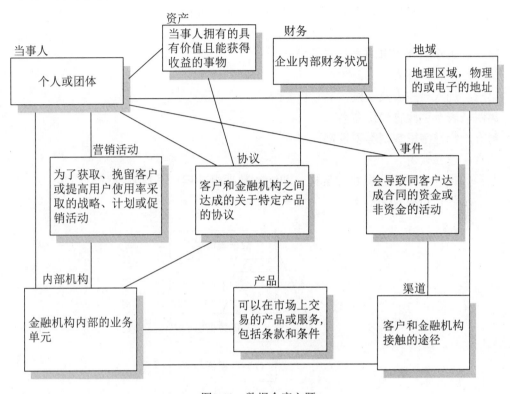

图3-10 数据仓库主题

3.3.2.4 构建逻辑模型

逻辑数据模型是利用图形方式构建出具体的数据模型,通过数据和关系反映业务的一个过程,一般需要考虑以下几点。

第一,确定主题及每个主题包含的实体。

第二,每个实体的属性。

第三,不同实体间的关系。

第四,不同实体间是否有关系约束。

逻辑模型通过对概念模型进一步细化和分解,通过实体和实体之间的关系来描述业务,定义需要追踪和管理的各种重要实体、属性和关系,是进行各种数据管理、分析和交流的重要手段。逻辑模型采取面向主题的方法进行设计,一般采取第三范式进行设计。主题内部的实体是紧耦合关系,存在一个贯穿主题的业务元素;主题之间是松耦合关系,概念相对独立,并通过关系实体实现主题之间的联系。

以当事人主题为例,当事人为所服务的对象和有意进行分析的各种对象,比如个人或公司客户、有业务往来的交易伙伴及交易对手等信息,以当事人编号唯一标志一个当事人；当事人主题包含当事人信息历史、当事人关系历史、当事人名称历史等实体；当事人和其他的主题都会进行关联，比如客户和其住址，以及电话等的关系历史形成当事人地址关系历史实体，客户资产和所属客户的关系历史形成资产当事人关系历史实体，等等。

3.3.2.5 转换构建物理数据模型

物理数据模型按照逻辑数据模型分主题存放业务数据，在具体的介质上进行实现。选择合适的存储结构和存储方法的主要操作包括以下几种。

第一，去除纯属逻辑的表及字段。

第二，拆表、并表。

第三，加入一些表及字段。

第四，表及字段物理化命名。

第五，物理字段数据类型设定。

第六，建立索引。

通常数据仓库采用分层物理架构，即ODS数据缓冲层、基础数据层、公共汇总层、数据集市层，分布如图3-11所示。

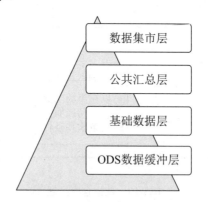

图3-11 数据仓库分层架构

ODS数据缓冲层也称数据缓冲层或贴源层，为操作型数据存储，是集成的、可变的、当前或接近当前的细节数据集合，主要提供细粒度操作型数据，存储结构上一般不做转换，尽量与交易型数据库保持一致。基础数据层是对源数据进行加载整理，按照金融业务主题进行组织和存储的区域，它存储了最细层次的数据。公共汇总层对基础数据进行加工处理，生成中间的、通用的指标数据。数据集市层是面向主题的、经过"预定义"的数据集合，针对业务场景的应用，以满足特定的数据查询、分析和预测需求。

传统数据仓库主要的功能是数据存储和计算，金融行业数据量很大，多达TB级别，因此存储和计算的可扩展性及性能都十分重要，一般采用的都是大规模并行MPP数据库，使用便捷，跟传统数据库相比有巨大优势，能高效处理多表连接查询，解决很多行业用户的数据处理性能问题，比如天睿(Teradata)公司的Teradata数据库、甲骨文公司的Oracle一体机、华为公司的MPPDB数据库等。

3.3.2.6 数据源

对仓库源数据的确定需要基于源系统的数据结构，逐表进行调研分析。

第一，调研源系统，确定是否作为数据仓库的源系统。
第二，逐表确定进入数据仓库的表和字段。
第三，逐表建立与逻辑模型的主题域、实体的映射关系。
第四，逐表确定下载文件接口。
第五，逐表确定增量下载条件。
第六，逐表确定物理模型的加载算法。

3.3.2.7 数据质量检查

检查数据仓库中的数据质量是为了发现数据仓库系统在运行过程中出现的不符合业务逻辑关系的数据，并把这些错误及时通知给业务人员、数据仓库开发人员和系统维护人员。

数据质量检查的实施目标包含两方面，一是对源数据质量有较全面的了解，比较具体地反映数据仓库涉及的各源业务系统的数据质量；二是防范数据仓库内部数据流转过程中发生的错误，提高数据仓库中的数据质量，其内容包括以下几点。

第一，全量缓冲数据区中数据的业务规则。
第二，定期检查基础数据区数据的总分。
第三，不定期检查基础数据区中数据的技术规则。
第四，管理数据质量日志。

3.3.2.8 元数据管理

元数据管理涉及的各子系统的元数据经过元数据管理工具导入元模型，同时元数据管理工具也可以通过数据访问接口将元数据提供给外部系统。元数据通过前端提供可进行元数据浏览、查询、分析的用户界面，提供与ETL系统、数据质量检查系统的数据交换机制。

元数据包括技术元数据和业务元数据，技术元数据是面向技术人员的，主要包括源系统接口规范、数据仓库数据结构的描述，以及数据处理过程的描述等信息；业务元数据是面向业务分析人员的，主要包括业务术语、业务规则、指标定义、统计口径、信息分类等信息。

元数据分析分为血缘分析和影响性分析。血缘分析为查找某数据项从源系统到终端应用的若干ETL过程中相关的数据项、计算方法、计算公式、形成该数据元素的族谱图，从而了解产生该数据项的流程。由于数据仓库涉及诸多源系统和集市应用，相互之间有着紧密的数据联系，那么源系统的版本变更对数据仓库的影响如何，以及数据仓库的版本变更对集市应用的影响如何，都需要仔细评估并同步，进行影响性分析否则将会出现数据质量问题。此模块向用户提供完整的受变更影响的对象列表，并产生影响分析报告。

3.3.3 金融行业新一代数据仓库

传统的金融数据仓库是通过数据分层和数据建模的方式，并且基于业务和应用的角度将数据进行模块化存储，在金融领域发挥着重要的作用，支撑业务决策、风险管理、监管报送等多类型的数据分析应用。但是，随着大数据的不断发展，该种模式正在面临一些困难和挑战。

第一，数据时效性差。传统的金融数据仓库是以T+1～T+2的离线批量数据处理为主，主要采用系统间夜间批量供数和分析用户联机查询两种方式，实时、准实时场景较少，数据处理时效性不够高，无法体现数据的实时性、有效性的优势。

第二，响应周期长。传统金融数据仓库通常的研发模式为业务部门提出需求，技术部门提供方案，数据源如果有变化或有新增需求，必须重新访问数据仓库的每一层，开发周期长，无法快速响应业务的变化，人力成本高。

第三，灵活性低。经过主题模型转换的数据难以满足金融监管、风险防控、审计等方面使用原始数据的需求，同时数据分析人员必须了解数据仓库的数据存储方式，无法高效应对灵活多维分析的挑战。

为了解决这些困难，需要建设新一代数据仓库来应对大数据发展的挑战。新一代数据仓库在数据处理的时效性、项目的研发效率，以及业务模式等方面的能力都有明显的改变和提升，它是以数据仓库为核心、大数据平台为延伸的融合架构，如图3-12所示。

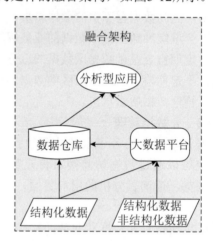

图3-12　融合数据仓库结构

大数据平台同数据仓库一起形成大数据分析基础平台，集成结构化、非结构化数据，支撑金融业务上层的各类数据应用需求，可以提供离线批量计算、实时或准实时计算、在线读写等各种数据处理服务。大数据平台作为基础技术平台，可以采用Hadoop技术平台来进行大数据生态环境的建设，基于此搭建数据湖来满足各类数据的存储和信息共享需求，对平台的技术进行封装来提供数据服务。

3.3.3.1　数据湖

为了更好地形成金融企业级的大数据能力，实现数据的集中管理和共享，在数据仓库的基础上建设数据湖来更好地支持数据分析。

数据湖的概念最早出现在2011年《福布斯》的一篇文章——"Big Data Requires A Big New Architecture"(大数据需要一个大的新型架构)中，其对数据湖的定义为"一个大型的存储系统，以数据的原始格式保存数据，直到被需要分析时使用"。

数据湖无须预先设计数据模型，按数据原始状态存储，数据可以快速集中累积，减少了传统数据仓库进行数据建模、转换等环节，可以应对标准不一的外部数据、非结构化数据等。数据湖的数据非常适合数据分析师，可以进行数据的探索挖掘。数据湖与数据仓库主题模型数据的对比见表3-13。

表3-13 数据湖与数据仓库主题模型数据对比

比较项	数据湖	主题模型数据
组织模式	贴源形式存储，数据湖保留了原始信息，给未来新出现的处理需求更大弹性，对数据标准性要求不高	主题模型存储，进入主题模型的数据是已知的、预先分类的，可以指导其后续的数据分析，但会有一定信息丢失，对数据标准要求较高
数据范围	全量数据，包括结构化、非结构化、半结构化的所有原始数据	需要集成整合的结构化数据，主要包含面向企业级分析挖掘的、具有集成整合需求的结构化数据
处理技术	多样化数据处理技术，可扩展的各类数据处理技术，支持非结构化数据处理、流式计算、人工智能等	关系型数据库为主，主要采用关系型数据库技术实现数据加工处理

3.3.3.2 大数据分析服务

大数据平台对接数据湖，通过封装不同技术组件的组合和基础设施，采用平台化开发模式，直接面向用户，提供面向不同业务场景的大数据分析服务，分析师运用大数据技术便捷地进行数据采集、加工、建模分析，充分发挥金融数据的价值。

基于Hadoop生态圈的大数据平台，包括且不限于图3-13中所含组件，如图3-13所示。

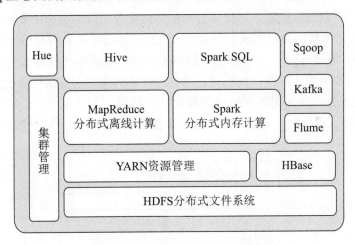

图3-13 大数据平台Hadoop生态圈

HDFS分布式文件系统用来存储海量结构化、非结构化数据，数据湖也是依据HDFS进行建设的；MapReduce提供了分布式批计算能力，处理速度较慢，适合对时效要求不高的离线数据分析场景；Hive用于处理SQL类批处理作业，将SQL语句转换为MapReduce任务；对于处理时效要求较高的需求采用基于内存计算的Spark处理引擎进行计算；Sqoop用于处理各种数据源和Hadoop间的数据传递；HBase十分适合大数据实时检索，从大量而繁杂的数据中快速获取需要的数据。

数据仓库和大数据平台提供离线分析功能，如图3-14所示。对于传统分析型应用，主要还是依赖数据仓库进行报表批量加工，以及一些分析挖掘模型开发；对于时效要求高的创新性大数据应用，其需求灵活多变就可以利用大数据平台进行快速自主的开发。

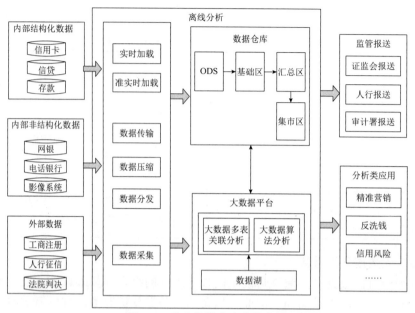

图3-14 融合数据仓库离线分析

大数据在线检索，如图3-15所示，面向海量结构化数据提供高并发读写访问的能力。使用HBase的接口存储原始数据，以提供对海量结构化数据或半结构化数据的存储能力，通过ElasticSearch搜索引擎的接口实现二级索引，以提供通过非主索引对HBase中存储的数据进行检索的能力；通过Spark引擎的接口提供OLAP，以提供在线秒级响应的交互分析能力；对接Spark计算引擎，以提供高时效、准实时计算的能力。在线检索在金融行业应用广泛，比如将分散在各业务应用的支付功能整合统一管理，为企业客户提供统一电子支付接入和完整服务视图，覆盖线上业务场景，提供本他行账户的多银行收付款功能。

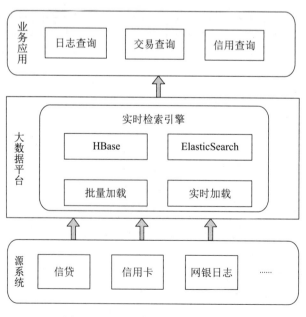

图3-15 融合数据仓库在线检索

3.3.3.3 数据中台

随着金融数据仓库到数据平台的演进,从数据不能直接影响业务、报表和简单的分析挖掘到数据支撑业务、数据集中、实时数据处理,数据在逐步地贴近业务。但在业务利用数据平台的技术进行数据分析的同时,也带来以下问题。

一是数据孤岛。各领域应用分别进行数据分析开发,形成的数据资产仅对本应用可见,形成一个个数据孤岛,数据不能共享复用。

二是数据冗余。同一领域不同应用、不同领域的不同应用在有相同数据需求时,往往重复开发存储,导致大量数据冗余存储。

三是资源浪费。重复的加工和存储使得平台的资源被浪费,给平台带来计算、存储资源的压力。

结合数据仓库和数据平台构建数据中台,将数据资产化、标准化,直接用于业务链路和交易场景,打破各领域间的数据壁垒,使得各部门数据充分融合,数据赋能业务,加快业务前台的创新,更加快速地决策,彰显数据的驱动力,同时为企业降本增效。

数据中台首先就是对数据进行整合和完善,一方面针对通用数据进行统一的加工,例如客户特征、通用统计指标,形成标准的数据服务共享;另一方面针对金融的不同业务领域,将数据进行共性汇聚,形成专业的数据服务能力,例如风险、信贷、存款等,提供专业的数据服务能力。

其次就是数据中台的运营和管控,需要对数据资产进行统一管理,做好全局性的数据资产统筹,也要兼顾各领域的实际需要,按照不同的资产明确建设的标准、原则,各业务应用系统应最大化直接使用数据中台数据资产,直接使用或经少量调整后使用,减少重复开发;同时需要考虑建设数据资产地图,面向业务人员和科技人员,全面、详细展示数据资产,让用户快速感知和发现数据资产,满足业务自主创新应用的需要,加快数据到价值的转换。

本章习题

一、选择题

1. 用二维表结构表示实体和实体间联系的数据模型是( )。
A. 网状模型   B. 层次模型   C. 关系模型   D. 面向对象模型
2. SQL语句通常称为( )。
A. 结构化查询语言 B. 结构化控制语言 C. 结构化定义语言 D. 结构化操纵语言
3. SQL语言中,删除一个表的命令是( )。
A. DELETE table   B. DROP table   C. CLEAR table   D. REMOVE table
4. 在Teacher表中查询所有姓名中有"小"的教师,在WHERE子句中应使用( )。
A. LIKE '%小%'   B. LIKE '%小_'   C. LIKE '_小%'   D. LIKE '_小_'
5. CAP理论是NoSQL数据库的理论基础,下列属性不属于CAP的是( )。
A. 分区容错性   B. 原子性   C. 可用性   D. 一致性
6. NoSQL数据库的特点是( )。
A. NoSQL数据满足最终一致性

B. 灵活的数据模式

C. NoSQL集群的可扩展性强，可动态添加和删除节点

D. 数据以多副本的方式存放在不同节点上

7. NoSQL数据库种类繁多，以下属于NoSQL数据库的是(　　)。

A. HBase　　　　B. MongoDB　　　　C. Redis　　　　D. Oracle

二、填空题

1. 在查询操作结果中不出现重复元组，应在SELECT子句中使用_____关键字。

2. 在关系型数据库中，可变长度的数据类型用_____表示。

三、简答题

1. 根据表3-8、表3-9、表3-10，试写出查询在笃学楼上课教师、课程、时间的SQL语句。

2. 试比较NoSQL数据库和关系数据库的优缺点。

3. 简述数据库与数据仓库的区别，使用数据仓库的好处。

4. ETL是构建数据仓库的重要操作，简述ETL与ELT两种模式的区别。

5. 数据仓库2.0中为什么提出数据的生命周期的概念？

第 4 章
金融数据挖掘与算法实现

数据是新时代的石油，随着数据时代的蓬勃发展，我们愈发认识到数据的重要性。而数据挖掘基于搜集而来的数据，应用数学、计算机、统计学等知识和技术提取有用信息，进而为决策提供依据，让数据产生价值。本章将介绍金融数据挖掘与算法实现，介绍常用大数据挖掘算法中逻辑回归、朴素贝叶斯、决策树、随机森林、支持向量机、聚类分析和人工神经网络的相关概念、基本原理，以及各自的优缺点和适用场景；搭建PySpark环境，进行大数据挖掘与分析。

4.1 常用大数据挖掘算法

数据挖掘过程的总体目标是从一个数据集中提取信息，并将其转化成可理解的结构，以便进一步使用。站在大数据挖掘的角度看，常用的大数据挖掘算法可以分为两大类，一类是有监督的学习算法，另一类是无监督的学习算法。两者的区别在于，有监督的学习算法的建模过程在数据集中包含了已知的因变量，而无监督的学习算法的建模过程并没有给定的因变量。因此，我们目前常用的大数据挖掘算法中，逻辑回归模型、朴素贝叶斯模型、决策树、随机森林、支持向量机为有监督的学习算法，而聚类分析为无监督的学习算法。下面我们分别介绍常用的大数据挖掘算法。

4.1.1 逻辑回归模型

4.1.1.1 线性回归与逻辑回归的基本概念

线性回归模型(Linear Regression)属于经典的统计学模型，是解决回归问题的基础，它的应用场景是根据自变量来预测某个连续的因变量，其主要研究问题包括数据序列的趋势特征、数据序列的预测，以及数据间的关系等。比如餐厅根据就餐人数、菜价等预测营业额。从数据挖掘的角度看，线性回归模型属于有监督的学习算法。其中，最广为人知的线性回归模型运用最小二乘法将数据拟合为一条直线，也就是一元线性回归模型，模型中只有一个自变量和一个因变量。一元线性回归模型的表达式见式(4-1)。

$$y = ax + b \tag{4-1}$$

其中，a 是直线斜率，b 是直线截距。当给出一个数据集，我们可以通过线性回归，得到因变量 y 与自变量 x 之间的关系。在实际领域中，影响因变量的自变量可能为多个，从而需要将一元线性回归模型扩展为多元线性回归模型。线性回归模型是经济和金融领域常用的方法之一，可用于连续型变量的预测。

而对于逻辑回归(Logistic Regression)，它属于广义线性回归模型(Generalized Linear Model，GLM)的一种。与线性回归相比，虽然逻辑回归是以线性回归为理论基础的，但它属于非线性模型，用于对样本数据进行分类的场景中，实际上是一种经典的分类算法，用来解决二分类的离散问题。比如商品是否被销售、客户是否为优质客户等。

逻辑回归模型与线性回归模型在形式上基本相同，区别在于它们的因变量不同。线性回归直接将 $ax+b$ 作为因变量，因此线性回归的表达式为 $y=ax+b$。而逻辑回归则通过函数 S 将 $ax+b$ 对应到一个隐状态 p，然后根据 p 与 $1-p$ 的大小决定因变量的值，其中 $p=S(ax+b)$。函数 S 就是Sigmoid函数，也称为逻辑函数(Logistic Function)，它的具体表达式见式(4-2)。

$$S(t)=\frac{1}{1+e^{-t}} \tag{4-2}$$

其中，$t=ax+b$。Sigmoid函数的具体形式如图4-1所示。

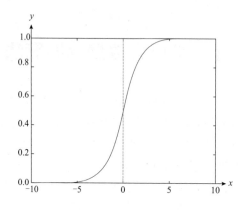

图4-1　Sigmoid函数曲线

Sigmoid函数是一个非常良好的阈值函数，值域范围为 $[0,1]$，以 $(0,0.5)$ 中心对称，并且具有连续、平滑、严格单调的特征。当 x 趋近负无穷时，y 趋近于0；x 趋近于正无穷时，y 趋近于1；$x=0$ 时，$y=0.5$。在 x 超出 $[-6,6]$ 的范围后，函数值会非常接近，基本没有变化，在应用中一般不考虑。

对于分类任务来说，模型不仅需要提供某一样本属于哪一分类，还要给出样本属于这一类别的概率。而正是因为该函数具有的良好特性——值域范围为 $[0,1]$，这与概率值范围相对应，所以它能以概率的方式来呈现样本属于某个类别的可能性。另外，Sigmoid函数的导数也是其本身的函数，所以计算方便。因此，Sigmoid函数可以作为逻辑回归模型的分类器，应用于具体的分类问题上。

4.1.1.2　逻辑回归的基本原理

如果将Sigmoid函数中的 t 参数换成多元线性回归的形式，即式(4-3)。

$$t=\beta_0+\beta_1 x_1+\beta_2 x_2+\cdots+\beta_p x_p \tag{4-3}$$

则线性回归的Sigmoid函数可以表达为式(4-4)。

$$S(t)=\frac{1}{1+e^{-(\beta_0+\beta_1 x_1+\beta_2 x_2+\cdots+\beta_p x_p)}}=h_\beta(X) \tag{4-4}$$

其中，$h_\beta(X)$ 也被称为逻辑回归模型，它是将线性回归模型的预测值经过非线性的 Sigmoid 函数转换为 $[0,1]$ 之间的概率值。假定已知 X 和 β，因变量取 0 和 1 的条件概率 p 和 $1-p$ 分别见式(4-5)和式(4-6)。

$$P(y=1|X;\beta) = h_\beta(X) = p \tag{4-5}$$

$$P(y=0|X;\beta) = 1 - h_\beta(X) = 1 - p \tag{4-6}$$

利用以上两个条件概率将 Sigmoid 函数还原成线性回归模型，见式(4-7)。

$$\frac{p}{1-p} = \frac{h_\beta(X)}{1-h_\beta(X)} = e^{\beta_0 + \beta_1 x_1 + \beta_2 x_2 + \cdots + \beta_p x_p} \tag{4-7}$$

式(4-7)中 $p/(1-p)$ 为发生比，表示对某个时间发生与不发生的概率比值。对式(4-7)取对数，则等式变化，见式(4-8)。

$$\log\left(\frac{p}{1-p}\right) = \beta_0 + \beta_1 x_1 + \beta_2 x_2 + \cdots + \beta_p x_p \tag{4-8}$$

式(4-8)中，因变量不再是实际的 y 值，而是与概率相关的对数值。接下来，为了求解未知参数 β，需要构建似然函数，而后采用极大似然估计法，估计似然函数的最大值。在此基础上，运用梯度下降不断迭代来求解参数的值，进而达到二分类的目的。而对于参数的含义，也可以通过发生比来说明。

4.1.2 朴素贝叶斯模型

朴素贝叶斯模型(Naive Bayes)是一组非常简单快速的分类算法，通常用于处理维度较高的数据集，其运行速度快，可调参数少，因此非常适合为分类问题提供基本方案，属于有监督的学习算法。该模型数学理论并不复杂，它的实现思想是通过已知类别的训练数据集，计算样本的先验概率，然后利用贝叶斯概率公式计算未知类别样本属于某个类别的后验概率，最终以最大后验概率所对应的类别作为样本的预测值。

4.1.2.1 朴素贝叶斯模型的基本原理

在运用贝叶斯概率公式计算后验概率之前，需要知道条件概率的公式，见式(4-9)。

$$P(B|A) = \frac{P(AB)}{P(A)} \tag{4-9}$$

式(4-9)中，$P(B|A)$ 指的是在已知事件 A 的情况下事件 B 发生的概率，$P(AB)$ 指的是事件 A 和事件 B 同时发生的概率。因此，式(4-9)也可转换为式(4-10)。

$$P(AB) = P(A)P(B|A) = P(B)P(A|B) \tag{4-10}$$

若 B 为由 $(B_1, B_2, \cdots, B_n)$ 构成的完备事件组，并且每一个 $P(B_i)$ 均大于 0，则对于任意事件 A，其概率可表示为 n 个完备事件组与其乘积的和，见式(4-11)。

$$P(A) = \sum_{i=1}^{n} P(AB_i) = \sum_{i=1}^{n} P(B_i)P(A|B_i) \tag{4-11}$$

式(4-11)为全概率公式。基于条件概率和全概率公式，朴素贝叶斯模型的核心就是在已知 X 的情况下，计算样本属于某个类别 C_i 的概率，其概率的表达式见式(4-12)。

$$P(C_i|X) = \frac{P(C_iX)}{P(X)} = \frac{P(C_i)P(X|C_i)}{\sum_{i=1}^{k} P(C_i)P(X|C_i)} \tag{4-12}$$

对于式(4-12)，样本最终属于哪个类别 C_i，需要计算概率值 $P(C_i|X)$，并将其中最大值对应的类别作为样本的最终分类。因此，式(4-12)可以表示为式(4-13)。

$$P(C_i|X) = \arg\max \frac{P(C_i)P(X|C_i)}{\sum_{i=1}^{k} P(C_i)P(X|C_i)} \tag{4-13}$$

其中，分母 $P(X) = \sum_{i=1}^{k} P(C_i)P(X|C_i)$ 是一个常量，与样本属于哪个类别没有直接关系。因此，我们需要计算 $\arg\max P(C_i)P(X|C_i)$。如果其中的 $P(C_i)$ 未知，需要假设每个类别出现的概率相等，在这种情况下，只需要计算 $P(X|C_i)$ 的最大值。而在大多数情况下，$P(C_i)$ 以训练数据集中的类别 C_i 的频率作为先验概率，属于已知条件。因此，我们需要进一步计算 $P(X|C_i)$ 的值，即已知某个类别下自变量 X 为某一值的概率。假设自变量数据集中包含 p 个变量且相互之间独立，则有式(4-14)。

$$P(X|C_i) = P(x_1, x_2, \cdots, x_p|C_i) = P(x_1|C_i)P(x_2|C_i)\cdots P(x_p|C_i) \tag{4-14}$$

通过式(4-14)，我们把联合条件概率转换为各条件概率乘积。这样做的原因是，当自变量数据集中的数量非常多时，可以提高计算速度。虽然在实际项目中，自变量之间相互独立的假设很难满足，但是我们依然能够得到以下结论，即自变量之间的独立性越好，朴素贝叶斯分类模型的效果越好；而自变量之间的相关性越强，运用朴素贝叶斯模型分类的错误率会越高。

4.1.2.2 三种朴素贝叶斯模型

为了计算 $P(C_i)P(x_1|C_i)P(x_2|C_i)\cdots P(x_p|C_i)$ 的最大概率值，从而对未知样本类别进行预测，我们通常根据不同的数据类型选择不同的贝叶斯分类模型。这里会分别介绍高斯贝叶斯分类、多项式贝叶斯分类和伯努利贝叶斯分类。

1. 高斯贝叶斯分类

如果自变量 X 均为连续的数值型，假设自变量 X 服从高斯正态分布。因此，自变量 X 的条件概率为式(4-15)。

$$P(x_j|C_i) = \frac{1}{\sqrt{2\pi}\sigma_{ji}} \exp\left(-\frac{(x_j - \mu_{ji})^2}{2\sigma_{ji}^2}\right) \tag{4-15}$$

式(4-15)中，μ_{ji} 是训练数据集中自变量 x_j 属于类别 C_i 的均值，σ_{ji} 是训练数据集中自变量x_j属于类别C_i的标准差。当然，x_j是第j个自变量的取值。在已知上述均值和标准差时，可以计算自变量x_j取某个值的概率。

高斯贝叶斯分类的计算过程比较简单，其核心是假设连续的数值型自变量服从高斯正态分布。因此，如果实际数据近似服从高斯正态分布，则分类效果更好。

2. 多项式贝叶斯分类

如果自变量X均为离散型变量，假设自变量X的条件概率满足多项式分布。因此，自变量X的条件概率为式(4-16)。

$$P(x_j = x_{jk}|C_i) = \frac{N_{ik} + \alpha}{N_i + n\alpha} \tag{4-16}$$

其中，N_{ik}是因变量为类别C_i时自变量x_j取x_{jk}的样本个数，N_i是数据集中类别C_i的样本个数。当然，x_{jk}是自变量x_j的值，n是因变量的类别个数。为了避免在某个类别样本中没有出现自变量x_j取某个值的情况，也就是为了避免$P(x_j = x_{jk}|C_i)=0$的情况出现，选择使用平滑系数α，也就是对概率值做拉普拉斯平滑，通常取值为1。

对于离散型自变量的数据集，如果自变量不服从多项式分布，那最终的预测效果不会非常好。

3. 伯努利贝叶斯分类

当数据集中的自变量X均为0-1的二元值时，假设自变量X的条件概率服从伯努利分布，其概率公式见式(4-17)。

$$P(x_j|C_i) = px_j + (1-p)(1-x_j) \tag{4-17}$$

其中，p是类别C_i时自变量为1的概率。当然，x_j是第j个自变量，取值为0或1。概率值也可以用经验概率来表示，见式(4-18)。

$$p = P(x_j = 1|C_i) = \frac{N_{x_j} + \alpha}{N_i + n\alpha} \tag{4-18}$$

同样，式(4-18)中，α为平滑系数，是为了避免概率为0的情况出现。N_{x_j}是类别C_i时，x_j取1的样本量，N_i则为类别C_i的样本个数，n是因变量的类别个数。

伯努利贝叶斯分类与多项式贝叶斯分类计算相似，比如在文本分类问题中，如果数据集是某词语出现的次数，则可以运用多项式贝叶斯分类；如果数据集是某词语是否出现，则可以运用伯努利贝叶斯分类。

4.1.2.3 朴素贝叶斯模型的优缺点及应用场景

朴素贝叶斯模型以古典概率的理论为支撑，对数据有严格的假设，输入数据无须进行标准化处理。它的优点有4个。

第一，运算过程简单高效，训练和预测速度非常快。

第二，分类效率稳定。

第三，可调参数非常少，对缺失数据和异常数据不太敏感。

第四，直接使用概率预测，通常很容易解释。

以上优点使得朴素贝叶斯模型适用于求取分类问题的初始解。如果分类效果满足需要，则无须运用其他方法进行分类。如果分类效果不佳，则可以运用更为复杂的模型进行分类。

由于朴素贝叶斯模型较为简单，因此它的训练效果通常比复杂模型的差。它的主要缺点有三个。

第一，模型假设输入的自变量具有相同的特征，在实际应用中很难满足。

第二，模型判断结果依赖于先验概率，分类结果存在一定的错误率。

第三，由于假设自变量间相互独立，当自变量相互关联时，效果不佳。

基于以上的优缺点，朴素贝叶斯模型通常适用以下场景。

一是垃圾邮箱识别。

二是互联网金融中的欺诈识别。

三是医疗中的病情诊断。

四是广告技术中的推荐系统。

虽然，朴素贝叶斯模型较为简单，但我们需要注意的是，在一些情况下，简单模型的分类效果并不见得比复杂模型的分类效果差。这是因为，随着数据及维度的不断增加，样本数据信息量的假设条件也会增加。因此，高维度数据的簇中心点比低维度数据的簇中心点更分散。于是，在这样的情况下，像朴素贝叶斯模型这样的简单分类方法，其分类效果可能与复杂模型的分类效果一样，甚至可能更好。在数据充足的情况下，简单模型也可能发挥重要的作用。

4.1.3 决策树

决策树是一个类似流程图的树状结构，它包含一个根节点、若干内部节点和若干叶节点。它是经典的数据挖掘算法之一，简单直接、通俗易懂，不需要复杂的数学推理，而且它的结果输出也具有很强的解释性。其基本思路是不断根据某些特征进行决策，每个节点代表具有某些特征的样本集合，自上而下生长，最终产生一个泛化能力强的决策树并得到分类。

4.1.3.1 决策树的基本概念

决策树的根节点包含样本全集，内部节点对应一个特征或属性测试，叶节点对应决策结果。从根节点到叶节点的路径对应一个判定测试序列，基本流程简单直观。若决策树停止生长，意味着不再有未处理的数据。在构造决策树的过程中，我们需要解决的是，每一步如何选择适当的特征来对样本做拆分，这就涉及对节点字段的选择。其中，我们需要了解三个基本概念。

1. 信息增益

信息量的大小称为熵，信息量越大，对应的熵值越大。信息熵的计算公式见式(4-19)。

$$H(p_1, p_2, \cdots, p_k) = -\sum_{k=1}^{K} p_k \log_2 p_k \tag{4-19}$$

某个事件中有 K 个可能值，式(4-19)中 p_k 是第 k 个可能值的发生概率。因此，信息熵表示某个事件所有可能值的熵和。用经验概率替换，则经验信息熵可以表示为式(4-20)。

$$H(D) = -\sum_{k=1}^{K} \frac{|C_k|}{|D|} \log_2 \frac{|C_k|}{|D|} \quad (4-20)$$

式(4-20)中，$|C_k|$ 是事件第 k 个可能值出现的次数，$|D|$ 是事件中所有样本点，两者相比表示第 k 个可能值出现的频率。如果基于其他事件计算某个事件的熵，我们称为条件熵，计算公式见式(4-21)。

$$H(D|A) = \sum_{i,k} P(A_i) H(D_k|A_i) = -\sum_{i=1}^{n} \frac{|D_i|}{|D|} \sum_{k=1}^{K} \frac{|D_{ik}|}{|D_i|} \log_2 \frac{|D_{ik}|}{|D_i|} \quad (4-21)$$

式(4-21)中，$H(D_k|A_i)$ 是已知 A_i 的条件下，事件 D 为 k 值的条件熵；$P(A_i)$ 是事件 A 的第 i 种值对应的概率；$|D_i|$ 是 A_i 的频数，$|D_i|/|D|$ 是 A_i 中所有样本的频率；$|D_{ik}|$ 是 A_i 下事件 D 为 k 值的频数，$|D_{ik}|/|D_i|$ 是所有 A_i 中事件 D 为 k 值的频率。需要注意，条件熵不等同于条件概率，它是已知事件各取值下条件熵的期望。

对于离散型变量而言，决策树在生长过程中，从根节点到末尾叶节点，其信息熵是下降的过程。我们把每一步下降的量叫作信息增量，计算公式见式(4-22)。

$$\text{Gain}_A(D) = H(D) - H(D|A) \quad (4-22)$$

式(4-22)表示对于一个已知事件 A，事件 D 的信息增益是 D 的信息熵与 A 条件下 D 的条件熵之间的差。事件 A 对事件 D 的影响越大，A 条件下 D 的条件熵越小，说明信息增益越大，事件 D 的信息熵下降越多。因此，在根节点或中间节点的变量选择过程中，我们需要挑出各自变量下因变量的信息增益最大的，选择它所对应的根节点或中间节点的特征。

而对于连续型变量，同样需要这样的过程，选出信息增益最大的所对应的自变量作为根节点或中间节点的特征。一般情况下，决策树中的ID3算法选择信息增益实现根节点或中间节点的字段。

2. 信息增益率

信息增益的缺点是，它会偏向取值较多的字段。在信息增益的基础上，信息增益率的基本思想就是对取值多的进行相应的惩罚，计算信息增益率的公式见式(4-23)。

$$\text{Gain\_Ratio}_A(D) = \frac{\text{Gain}_A(D)}{H_A} \quad (4-23)$$

式(4-23)中，事件 A 的信息熵是 H_A，如果事件 A 的取值多，那么等式右边分子分母同时增大，这样实现 $\text{Gain}_A(D)$ 的惩罚。如果离散型自变量的取值个数没有太大差异，信息增益率与信息增益在选择变量过程中也没有太大差异。一般情况下，决策树中的C4.5算法使用信息增益率作为指标。

3. 基尼指数

对于连续型因变量，CART算法选择基尼指数作为字段选择。

4.1.3.2 决策树的剪枝

不管是哪种决策树，在建模过程中都可能存在过度拟合的问题，也就是说在训练数据集上可能有很好的预测精度，但在测试数据集上预测精度不够良好。决策树的剪枝就是为了防止树的过度拟合，增强其泛化能力。常用的剪枝方法有两类，一是预剪枝，二是后剪枝。

1. 预剪枝

预剪枝就是在树的生长过程中，对其进行必要的剪枝，比如限制决策树的层数，限制决策树中间节点或叶节点中所包含的最小样本量，以及限制决策树生成的最多叶节点数量等。

2. 后剪枝

后剪枝相对复杂，它指的是决策树在得到充分生长的前提下再对其返工修剪。常用的后剪枝方法有误差降低剪枝法和悲观剪枝法。误差降低剪枝法是自底向上的后剪枝方法，需要结合测试数据集才能实现剪枝，可能导致过度剪枝的情况。悲观剪枝法则与误差降低剪枝法相反，是自顶向下的剪枝过程。

3. 决策树的优缺点和应用场景

输入决策树模型的特征无须进行标准化处理，决策树在数据挖掘过程中有以下优点。

第一，结果易于理解和解释。

第二，容易提取出规则。

第三，能做可视化分析。

第四，可同时处理离散型和数值型数据。

它的缺点有两个。

第一，在特征太多而样本较少的情况下容易出现过度拟合。

第二，忽略了数据集中属性的相互关联。

对于决策树的缺点，我们需要在控制好训练样本数量和特征数量之间的比值的同时，预先采用降维方法找到有代表性的、能够起分类作用的特征，这样做能够在一定程度上避免过度拟合问题。通常情况下，决策树可以用于医学上的病情诊断，金融领域的风险评估，销售领域的营销响应，以及工业产品的合格检验等场景中。

4.1.4 随机森林

随机森林是一种集成方法，也是一种特别的决策树。我们从字面来理解，"森林"指的是由多棵决策树构成的集合，而"随机"表示构成多棵决策树的数据是随机生成的。子树都是经过充分生长的CART树，生成过程采用的是Bootstrap抽样法。相比于决策树，随机森林运行速度快，预测准确率高。接下来介绍随机森林的核心思想和基本建模步骤。

4.1.4.1 随机森林的核心思想

随机森林是建立在决策树基础上的集成学习器。它的意思是，通过集成多个比较简单的决策树，进而形成一种累积的效果。在一些实验中，这种集成方法的效果往往超过各个组成部分效果的总和。随机森林的核心思想是采用多棵决策树的投票机制，解决分类或预测问题。对于分类问题，就是根据少数服从多数的原则，用多数树的判断结果来投票，最终确定样本属于哪一类别。而对于预测问题，我们需要将多棵树的运算结果进行平均，最终确定样本的预测值。

4.1.4.2 随机森林算法建模过程的基本步骤

随机森林建模过程的基本步骤如下。

第一，运用Bootstrap抽样法，从原始数据集中生成 k 个数据集，用于构建单棵决策树，这些数据集中包含 N 个观测和 P 个自变量。

第二，针对每一个数据集，从 P 个自变量中随机选择 p 个字段用于CART树节点的字段选择。注意，在构建的过程中，选择字段是随机的，并没有将所有自变量用作节点字段选择。

第三，让每一棵树充分生长，随机森林中的每一棵子树均不需要剪枝。

第四，针对分类问题，利用投票法；针对预测问题，利用均值法。

4.1.5 支持向量机

支持向量机(Support Vector Machine，SVM)的定义是特征空间中间隔最大的线性分类器。它是非常强大的、灵活的有监督学习算法，既可用于连续型变量的预测，也可用于离散型变量的预测。因为它可以将低维线性不可分的空间转换为高维的线性可分空间。因此，相比于逻辑回归、决策树、朴素贝叶斯模型，会有更高的预测准确率。

4.1.5.1 支持向量机的基本概念

1. 超平面

我们可以这样理解"超平面"的概念，如果是在一维空间内，只需要一点，就可以将数据分为两段；如果是在二维空间内，只需要一条直线，就可以将线性可分的样本点分为两个部分；如果是在三维空间内，需要一个平面，将样本点切分开来；如果是在更高维度的空间内，就需要一个"超平面"，对样本点数据进行划分。

2. 如何计算距离

以二维空间为例，如果存在一点 (x_0, y_0)，一条直线 $Ax + By + C = 0$，点到直线的距离可以用式(4-24)计算。

$$d = \frac{|Ax_0 + By_0 + C|}{\sqrt{A^2 + B^2}} \quad (4\text{-}24)$$

4.1.5.2 支持向量机的基本原理

支持向量机的基本原理是利用某些支持向量所构成的"超平面"，以较高的准确度对不同类别的样本进行划分。样本可以是线性可分的，也可以是近似线性可分的或者非线性可分的。当样本非线性可分，需要用到核函数技术，以实现样本在核空间下的线性可分。

还是以二维空间为例，构造最佳的"超平面"。我们的做法是，首先要计算两类样本点到分割线的距离，从中各挑选出最短的，比较之后，再选出最短的，并以此距离构建一个"分割带"。因为我们有无穷个"分割带"，需要选出其中带宽最大的那一条直线。"分割带"越宽，表明模型对样本点的划分越清楚，模型的泛化能力就越强，分类的可信度就越高。支持向量机就是不断地寻找最宽的"分割带"。

4.1.5.3 支持向量机的优缺点

支持向量机的典型优点有4个。

第一，具有很好的泛化能力，可以在一定程度上避免模型的过度拟合。

第二，由于仅依赖于一些支持向量，因此模型稳健性良好，增加或删除非支持向量的样本点，不会改变分类效果。

第三，数据维度的提升，不会提高模型计算的复杂度。

第四，可以避免模型在运算过程中出现局部最优。

支持向量机的缺点有4个。

第一，模型不适合大样本的分类或预测。

第二，模型对缺失样本非常敏感。

第三，在解决非线性可分的问题时，模型对核函数的选择问题敏感。

第四，相比于逻辑回归或决策树，支持向量机对计算得到的结果无法解释。

4.1.6 聚类分析

聚类分析(Cluster Analyses)与分类相区别，它是依据已知的数据，将其中类似的样本分别集中在一起，形成多个类的分析过程，属于无监督学习过程。聚类要求划分的类是未知的，在分类过程中，我们不必先给出一个分类标准，从样本数据出发，通过聚类分析进行自动分类。

常用的聚类算法有5类。一是按照划分方法，主要的算法有K-means聚类、Kmedoids聚类、CLARANS算法等；二是按照层次分析，主要算法有层次聚类算法、平衡迭代规约和聚类算法、代表点聚类算法和动态模型算法等；三是基于密度的方法，主要算法有DBSCAN算法、密度分布函数算法、对象排序识别算法等；四是基于网格的方法，主要算法有统计信息网格算法、聚类高维空间算法、小波变换算法等；五是基于概率的方法，主要算法有高斯混合模型(GMM)算法等。下面我们会介绍三个常用的聚类方法。

4.1.6.1 K-means聚类

K-means的意思是算法将数据划分为指定的k个簇，它的基本思想是，不断计算各样本点与簇中心的距离，直到收敛。具体操作步骤如下。

第一步，在样本数据集中随机选择k个簇，每个簇内选择一个样本点作为簇中心。

第二步，计算其他簇内的点到簇中心点的距离，把各样本标记为离各簇中心点最近的类别。

第三步，重新计算各簇中样本点的均值，将均值作为新的簇中心。

第四步，重复第二步和第三步，直到簇中心稳定变化，形成新的k个簇。

需要注意的是，由于部分数据集最初的聚类个数是未知的，因此我们可以使用探索方法寻找最佳的k值。如果数据集中有离散型的字符变量，我们需要对变量做预处理，具体的方式，比如可以将其转换成数值化的变量。在实际应用中，K-means聚类易受样本点影响，并且无法准确聚类非球形样本。

4.1.6.2 密度聚类DBSCAN

密度聚类是聚类分析的一种算法，"密度"我们可以理解为样本点之间的紧密程度。DBSCAN(Density-Based Special Clustering of Applications with Noise) 指的是带有噪声的基于密度的特殊聚类应用，能够方便地发现样本集中的异常点，其基本步骤如下。

第一步，设置一个半径为 ε 的圆，并且圆中包含最少的样本量 MinPts。

第二步，在数据集中随机选取 p 个样本点，检验在设置的圆内是否包含最少的样本量。如果不是，则重新选择一个样本点。如果是，则将其指定为核心对象，构成一个簇 C。

第三步，核心对象所覆盖的其他样本点 q，如果样本点 q 对应的半径为 ε 的圆仍包含最少的样本量，将其覆盖的样本点均归于簇 C。

第四步，重复第三步，将最大密度相连的样本点聚为一类，形成更大的簇。

第五步，在第四步完成以后，回到第二步，继续进行第三步和第四步，直到没有新的簇产生。

密度聚类与K-means聚类相比，它可以弥补K-means聚类算法无法聚类非球形簇，以及易受极端值影响的缺点。

4.1.6.3 层次聚类

与密度聚类计算样本点之间的紧密度不同，层次聚类计算样本点之间的相似度，通过相似度的结果构建层次树。与K-means聚类一致，需要计算样本点之间的距离来衡量它们的相似性。基本步骤如下。

第一步，将数据集所有的样本点作为一类。

第二步，计算样本点之间的距离，挑选距离最小的两点作为一个簇。

第三步，继续计算其他样本点之间的距离，以及样本点与簇的距离，将距离最小的点或簇合并。

第四步，重复第二步和第三步，直到满足聚类的个数或者设定的条件。

层次聚类对球形簇的样本点聚类效果更好。

4.1.7 人工神经网络

人工神经网络(Artificial Neural Networks，ANN)是数据挖掘常用的方法之一，可以容易地进行应用与预测，是分类和聚类的强有力工具。因为计算机善于重复执行明确的指令，因此通过在计算机上模拟人脑的神经联系，将若干个具有处理功能的神经元节点按照一定的网络结构连接起来，桥接计算机与人脑的隔阂，模仿人类从经验中学习的过程，从数据中概括和学习并进一步处理不精确数据、模糊数据或更复杂的非线性映射问题。

4.1.7.1 人工神经网络的基本原理和常用模型

人工神经网络类似于人类大脑重复学习，先要对一些给出的样本进行学习和训练，产生区别于各样本的特征和模式。它的学习过程主要通过两种方式。一种是有监督学习，它需要针对给定的输入，给出对应的输出结果。根据输出结果与实际结果之间的差值，进一步调整参数，使实际输出结果与网络输出结果不断接近。另一种是无监督学习，它需要先寻找环境中提供数据的某些规律，而后按照这一规律调整结构和参数，使我们最终得到环境输出的某些固有特性。

在数据挖掘中常用的人工神经网络有以下几种。

1. RBF神经网络

径向基函数神经网络(Radial Basis Function，RBF)模仿人类大脑皮层区域中局部调节和交叠的感受场反映特点，网络的输出是对隐含层加权求和的结果。

2. BP神经网络

误差反向传播神经网络(Back Propagation，BP)是根据最小均方误差原则进行计算的，可以是单层，也可以是多层映射神经网络。主要的学习算法采用误差反向传播算法，因此这种算法的优点是结构简单、工作状态稳定、训练算法成熟。

3. Hybrid神经网络

混合型神经网络(Hybrid Neural Networks)是融合多种方法的神经网络。它与传统的人工神经网络的区别有两点，一是学习机制不同，二是构造过程不同。常见的混合型神经网络包括模糊神经网络(Fuzzy Neural Networks)和进化神经网络(Evolutionary Neural Networks)。

人工神经网络主要被应用于数据挖掘领域中的提取分类规则，以及预测。

4.1.7.2 人工神经网络的优缺点

人工神经网络的优点有三个。

第一，能够对复杂问题进行很好的预测，精确性良好。

第二，具有良好的稳健性和适应能力。

第三，对噪声数据的承受能力比较高。

人工神经网络的缺点也有三个。

第一，传统人工神经网络的训练时间长。

第二，获取的结果有时不好解释。

第三，开放性不够优秀，可伸缩性较弱。

4.2 大数据分析与Spark Python

1974年彼得·诺尔(Peter Naur)出版了《计算机方法的简明调研》(*Concise Survey of Computer Methods*)一书，首次明确提出了数据科学(Data Science)的概念。在此之后，数据科学与数据分析从简单的数字统计到现在基于大数据的机器学习和人工智能方法，随着分析方法和手段的进步，对数据的数量及处理速度提出了更高的要求。随着信息技术和互联网的不断发展，分布式数据存储与处理成为当前大数据分析领域的一个重点内容。本节将介绍大数据背景下分布式数据处理框架产生的原因，主要分布式数据处理框架和Spark Python的基本内容。

4.2.1 大数据分析与分布式数据处理

信息是决策的基础，小到个人和家庭的消费决策，大到国家的政治、军事决策，都离不开信息的支持。从获得信息到做出决策，这个过程会经历一个D(data)、I(information)、K(knowledge)、W(wisdom)的金字塔状结构，如图4-2所示。

第 4 章 金融数据挖掘与算法实现

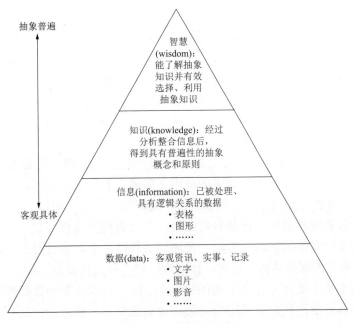

图4-2 DIKW金字塔

数据来源于客观现实，是客观存在或可以人工感知，或者通过观察或度量来获得的基本信息，它可以是数字、文字、图像、影音、符号等。它是最原始的素材，未被加工解释，没有回答特定的问题，没有任何意义，存在着大量噪声。

信息是已经被处理、具有逻辑关系的数据，是对数据的解释，它回答了人物(who)、地点(where)、时间(when)和事件(what)等问题，这种信息对其接收者具有意义，例如一个人关注的微信公众号，如图4-3所示。

图4-3 微信公众号关注示例

图4-3中微信所关注的公众号就是数据,它按照字母表的顺序将该微信所有人所关注的公众号进行了排列,没有任何意义。但通过简单的信息加工就能够获得一些关于微信所有人的基本偏好和身份猜测,从而形成具有一定相关关系的信息。从图4-3来看,该所有人关注了长江雨课堂、高等教育出版社,其身份可能是老师或学生;又关注了国泰安的会议论坛管理部,在老师和学生中,一般经常参加会议的大概率是老师;关注的公众号还包括国信交易科技和海通量化团队,这些都是和金融科技相关的内容,微信的所有人大概率是金融科技方向的教师。

知识是从相关信息中过滤、提炼及加工而得到的有用资料。特殊背景或语境下,知识将数据与信息、信息与信息在行动中的应用之间建立有意义的联系,它体现了信息的本质、原则和经验。此外,知识基于推理和分析,还可能产生新的知识。

智慧是人类所表现出来的一种独有的能力,主要表现为收集、加工、应用、传播知识的能力,以及对事物发展的前瞻性看法。在知识的基础之上,通过经验、阅历、见识的累积,而形成的对事物的深刻认识、远见,体现为一种卓越的判断力。

大数据分析本质上就是要完成上述DIKW的过程,形成从基础数据到知识的转化,并提供给决策者应用智慧,从而完成相关决策。前面的学习一直致力于这个转化过程,从基本数据的获取,到基本工具的应用,以及分析的基本方法。但随着现代信息技术的快速发展,在数据分析的过程中又面临着新的问题,那就是我们进行分析的基础数据数量越来越庞大,形式越来越多样,传统的数据存储方式无法满足大数据存储和分析的要求。

传统的数据存储是把数据存储在单一服务器里面,用户可以通过信息网络链接数据仓库存储的数据并进行使用。例如,我们在银行存款的金额及存取款的历史会记录在银行的服务器上。传统集中式数据存储的架构如图4-4所示。

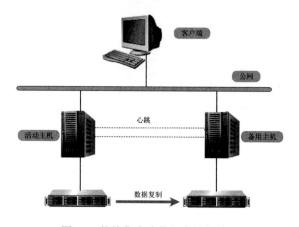

图4-4 传统集中式数据存储架构

这种集中式的数据存储架构带来的问题是服务器存储容量有限,根本无法满足当前大数据存储与分析的需要。比如很多人都从苹果公司的网站上下载过歌曲,截至2021年5月31日,该网站提供超过7000万首歌曲供人下载。一首无损音质的音频文件有20MB至40MB,按照平均数每首歌30MB来计算,该网站提供的歌曲总计需要大约2100TB的存储容量(1TB=1024GB,1GB=1024MB),这总计需要存储容量为1TB的硬盘2100块,没有一台电脑能够带动这么多硬盘。

在这种情况下，分布式数据存储应运而生，分布式网络存储系统采用可扩展的系统结构，利用多台存储服务器分担存储负荷，利用位置服务器定位存储信息，它不但提高了系统的可靠性、可用性和存取效率，还易于扩展。分布式数据存储架构如图4-5所示。

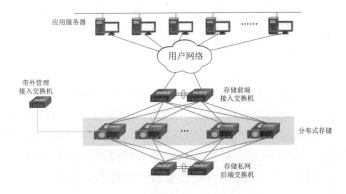

图4-5　分布式数据存储架构

分布式数据存储解决了数据庞大带来的存储问题，但又产生了新问题，即存储于多台电脑的数据进行读写的效率必然要低于存储于一台电脑的数据读写；规模庞大的数据处理速度必然要低于小样本数据的处理速度。由此产生了诸如Hadoop、Spark和Storm等分布式数据处理框架，专门用于对分布式存储的大规模数据进行存取、转换和分析等。

4.2.2　常见分布式数据处理框架

通常所说的大数据实际上应当包括两种类型的数据。一是Batch数据，即批处理数据。它通常是一种静态数据，不需要对数据的发生做出快速的响应，可以将其存储在数据库中批量调用、批量处理；二是Streaming数据，即数据流，它通常是一种动态的实时数据，它需要对数据的发生做出同步的响应。对于Batch数据，常用的分布式数据处理框架包括Hadoop、Spark和SQL Database；而对于Streaming数据，常用的分布式数据处理框架包括Storm、Kafka和Spark Streaming。由于Spark同时具备了对Batch数据和Streaming数据进行处理的能力，这里对Streaming数据处理的Storm和Kafka不再进行介绍，仅对最为常见的Hadoop框架和Spark框架进行介绍，了解这两种分布式处理的框架不仅能够了解分布式数据处理的发展过程，也有利于了解分布式数据处理的基本原理，并更好地进行大数据分析。

4.2.2.1　Hadoop

Hadoop起源于Doug Cutting和Mike Cafarella针对网页相关的资料搜索而开发的Nutch，始于2002年，是Apache Lucene的子项目之一。2004年，谷歌在操作系统设计与实现（Operating System Design and Implementation，OSDI）会议上公开发表论文 *MapReduce: Simplified Data Processing on Large Clusters* 之后，受到启发的Doug Cutting等人开始尝试实现MapReduce计算框架，用以支持Nutch引擎的主要算法。Nutch 2006年2月被分离出来，成为一套完整而独立的软件，并被命名为Hadoop。到了2008年年初，Hadoop已成为Apache的顶级项目，包含众多子项目，被应用到包括雅虎在内的很多互联网公司。

Hadoop的核心(最底层技术)是HDFS(Hadoop分布式文件系统)和MapReduce(简化大规模集群上的数据处理)。

HDFS是一种冗余可靠的档案系统，对外部客户机而言，HDFS就像一个传统的分级文件系统，可以创建、删除、移动或重命名文件等。但是在HDFS内部由Name Node和很多个Data Node组成，每一份文件都会根据其大小被拆分为若干个文件，并分散存储在不同的Data Node中，其存储的信息被记录在Name Node中。如图4-6所示，文件Blk被HDFS拆分为A，B，C三个部分，Blk A被同时存储在Data Node 1,5,6当中，Blk B被存储在Data Node 8,1,2中，Blk C被存储在Data Node 5,8,9中，这些信息都被记录在Name Node中。这样的文件划分一方面保证了某个Data Node出现问题时仍然存有文件备份而不至于文件丢失；也保证了数据被平均存储在每一个Data Node中，降低存储压力。当客户需要提取文件时，系统会先向Name Node发出请求，获取文件所在的位置，接着会按照顺序向各个分片Data Node索要数据，即在前面顺序文档无法获得的时候自动获取后面位置的文档。

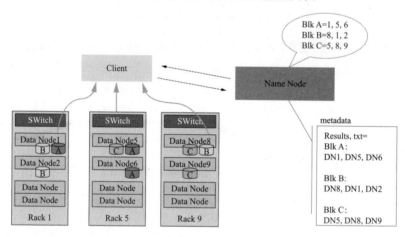

图4-6　HDFS系统[①]

MapReduce则是在HDFS系统基础上，对用户操作的数据处理进行简化。如图4-7所示，在原始文件中存有一些词，需要统计这些词出现的频率。传统上应该首先从Name Node中获取文件所在的Data Node，并从三个Data Node中将文件提取，然后进行词频统计。但在MapReduce系统中，系统会分别对每个Data Node存储的文件中的词频进行统计，然后进行汇总，并将最后统计的结果返回给用户。如在图4-7中，原始文件被拆分成三个文件被分别存储在三个Node中：第一个Node中的文件内容包括兔、狗、猫三个词；第二个Node中的文件内容包括车、车、猫；第三个Node中的文件内容为兔、车、狗。Map系统会分别对三个Node中的文件进行统计，获得每个词出现的频率，之后统计的结果会汇总到一起，通过Reduce系统处理并返回给用户最终的结果。这样一方面减少了计算量，另一方面也避免了大规模的数据调用和传输。

在HDFS和MapReduce的基础上，Hadoop衍生出了数量庞大的生态和应用。如图4-8所示，其生态系统中包括了专门用于数据交换的Sqoop；因为MapReduce代码不好写，又有了

---

① 图片来源：Bryan. 玩转大数据分析！Spark2.X+Python实战课程. 天善智能社区. https://edu.hellobi.com/course/215.

专门与之适应的脚本语言开发，应用于Hadoop的分布式数据仓库Hive，以及专门针对机器学习算法的Mahout等。

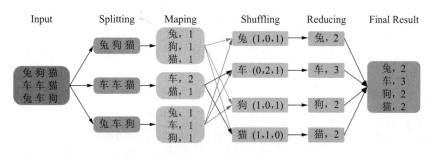

图4-7　MapReduce示意图①

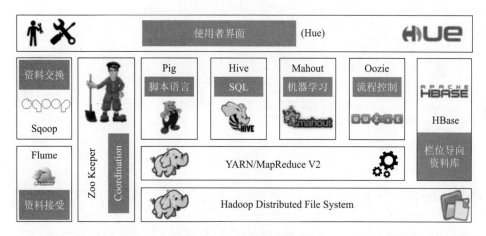

图4-8　Hadoop生态系统②

总体来说，Hadoop的出现解决了大数据分布存储和操作的难题，它具有系统稳定、扩充性好、错误容忍度高的优点。但其频繁的数据存储和读取操作导致其运算速度慢，此外，在其基础上衍生出复杂的生态系统是优点也是缺点，过于复杂的生态和应用导致总是需要调用多样化应用，需要使用者掌握更多的知识。另外，MapReduce的代码非常难写，不适合更广泛的人群使用。

4.2.2.2　Spark

Apache Spark是一个强大的开源处理引擎，最初由Matei Zaharia开发，是他在美国加州大学伯克利分校的博士论文的一部分。Spark的第一个版本于2012年发布，Zaharia于2013年与人合作创立了Databricks并担任CTO，他还在美国斯坦福大学担任教授职务。同时，Spark代码库被捐赠给Apache Software Foundation，并已成为其旗舰项目。

Spark提供了MapReduce的灵活性和扩展性，但速度明显更高。当数据存储在内存中时，它比Apache Hadoop快100倍，访问磁盘时快10倍。

Spark的大体构架与Hadoop类似，都有一个用于控制的应用程序及存储系统，事实上，

---

① 图片来源：Bryan. 玩转大数据分析！Spark2.X+Python实战课程. 天善智能社区. https://edu.hellobi.com/course/215.
② 图片来源：Bryan. 玩转大数据分析！Spark2.X+Python实战课程. 天善智能社区. https://edu.hellobi.com/course/215.

Spark支持HDFS,Hive,SQL,以及DataFrame等多种数据存储形式。但不同于Hadoop,Spark的应用程序由一个驱动程序、集群管理器和一组执行程序进程组成。驱动程序负责维护关于Spark应用程序的信息、相应代码、分发和调度执行器中的工作,它是Spark应用程序的核心,并在应用程序的生命周期内维护所有相关信息。例如,用户编写了一段使用Spark进行数据分析的程序,它先会被驱动程序进行解析,根据程序的内容进行智能化的安排,并将任务传递给执行器。集群管理器根据驱动程序下达的指令进行资源的分配与管理,决定需要多少个执行器来进行计算。执行器负责实际执行驱动程序分配给它们的工作,只进行两件事,分别是执行由驱动程序分配给它的任务,还有将执行程序上的计算状态报告给驱动程序节点,并与存储系统互动。Spark元件运作方式如图4-9所示。

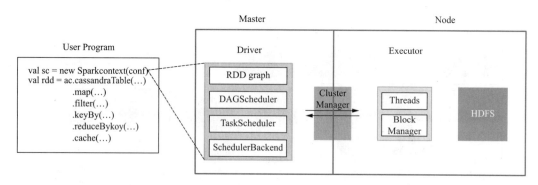

图4-9　Spark元件运作方式①

Spark这种架构具有三个方面的显著特征,使其运算速度远远高于Hadoop。

1. 数据存储在内存中

在Hadoop的MapReduce中,程序的每一次计算都要将其结果存储在硬盘中,下一步计算从硬盘中再读取数据并进行计算,这样频繁地在硬盘上读取和写入数据,大大地降低了运行效率,因此导致计算速度变慢。但在Spark的MapReduce中,计算的结果存储在内存中,下一步计算直接在内存中调用数据,只有最终的结果会存储在硬盘中,这样减少了数据文件的IO,极大地提高了运行效率。

2. 分区

所谓分区是指完整的数据不会出现在一个地方,而是被分成多个块,这些块被放置在不同的节点上。因为Spark有很多个执行器,当文件被分区后,每个区都可以安排一个执行器去执行驱动程序分配的任务,这样多个分区并行计算,也会极大地提高运算效率。

为了比较容易地理解与直观地看到分区带来的效果,图4-10显示了一个简单的计算过程,在10到1000之间随机创建一个包含了2000万个随机数的列表,然后对这2000万个随机数中大于200的数字数量进行统计。②

---

① 图片来源：Bryan. 玩转大数据分析！Spark2.X+Python实战课程. 天善智能社区. https://edu.hellobi.com/course/215.
② 语义分析代码实现_PySpark初级教程——第一步大数据分析(附代码实现). 中国开发者社区CSDN. 2020-11-20. https://blog.csdn.net/weixin_39843738/article/details/111606947.

```
In[2]: from random import randint
       my_large_list = [randint(10,1000) for x in range(0,20000000)]
       my_large_list_one_partition = sc.parallelize(my_large_list,numSlices=1)
       print(my_large_list_one_partition.getNumPartitions())
       1

In[14]: %%time
        my_large_list_one_partition = my_large_list_one_partition.filter(lambda x : x>=200)
        print(my_large_list_one_partition.count())
        16164860
        Wall time: 35.2 s

In[15]: %%time
        my_large_list_five_partition = sc.parallelize(my_large_list,numSlices=5)
        my_large_list_five_partition = my_large_list_five_partition.filter(lambda x : x>=200)
        print(my_large_list_five_partition.count())
        16164860
        Wall time: 8.84 s
```

图4-10　Spark中1个分区和5个分区计算结果比较

In[2]中第二行生成了包含2000万个10到1000的随机数，第三行产生一个新的变量，并令其只有一个分区。然后在In[14]中的第二行使用filter方法筛选出大于200的数字并生成新的变量，第三行统计新生成变量的元素数量，即2000万个随机数中大于200的数的数量，并使用%%time命令显示程序运行的时间。在In[15]中重复了上述步骤，只是在设定分区时使用了5个分区，可以看到使用一个分区时完成统计用了35.2秒，而使用5个分区时只用了8.84秒。

3. 惰性计算

在Spark中采用了惰性计算的方式，即Spark将所有的操作区分为转换(transform)和行动(action)，转换的操作不会被Spark立即执行，只有在行动的操作发生的时候，才会回溯之前的转换操作并执行。图4-11显示了一个简单的转换和行动。

```
In[4]: from pyspark.sql import SparkSession
       from pyspark.sql.functions import col
       myspark = SparkSession.builder.appName('my_app').master('local').getOrCreate()
       myspark

In[5]: myDF = myspark.range(1,100).toDF('number')
       print(myDF)
       DataFrame[number: bigint]

In[6]: divisBy2 = myDF.where('number % 2 = 0')
       divisBy2
Out[6]: DataFrame[number: bigint]

In[7]: divisBy2.count()
Out[7]: 49
```

图4-11　Spark惰性计算中的转换和行动

在图4-11中，In[4]创建了一个SparkSession，这是所有Spark的入口；In[5]中生成了一个数据框；In[6]中对数据框的数据进行了筛选，选取了其中的偶数，输入变量名查看变量并没有显示变量的具体元素，而仅仅输出了模式信息，这表示筛选的操作并没有被立即执行；In[7]中统计了偶数的数量，输出结果显示为49，在这里count方法就是一个行动，在它发生的时候才会回溯执行前面where方法的转换操作。

惰性计算的好处在于转换的操作不会立即执行，等行动发生的时候，驱动程序会回溯转换操作，并智能地对齐进行规划，比如在转换的过程中对原始数据进行了一个加100的转换，之后又进行了一个加50的转换，驱动程序就会直接对原始数据进行加150的转换，这样只执行一次转换操作就可以完成，提高了运行效率。

Spark可以对结构化、半结构化、流式数据进行处理，解决各种复杂的数据问题，当前已经成为大数据方面最大的开源社区之一，拥有来自超过250个组织的超过1000个贡献者，以及遍布全球超过570个地方的超过30万个Spark Meetup社区成员。

4.2.3 Spark Python

虽然Spark是使用Scala语言来写的，但它提供了Java、Python、R和SQL的API，使用这些常用的编程语言可以直接进行Spark的数据存储、转换，还可以轻松地训练和部署复杂的统计模型。Spark Python是专门针对Python提供的API，Spark Python的主要组件如图4-12所示。

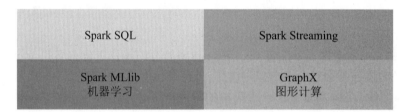

图4-12　Spark Python主要组件

Spark SQL是Spark用来操作结构化数据的程序包，它支持多种数据源，比如Hive表、Parquet，以及JSON等。除了为Spark提供一个SQL接口，Spark SQL还支持开发者将SQL和传统的RDD编程的数据操作方式结合。无论是使用Python，Java还是Scala，开发者都可以在单个的应用中同时使用SQL和复杂的数据分析。

Spark Streaming是Spark提供的对实时数据进行流式计算的组件。比如生产环境中的网页服务器日志，或是网络服务中用户提交的状态更新组成的消息队列，都是数据流。Spark Streaming提供了用来操作数据流的API，并且与Spark核心中的RDD API高度对应，从而降低了程序员编写应用时的学习门槛。

Spark MLlib提供了常见的机器学习算法，包括分类、回归、聚类、协同过滤等，还提供了模型评估、数据导入等额外支持功能。

GraphX是用来操作图的程序库，可以进行并行的图计算，与Spark SQL和Spark Streaming类似，GraphX也扩展了Spark的RDD API，能用来创建一个顶点和边都包含任意属性的有向图。

以上Spark的组件提供了面向各种环境的应用，事实上，每一个组件都提供了丰富的内容，这里无法进行更为具体的介绍，想要了解更多关于Spark Python组件的详细信息，可以参见Spark Python API文档(http://spark.apache.org/docs/2.1.0/api/python/index.html)。

在应用Spark Python进行大数据分析的过程中，初学者应当了解SparkSession，Spark RDD，Spark MLlib这三个方面的基础内容，这样才能更好地应用Spark Python。

4.2.3.1 SparkSession

SparkSession是Spark 2.X引入的新概念，意思是创建一个会话或者是连接到Spark。在使用Spark的时候必须先通过SparkSession创建一个对象，用以连接到本地或网络上的Spark集群。如果省略了这个步骤，接下来应用Spark的各种命令将无法进行。

在Spark 1.X中，SparkContext是Spark的切入点，由于RDD作为主要的API，所以通过Spark Context来创建和操作RDD。但由于Spark的组件较多，在不同的应用中就需要使用不同的Context，比如在Streaming中需要使用StreamingContext，在SQL中需要使用SqlContext，在Hive中需要使用HiveContext，比较麻烦。为此，在Spark 2.X中使用SparkSession为用户提供统一的切入点，SparkSession实际封装了SparkContext，另外也封装了SparkConf，SqlContext，HiveContext，随着版本的增加，可能还会封装更多。

SparkSession常用的方法见表4-1。

表4-1　SparkSession常用方法列表

名称	释义
.builder()	用于构造一个 SparkSession
.master()	设置要连接的 master URL："local"在本地运行；"local[4]"以 4 核在本地运行 "spark：//master：7077"在 Spark 独立集群上运行
.appName()	设置将在 Spark Web UI 中显示应用程序名称，如未设置将随机生成名称
.config()	使用此方法设置的配置选项会自动传递到 SparkConf 和 SparkSession 自己的配置
.enableHiveSupport()	启用 Hive 支持，类似于 HiveContext
.getOrCreat()	获取或创建 SparkSession

4.2.3.2 Spark RDD

Spark的核心是RDD(Resilient Distributed Dataset)，即弹性分布式数据集，属于一种分布式的内存系统的数据集应用。Spark的主要优势就是来自RDD本身的特性，RDD能与其他系统兼容，可以导入外部存储系统的数据集，例如，HDFS、HBase或者其他Hadoop数据源。它们是在多个节点上运行和操作，在集群上进行并行处理的元素。RDD是不可变元素，这意味着一旦创建了RDD，就无法对其进行更改。RDD也具有容错能力，因此在发生任何故障时，它们会自动恢复。要对这些RDD进行操作，有两种方法，即转换和行动。在惰性计算中，转换是不会被立即执行的，只有行动发生后才会被执行。此外，对于会重复使用的RDD，可以将RDD持久化在内存中作为后续使用，提高执行性能。RDD的基本运算类型见表4-2。

表4-2　RDD的基本运算类型

RDD运算类型		方法	说明
转换	基本转换	map	通过传入函数，将每一个元素经过函数运算产生另一个RDD
		filter	对RDD内每一个元素进行筛选，并产生另一个RDD
		distinct	删除RDD中的重复元素
		randomSplit	将整个集合以随机数的方式按照比例分为多个RDD
		groupBy	按照传入匿名函数的规则，将数据分为多个array
		union	两个RDD取并集
		intersection	两个RDD取交集
		subtract	两个RDD取差集
		cartesian	两个RDD进行笛卡尔积运算
	key-value形式转换	filter	过滤符合条件的数据
		mapValues	对value值进行转换
		sortByKey	根据key值进行排序
		reduceByKey	合并形同key值的数据
		join	内连接两个RDD
		leftOuterJoin	左外连接两个RDD
		rightOuterJoin	右外连接两个RDD
		subtractByKey	删除相同key值数据
行动	基本行动	count	计数
		min	最小值
		max	最大值
		mean	平均值
		sum	和
		stdev	标准差
		first()	取第一条数据
		take(n)	取前n条数据
		takeOrdered(n)	排序后取前n条数据
	key-value行动	first	取第1条数据
		take	取前n条数据
		countByKey	根据key值分组统计
		lookup	根据key值查找value值
持久化		persist	对RDD进行持久化
		unpersist	对RDD取消持久化

注：主要运算类型示例及说明在4.3.2小节中进行，这里仅做总介绍。

4.2.3.3　Spark MLlib

MLlib是Spark中提供机器学习函数的库，它是专门为在集群上并行的情况而设计的。MLlib的设计理念非常简单，即把数据以RDD的形式表示，然后在分布式数据集上调用各种算法。MLlib中只包含能够在集群上运行良好的并行算法，有些经典的机器学习算法没有包含在其中，就是因为它们不能并行计算。因此，在许多小规模数据集上训练各种机器学习模型，最好还是采用本书前面所介绍的方法。MLlib中包含的机器学习算法的主要内容见表4-3。

表4-3　MLlib中的主要机器学习算法列举

算法类型	函数(方法)	说明
mllib.classification	.LogisticRegressionModel	逻辑回归模型
	.SVMModel	支持向量机模型
	.NaiveBayesModel	朴素贝叶斯模型
mllib.clustering	.KMeansModel	经典的K-means聚类模型
	.BisectingKMeansModel	二分K均值算法
mllib.regression	.LinearModel	线性回归模型
mllib.linalg	.DistributedMatrix	分布式矩阵
mllib.recommendation	.MatrixFactorizationModel	矩阵分解模型
mllib.treemodeule	.DecisionTreeModel	决策树模型
mllib.stat module	.Statistics	数据基本统计描述

注：MLlib中的学习算法众多，这里仅列举比较常用的函数。

4.3　Spark Python大数据分析应用

Spark Python就是Spark面向Python语言的API，得益于Python语言易于学习、具有大量的库，以及巨大的社区支持等特点，使用Spark Python具有极大的优势，Spark也提供了专门用于Python的PySpark库。本节从搭建Spark开发环境开始，介绍PySpark的基本操作及如何应用PySpark进行大数据分析。

4.3.1　Spark Python开发环境搭建

不同的操作系统搭建Spark Python的过程有所不同，本书读者大都使用微软视窗系统(Windows)，且Python也大都使用人机交互性较好的Jupyter Notebook，因此这里仅介绍如何基于Anaconda 3的Jupyter Notebook搭建PySpark环境。环境搭建流程如图4-13所示。

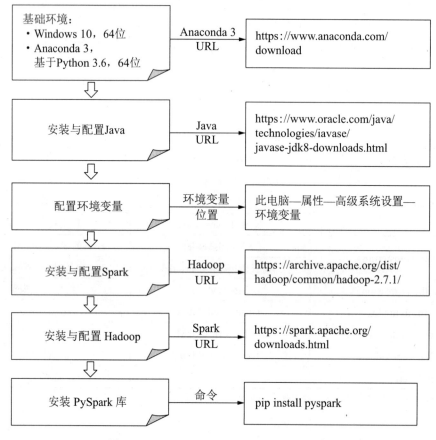

图4-13　Spark Python开发环境搭建基本流程

因操作系统及其版本存在差异，Spark Python环境的搭建在细节上也存在不同，本节搭建的PySpark环境所需要的基本环境信息包括Windows 10，64位版本；基于Python 3.6的Anaconda 3，64位版本。

4.3.1.1　安装和配置Java

Spark Python需要Java环境的支持，需要安装JDK 8，并且将环境变量配置好。Oracle官网URL为https://www.oracle.com/java/technologies/javase/javase-jdk8-downloads.html。下载的JDK版本应该与本地Windows操作系统的位数相同，本例中使用Windows X64版本。Java SE下载界面如图4-14所示，选择最下面的Windows X64版本，单击右侧下载。

下载完毕后单击安装，建议按照安装向导，不断单击"下一步"即可完成安装。在安装JDK 8的过程中会提示安装JRE，建议一同安装。另外，安装过程中，所有文件路径不要有空格或汉字。主要安装过程界面如图4-15、图4-16、图4-17所示。

安装完毕后还需要配置Java环境变量。打开Windows环境变量编辑器的方法为右键单击此电脑—选择属性—选择高级系统设置—选择环境变量，单击后即可打开环境变量编辑器，如图4-18所示。

Java SE Development Kit 8u291

This software is licensed under the Oracle Technology Network License Agreement for Oracle Java SE

Product / File Description	File Size	Download
Linux ARM 64 RPM Package	59.1 MB	jdk-8u291-linux-aarch64.rpm
Linux ARM 64 Compressed Archive	70.79 MB	jdk-8u291-linux-aarch64.tar.gz
Linux ARM 32 Hard Float ABI	73.5 MB	jdk-8u291-linux-arm32-vfp-hflt.tar.gz
Linux x86 RPM Package	109.05 MB	jdk-8u291-linux-i586.rpm
Linux x86 Compressed Archive	137.92 MB	jdk-8u291-linux-i586.tar.gz
Linux x64 RPM Package	108.78 MB	jdk-8u291-linux-x64.rpm
Linux x64 Compressed Archive	138.22 MB	jdk-8u291-linux-x64.tar.gz
macOS x64	207.42 MB	jdk-8u291-macosx-x64.dmg
Solaris SPARC 64-bit (SVR4 package)	133.69 MB	jdk-8u291-solaris-sparcv9.tar.Z
Solaris SPARC 64-bit	94.74 MB	jdk-8u291-solaris-sparcv9.tar.gz
Solaris x64 (SVR4 package)	134.48 MB	jdk-8u291-solaris-x64.tar.Z
Solaris x64	92.56 MB	jdk-8u291-solaris-x64.tar.gz
Windows x86	155.67 MB	jdk-8u291-windows-i586.exe
Windows x64	168.67 MB	jdk-8u291-windows-x64.exe

图4-14 Java官网下载页面

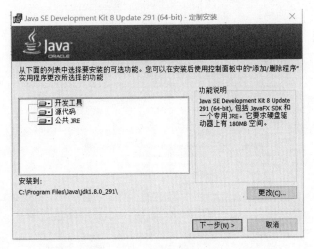

图4-15 JDK安装初始界面

图4-16　JRE安装提示

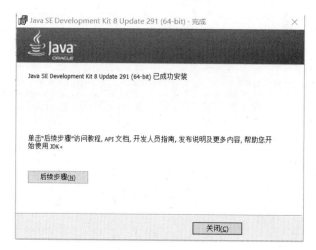

图4-17　安装完毕界面

图4-18　Windows环境变量编辑器

第一步，配置JAVA_HOME。在环境变量编辑器下方系统变量中单击"新建"，在弹出的编辑系统变量对话框中添加，变量名为JAVA_HOME，变量值为本地电脑安装Java的安装目录，图4-18中采用默认路径C:\Program Files\Java\jdk1.8.0_291。可以使用"浏览目录"按钮选择安装目录作为变量值，推荐初学者采用这种方法，不容易犯错误，如图4-19所示。

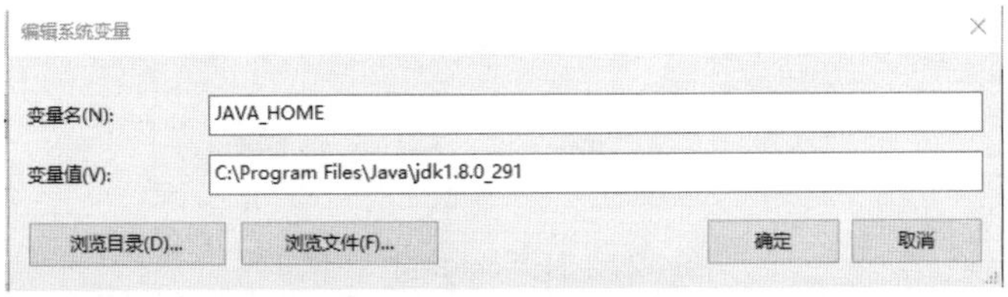

图4-19　编辑Java系统变量

第二步，配置CLASSPATH。继续在系统变量中单击"新建"，新增一个变量，变量名为CLASSPATH，变量值为.%JAVA_HOME%\lib;%JAVA_HOME%\lib\tools.jar，注意在最前面的"%"前面有一个小圆点。新建CLASSPATH如图4-20所示。

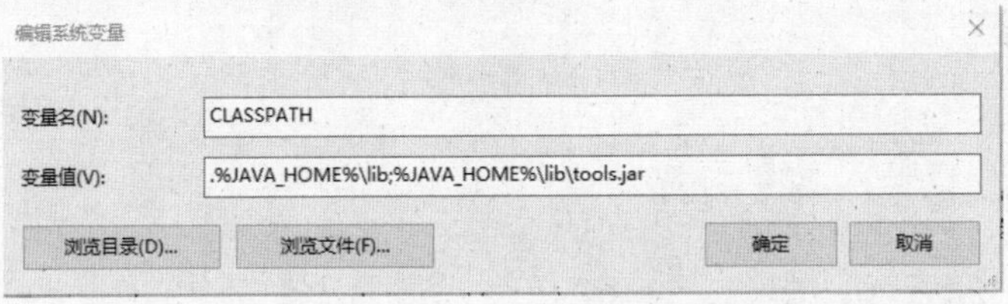

图4-20　编辑CLASSPATH系统变量

第三步，配置Path变量。选择上方用户变量中的Path，单击"编辑"，将Java的可执行文件路径配置给Path变量。如图4-21所示，单击"新建"，增加一个Path路径，输入%JAVA_HOME%\bin，输入完毕后可以单击"上移"，将新增的Java路径移到最上面。

图4-21　编辑用户变量配置Java路径

第四步，测试Java。安装并配置完毕后，可以测试Java安装是否成功。按下Win+R键，打开运行对话框，如图4-22所示，输入cmd以打开cmd运行环境。

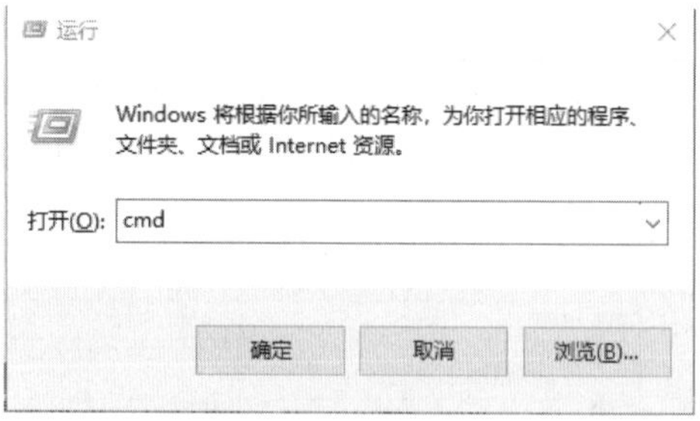

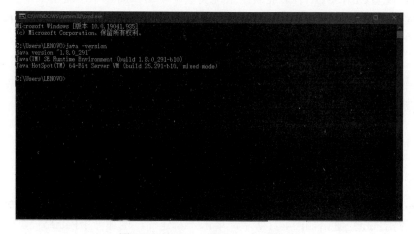

图4-22　打开cmd运行环境

在cmd运行环境中，执行java-version命令来查看Java的版本信息，如果能够输出相关版本信息，说明安装成功。如图4-23所示。

图4-23　在cmd下查看Java版本信息

4.3.1.2　安装和配置Spark

接下来安装和配置Spark，登录Apache Spark官网，URL为http://spark.apache.org/downloads.html，在官网下载界面选择Spark的版本号及其所依赖的Hadoop版本。如图4-24所示，这里选择Spark版本为2.4.8，依赖的Hadoop版本为2.7。选择完毕之后单击Download Spark后方的下载链接，下载Spark。

图4-24　Apache Spark下载页面

这里下载的是Pre-built的版本，意思是已经编译好了，下载来直接用就好。Spark也有源码可以下载，但是得自己手动编译之后才能使用。下载完成后将文件进行解压，最好解压到一个盘的根目录下，并重命名为Spark，简单不易出错。需要注意的是，在Spark的文件目录路径名中，不要出现空格。这里将Spark解压缩到D盘根目录下。

解压缩之后就可以直接使用了，但必须得在cmd环境下进入D：\Spark\bin目录才能够运行，因为Spark的执行文件在这个文件夹内。要想更便捷地在任何文件夹目录下都可以运行Spark-shell命令，还需要在环境变量编辑器中配置Spark的文件路径。打开环境变量编辑器的方法和步骤与前面相同，这里在系统变量中新建变量，变量名为SPARK_HOME，变量值为D：\spark，这是因为这次操作将Spark解压缩到了D盘根目录。在用户变量中选中Path变量，并选择编辑，为Path变量添加新的路径，即%SPARK_HOME%\bin；%SPARK_HOME%\sbin。

因为Spark需要Hadoop依赖，所以还没有办法测试Spark安装是否成功，还需要先安装Hadoop。

4.3.1.3 安装和配置Hadoop

Hadoop下载的URL为https://archive.apache.org/dist/hadoop/common/hadoop-2.7.1/，因为前面选择的Spark版本依赖于Hadoop 2.7版本，所以这里提供的也是Hadoop 2.7.1版本的下载地址。更新版本可以去Apache Hadoop官网下载。下载页面如图4-25所示，不需要下载全部文件，只需要选择下载Hadoop-2.7.1.tar.gz一个文件即可。

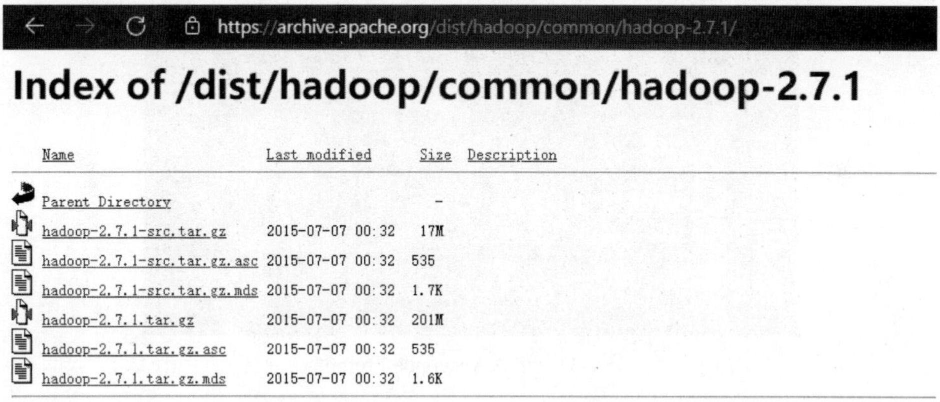

图4-25　Hadoop 2.7.1下载页面

与Spark相同，Hadoop也是编译过的，只需要解压缩即可使用。本次将Hadoop也解压缩到D盘根目录下，同时为了方便运行程序，对环境变量也进行配置。在环境变量编辑器中新建系统变量，变量名为HADOOP_HOME，变量值为Hadoop解压缩的目录，这里为D：\hadoop。在用户变量中编辑Path变量，增加新的值，变量值为%HADOOP_HOME%\bin。

安装和配置完毕后，可以按Win+R键新打开一个cmd运行窗口，输入"spark-shell"，出现画面如图4-26所示，表明Spark安装成功。

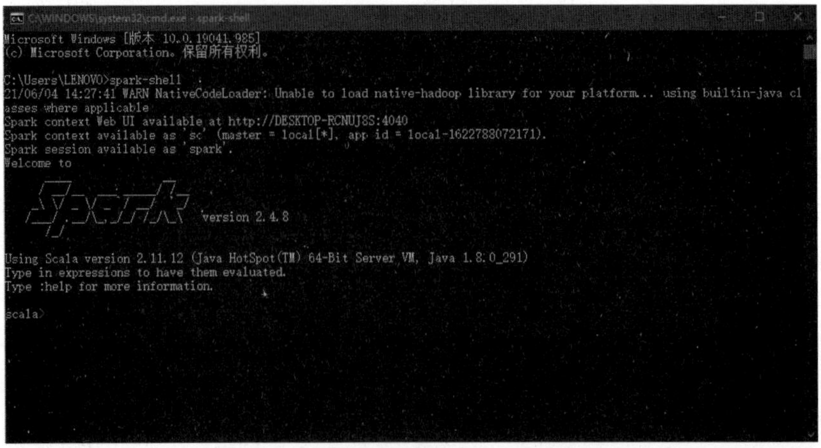

图4-26 在cmd环境下运行spark-shell

4.3.1.4 安装和配置PySpark

Apache Spark是用 Scala编程语言编写的。为了用Spark支持Python，Apache Spark社区发布了一个工具PySpark。PySpark提供了 PySpark Shell，它将Python API链接到Spark核心并初始化Spark上下文，通过PySpark，可以使用Python编程语言中的 RDD。本次操作基于Anaconda来安装PySpark库。

在Anaconda菜单中选择Anaconda Prompt，进入cmd运行环境，输入"pip install pyspark"开始PySpark库的安装，如图4-27和图4-28所示。

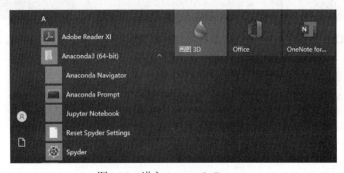

图4-27 进入Anaconda Prompt

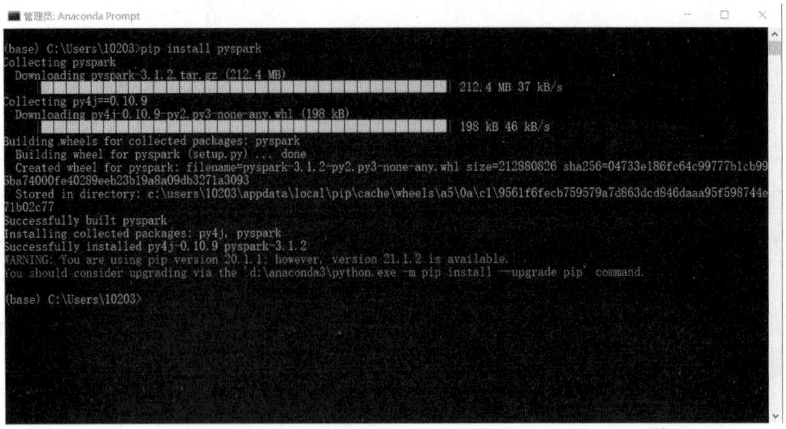

图4-28 PySpark库安装

安装完PySpark后，为了能够在任意目录中运行PySpark，可以对环境变量进行设置，在用户变量单击"新建变量"，变量名为PYSPARK_DRIVER_PYTHON，变量值为jupyter。再单击"新建变量"，变量名为PYSPARK_DRIVER_PYTHON_OPTS，变量值为notebook。打开cmd运行环境，输入"pyspark"，出现界面如图4-29、图4-30所示。至此，Spark Python开发环境搭建完毕，可以在Jupyter Notebook中运行Spark程序。

图4-29　在cmd环境下启动PySpark

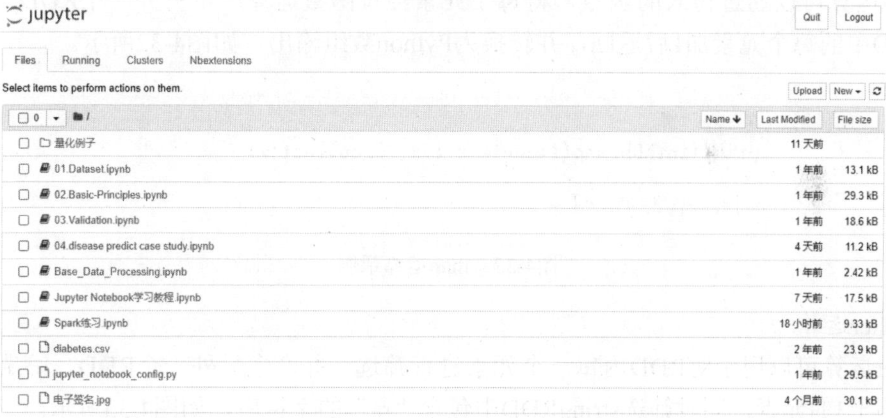

图4-30　进入Jupyter Notebook界面

4.3.2　Spark RDD运算类型示例

Spark集中于集群上的大规模数据运算，RDD是其核心，在4.2.3节中简单介绍了对RDD进行转换和行动的主要方法，本节应用Jupyter Notebook对RDD运算进行实例演示，了解每种方法生成的结果，以便在大规模数据运算过程中应用RDD运算时做到心中有数。

在大规模数据计算时很难逐一查看运算的结果，为了在学习过程中生成的结果更加直观，本节将建立一个简单的数据集，使用这个数据集进行RDD的各种运算。先生成两个数据集，分别是整型数字和字符串，尽可能为各种情况提供范例。两个数据集生成过程如

图4-31所示。

```
In [6]: from pyspark import SparkConf
        from pyspark import SparkContext
        sc = SparkContext.getOrCreate(SparkConf().setMaster("local[*]"))

In [7]: intRDD = sc.parallelize([3,1,2,5,5])
        stringRDD = sc.parallelize(['Apple','Orange','Grape','Banana','Apple'])

In [11]: print(intRDD.collect())
         print(stringRDD.collect())

[3, 1, 2, 5, 5]
['Apple', 'Orange', 'Grape', 'Banana', 'Apple']
```

图4-31　Spark RDD生成示例

在Spark中，可以使用两种方法生成RDD。一种是通过读取文件的形式生成RDD，这种方法将在4.3.3节进行示例。另一种是通过Parallelize方法生成RDD，本次采用的是这种方法。在In[6]中直接导入SparkConf和SparkContext是因为SparkSession中没有集成Parallelize方法，在In[6]中建立了一个Spark集群，In[7]中建立了一个包含5个整型元素的RDD和一个包含5个字符串的字符型RDD。在In[11]中，使用Collect方法将RDD类型转化为Python数据类型，从而可以用print显示出来[①]。

4.3.2.1　基本"转换"运算

1. map运算

map运算可以通过传入的函数，将每个元素经过函数运算产生另外一个RDD。例如，将intRDD中的每个元素加1后返回，并转换为Python数组输出，如图4-32所示。

```
In [12]: # map运算
         print(intRDD.map(lambda x : x+1).collect())

[4, 2, 3, 6, 6]
```

图4-32　map运算示例

2. filter运算

filter运算可以用于对RDD内每一个元素进行筛选，并产生另外一个RDD。筛选intRDD中数字小于3的元素，同时筛选stringRDD中包含"ra"的字符串，如图4-33所示。

```
In [13]: # filter运算
         print(intRDD.filter(lambda x : x<3).collect())
         print(stringRDD.filter(lambda x : 'ra' in x).collect())

[1, 2]
['Orange', 'Grape']
```

图4-33　filter运算示例

3. distinct运算

distinct运算会删除重复的元素，如图4-34所示，去除intRDD中的重复元素5。

---

① 案例来源：psywt. PySpark RDD基本操作. 中国开发者社区CSDN. 2019-12-13. https://blog.csdn.net/python3_i_know/article/details/103531130.

```
In [15]:  # distinct运算
          print(intRDD.distinct().collect())
          [1, 5, 2, 3]
```

图4-34　distinct运算示例

4. randomSplit运算

randomSplit运算将整个集合以随机数的方式按照比例分为多个RDD，例如按照0.4和0.6的比例将intRDD分为两个RDD，并输出，如图4-35所示。

```
In [17]:  # randomSplit运算
          sRDD = intRDD.randomSplit([0.4,0.6])
          print(len(sRDD))
          print(sRDD[0].collect())
          print(sRDD[1].collect())
          2
          [3, 1, 5]
          [2, 5]
```

图4-35　randomSplit运算示例

因为是以随机数的方式生成的，所以每次运行结果都不会相同。

5. groupBy运算

groupBy运算可以按照传入匿名函数的规则，将数据分为多个array。如图4-36所示，将intRDD分为偶数和奇数。

```
In [19]:  # groupBy运算
          result = intRDD.groupBy(lambda x : x%2).collect()
          print (sorted([(x, sorted(y)) for (x, y) in result]))
          [(0, [2]), (1, [1, 3, 5, 5])]
```

图4-36　groupBy运算示例

4.3.2.2　多个RDD的"转换"运算

RDD也支持执行多个RDD的运算，这里使用Parallelize定义三个整型元素的RDD，有了前面的基础这里就不输出结果，如图4-37所示。

```
In [1]:  # 新建三个RDD
         intRDD1 = sc.parallelize([3,1,2,5,5])
         intRDD2 = sc.parallelize([5,6])
         intRDD3 = sc.parallelize([2,7])
```

图4-37　使用Parallelize新建RDD示例

1. union并集运算

并集运算是指将多个RDD合并为一个RDD，新合并的RDD包含了所有原来多个RDD的元素，如图4-38所示，将新建的三个RDD合并为一个RDD并输出。

```
In[2]: # 并集计算
       print (intRDD1.union(intRDD2).union(intRDD3).collect())

       [3, 1, 2, 5, 5, 5, 6, 2, 7]
```

图4-38　union并集运算示例

2. intersection交集运算

交集运算是指将多个RDD中相同的元素筛选出来生成一个新的RDD，如图4-39所示，将intRDD1和intRDD2进行交集运算并转化为Python数据类型输出。

```
In[3]: # 交集运算
       print (intRDD1.intersection(intRDD2).collect())

       [5]
```

图4-39　intersection交集运算示例

3. subtract差集运算

差集运算是指将第二个RDD中与第一个RDD中重复的元素去除，获得第一个RDD中仅有的元素，如图4-40所示。

```
In[4]: # 差集运算
       print (intRDD1.subtract(intRDD2).collect())

       [1, 2, 3]
```

图4-40　subtract差集运算示例

4.3.2.3　基本"行动"运算

RDD操作中基本的"行动"运算主要包括两大类，一是读取元素的行动，二是统计功能。

1. 读取元素

Spark可以通过读取元素行动获取数据的若干样本，让使用者更为直观地看到数据格式，因为它属于action，所以会被马上执行。如图4-41所示。

```
In[9]: #取第一条数据
       print (intRDD.first())
       #取前两条数据
       print (intRDD.take(2))
       #升序排列，并取前3条数据
       print (intRDD.takeOrdered(3))
       #降序排列，并取前3条数据
       print (intRDD.takeOrdered(3,lambda x:-x))

       3
       [3, 1]
       [1, 2, 3]
       [5, 5, 3]
```

图4-41　读取元素运算示例

在本例中，first()方法可以读取RDD内的第一条数据；take(n)方法可以读取RDD内的最

前面 n 条数据；takeOrdered(n)方法会先对RDD内的元素按照升序排序，然后读取最前面的 n 条数据。由于没有降序排序的专门方法，本次使用一个函数将元素取相反数，然后按照升序排序，从而实现了降序排序。

2. 统计功能

Spark提供了对RDD内元素的基本统计，包括最大值、最小值、均值、标准差、元素数量等，常见的统计功能运算，如图4-42所示。

```
In [8]:  #统计
         print (intRDD.stats())
         #最小值
         print (intRDD.min())
         #最大值
         print (intRDD.max())
         #标准差
         print (intRDD.stdev())
         #计数
         print (intRDD.count())
         #求和
         print (intRDD.sum())
         #平均
         print (intRDD.mean())

(count: 5, mean: 3.2, stdev: 1.6, max: 5.0, min: 1.0)
1
5
1.6
5
16
3.2
```

图4-42 统计功能运算示例

Stats()方法提供了元素数量、均值、标准差、最大值和最小值的基本统计指标。min()返回RDD内元素最小值，max()返回RDD内元素最大值，stdev()返回RDD内元素的标准差，sum()返回RDD内所有元素之和，mean()返回RDD内所有元素的均值，count()统计RDD内所有元素的个数。

4.3.2.4 key-value类型的基本"转换"运算

Spark RDD支持键值对运算，即key-value类型，key为键，value为键对应的数值。key-value运算是MapReduce运算的基础。

建立一个key-value类型的RDD，这里使用元素类型为tuple的数组初始化RDD，每个tuple的一个元素作为键，第二个元素作为值，如图4-43所示。

```
In [10]:  # 生成Key-Value数据
          kvRDD1 = sc.parallelize([(3,4),(3,6),(5,6),(1,2)])

In [11]:  # 查看Key值和Value值
          print (kvRDD1.keys().collect())
          print (kvRDD1.values().collect())

[3, 3, 5, 1]
[4, 6, 6, 2]
```

图4-43 使用Parallelize生成key-value类型RDD示例

1. filter运算

可以使用filter运算筛选key-value类型的元素，但由于key-value类型既有键，又有值，所以需要指定是按照键筛选还是按照值筛选。虽然RDD中是以键值对形式存在，但本质上还是一个二元组，二元组的第一个值代表键，第二个值代表值，所以按照Python的引用规则指定是哪一个值即可实现按照键或按照值筛选。如图4-44所示。

```
In [12]:  # 按照Key值筛选元素
          print (kvRDD1.filter(lambda x:x[0] < 5).collect())
          [(3, 4), (3, 6), (1, 2)]

In [13]:  # 按照Value值筛选元素
          print (kvRDD1.filter(lambda x:x[1] < 5).collect())
          [(3, 4), (1, 2)]
```

图4-44　键值对筛选示例

本例中In[12]是按照键选出键的数值小于5的元素，而In[13]是按照值选出值的数值小于5的元素。

2. mapValues运算

mapValues的用法与map类似，但仅用于键值对运算中按照一定的函数规则对value进行转换，对value的值进行平方运算，如图4-45所示。

```
In [14]:  # 对Value值进行转换
          print (kvRDD1.mapValues(lambda x:x**2).collect())
          [(3, 16), (3, 36), (5, 36), (1, 4)]
```

图4-45　mapValues运算示例

3. sortByKey运算

sortByKey实现了按照key值进行排序，输入参数的默认值为True，按照从小到大排序，也可以传入参数，表示从大到小排序。如图4-46所示。

```
In [15]:  # 按照Key值进行排序
          print (kvRDD1.sortByKey().collect())
          print (kvRDD1.sortByKey(True).collect())
          print (kvRDD1.sortByKey(False).collect())
          [(1, 2), (3, 4), (3, 6), (5, 6)]
          [(1, 2), (3, 4), (3, 6), (5, 6)]
          [(5, 6), (3, 4), (3, 6), (1, 2)]
```

图4-46　sortByKey运算示例

4. reduceByKey运算

reduceByKey方法可以对具有相同key值的数据进行合并，图4-46 RDD中存在(3,4)和(3,6)两条key值都为3的数据，它们将被合并为一条数据，如图4-47所示。

```
In [16]:  # 合并相同Key值数据
          print (kvRDD1.reduceByKey(lambda x,y:x+y).collect())
          [(5, 6), (1, 2), (3, 10)]
```

图4-47　reduceByKey运算示例

4.3.2.5 多个RDD的key-value"转换"运算

先初始化两个key-value的RDD,然后进行两个RDD的转换运算,如图4-48所示。

```
In [17]: # 新建两个Key-Value的RDD
kvRDD1 = sc.parallelize([(3,4),(3,6),(5,6),(1,2)])
kvRDD2 = sc.parallelize([(3,8)])
```

图4-48 使用Parallelize新建两个key-value类RDD

1. 内连接运算

使用join运算可以实现类似数据库的内连接,即两个RDD按照相同的key值连接起来,kvRDD1与kvRDD2的key值唯一相同的是3,kvRDD1中有两条key值为3的数据,即(3,4)和(3,6),kvRDD2中有一条key值为3的数据(3,8),连接后的结果是(3,(4,8)),(3,(6,8)),如图4-49所示。

```
In [18]: # 内连接运算
print (kvRDD1.join(kvRDD2).collect())

[(3, (4, 8)), (3, (6, 8))]
```

图4-49 join内连接示例

2. 左外连接

使用leftOuterJoin可以实现类似数据库的左外连接,即将右侧的RDD连接到左侧的RDD中,但左侧RDD的key值对应不到右侧RDD的key值,会显示None。如图4-50所示。

```
In [19]: # 左外连接
print (kvRDD1.leftOuterJoin(kvRDD2).collect())

[(1, (2, None)), (3, (4, 8)), (3, (6, 8)), (5, (6, None))]
```

图4-50 leftOuterJoin左外连接示例

3. 右外连接

使用rightOuterJoin可以实现右外连接,与左外连接相反,右外连接以右侧的RDD为核心,将左侧RDD的元素连接到右侧的RDD中。同样,右侧RDD的key值对应不到左侧RDD的key值,显示None,左侧RDD的key值对应不到右侧RDD的key值时,不予连接。如图4-51所示。

```
In [20]: # 右外连接
print (kvRDD1.rightOuterJoin(kvRDD2).collect())

[(3, (4, 8)), (3, (6, 8))]
```

图4-51 rightOuterJoin右外连接示例

4. 删除相同key值

使用subtractByKey运算会删除相同key值的数据,如图4-52所示。

```
In [21]: # 删除相同Key值数据
         print (kvRDD1.subtractByKey(kvRDD2).collect())

         [(1, 2), (5, 6)]
```

图4-52 subtractByKey删除相同key值示例

4.3.2.6 key-value的基本"行动"运算

1. 读取数据

与基本"转换"运算类似，key-value也可以通过first()、take()等方法读取数据，但注意在没有特别注明的情况下会同时读取key值和value值。也可以通过转换运算中二元组的方法，表明读取的是key值还是value值，如图4-53所示。

```
In [22]: #读取第一条数据
         print (kvRDD1.first())
         #读取前两条数据
         print (kvRDD1.take(2))
         #读取第一条数据的key值
         print (kvRDD1.first()[0])
         #读取第一条数据的value值
         print (kvRDD1.first()[1])

         (3, 4)
         [(3, 4), (3, 6)]
         3
         4
```

图4-53 读取key-value运算示例

2. lookup查找运算

可以使用lookup方法根据输入的key值来查找对应的value值，如图4-54所示。

```
In [24]: # 查找，根据输入的Key值查找Value值
         print (kvRDD1.lookup(3))

         [4, 6]
```

图4-54 key-value查找运算示例

3. 按key值统计

使用countByKey方法可以统计各个key值对应的数据的条数，如图4-55所示。

```
In [25]: # 按照Key值统计
         print (kvRDD1.countByKey())

         defaultdict(<class 'int'>, {3: 2, 5: 1, 1: 1})
```

图4-55 按key值统计示例

4.3.3 应用PySpark进行大数据分析

本节通过一个信用卡逾期的例子将前面学习的Spark集群建立、RDD操作和大数据挖掘算法结合起来,形成一个完整的大数据机器学习过程,见表4-4。数据文件ch17_cs_training.csv存放在Jupyter Notebook默认路径,因此本次操作没有输入文件的完整路径。数据文件包括11个变量;特征变量有10个,包括月收入、年龄、贷款数量、负债率、历史逾期状况等;目标变量是是否逾期90天及以上,使用逻辑数值0和1表示。[①]

表4-4 信用卡逾期案例变量说明

变量名称	变量说明	数值类型
SeriousDlqin2yrs	逾期90天及以上	布尔值
RevolvingUtilizationOfUnsecuredLines	信用卡和个人信用额度的总余额除以总信用额度	浮点型
age	借款人的年龄	整数型
NumberOfTime30-59DaysPastDueNotWorse	借款人逾期处于到期日后30~59天内的逾期次数	整数型
DebtRatio	每月还款、赡养费和生活费除以月总收入	浮点型
MonthlyIncome	月收入	整数型
NumberOfOpenCreditLinesAndLoans	贷款数量,如分期付款、汽车贷款或抵押贷款,以及信用贷款(如信用卡)	整数型
NumberOfTimes90DaysLate	借款人逾期90天或以上的次数	整数型
NumberRealEstateLoansOrLines	抵押贷款和房地产贷款的数目,包括房屋净值信贷额度	整数型
NumberOfTime60-89DaysPastDueNotWorse	借款人逾期处于到期日后60~89天的逾期次数	整数型
NumberOfDependents	家庭中不包括自己的受抚养人数(配偶、子女等)	整数型

关于大数据分析的过程在前面已经做了很详细的说明,这里仅以该案例说明如何使用PySpark完成数据分析的基本过程,不再进行扩展。

以RDD的方式读取数据文件,使用sc.textFile方法将文件数据读取到新建的RDD。如图4-56所示。

图4-56 通过文件建立RDD示例

从表4-4可以看到数据的第一列是变量名称,即表头,从第二行开始才是具体变量值。RDD不支持带有表头的操作,需要将第一列的表头去掉。可以采用图4-57所示方法去掉第一行的表头。

---

① 钟雪灵,侯昉,张红霞,等. Python金融数据挖掘[M]. 北京:高等教育出版社,2020.

```
In [45]: header=datardd.first()
         datardd=datardd.filter(lambda row:row!=header)
         datardd.take(5)
Out[45]: ['1,0.766126609,45,2,0.802982129,9120,13,0,6,0,2',
          '0,0.957151019,40,0,0.121876201,2600,4,0,0,0,1',
          '0,0.65818014,38,1,0.085113375,3042,2,1,0,0,0',
          '0,0.233809776,30,0,0.036049682,3300,5,0,0,0,0',
          '0,0.9072394,49,1,0.024925695,63588,7,0,1,0,0']
```

图4-57 在RDD数据中去掉表头

RDD运算在4.3.2节已经做了很详细的说明,并且在前面介绍了如何通过文件生成RDD,后面的步骤以DataFrame的形式进行运算。

4.3.3.1 创建SparkSession并读入数据

建立一个Spark集群,并以DataFrame的形式读取文件数据,将数据赋值给myDF变量。如图4-58所示。

```
In [2]: from pyspark.sql import SparkSession
        from pyspark.sql.functions import col
        myspark = SparkSession.builder.appName('my_app').master('local').getOrCreate()

In [3]: myDF = myspark.read.format('csv').option('inferSchema','true').option('header','true').load('ch17_cs_training.csv')
        print(myDF.first())
        Row(SeriousDlqin2yrs=1, RevolvingUtilizationOfUnsecuredLines=0.766126609, age=45, NumberOfTime30-59DaysPastDueNotWorse=2, DebtRatio=0.802982
        129, MonthlyIncome='9120', NumberOfOpenCreditLinesAndLoans=13, NumberOfTimes90DaysLate=0, NumberRealEstateLoansOrLines=6, NumberOfTime60-89D
        aysPastDueNotWorse=0, NumberOfDependents='2')
```

图4-58 建立Spark集群并读取数据

注意,这里的myDF变量虽然属于DataFrame格式,如图4-59所示,但它是Spark集群的格式,而不是Pandas格式,所以只能使用Spark方法,Pandas方法无法使用。同样,在Spark中DataFrame仍然采用惰性计算,可以使用printSchema()对象查看模式信息。

```
In [4]: myDF.printSchema()
        root
         |-- SeriousDlqin2yrs: integer (nullable = true)
         |-- RevolvingUtilizationOfUnsecuredLines: double (nullable = true)
         |-- age: integer (nullable = true)
         |-- NumberOfTime30-59DaysPastDueNotWorse: integer (nullable = true)
         |-- DebtRatio: double (nullable = true)
         |-- MonthlyIncome: string (nullable = true)
         |-- NumberOfOpenCreditLinesAndLoans: integer (nullable = true)
         |-- NumberOfTimes90DaysLate: integer (nullable = true)
         |-- NumberRealEstateLoansOrLines: integer (nullable = true)
         |-- NumberOfTime60-89DaysPastDueNotWorse: integer (nullable = true)
         |-- NumberOfDependents: string (nullable = true)
```

图4-59 显示DataFrame变量模式信息

4.3.3.2 查看数据及描述性统计(数据理解)

可以将数据通过toPandas()方法转化为Pandas数据集,并通过describe()方法对数据进行描述性统计。如图4-60所示。

```
In [5]: myDF.describe().toPandas().transpose()
```

summary	count	mean	stddev	min	max
SeriousDlqin2yrs	150000	0.06684	0.24974553092871968	0	1
RevolvingUtilizationOfUnsecuredLines	150000	6.0484380546668515	249.75537062544038	0.0	50708.0
age	150000	52.295206666666665	14.771865863100283	0	109
NumberOfTime30-59DaysPastDueNotWorse	150000	0.4210333333333333	4.192781272018332	0	98
DebtRatio	150000	353.00507576387264	2037.8185231443601	0	329664.0
MonthlyIncome	150000	6670.221237392844	14384.674215282115	0	NA
NumberOfOpenCreditLinesAndLoans	150000	8.45276	5.145950989643282	0	58
NumberOfTimes90DaysLate	150000	0.2659733333333334	4.169303787594446	0	98
NumberRealEstateLoansOrLines	150000	1.01824	1.1297709848828472	0	54
NumberOfTime60-89DaysPastDueNotWorse	150000	0.2403866666666667	4.155179420987245	0	98
NumberOfDependents	150000	0.7572222678605657	1.115086071487147	0	NA

图4-60 数据的描述性统计

4.3.3.3 清洗数据

从描述性统计的结果来看，数据存在一些异常值，比如变量MonthlyIncome和NumberOfDependents中存在NA值。需要将这些异常数据剔除，这里可以使用filter方法将大于0的数据筛选出来，形成新的数据变量myDate，并再次查看数据的描述性统计，如图4-61所示。

```
In [41]: myData = myDF.filter(myDF['NumberOfDependents']>=0).filter(myDF['MonthlyIncome']>0)
         myData.describe().toPandas().transpose()
Out[41]:
```

summary	count	mean	stddev	min	max
SeriousDlqin2yrs	118635	0.06988662704935306	0.25495692642800055	0	1
RevolvingUtilizationOfUnsecuredLines	118635	5.921963958105502	258.23241677530376	0.0	50708.0
age	118635	51.33045897079277	14.388938882707087	0	103
NumberOfTime30-59DaysPastDueNotWorse	118635	0.3788089518270325	3.441782214000768	0	98
DebtRatio	118635	5.291856236190666	199.77422501553858	0.0	61106.5
MonthlyIncome	118635	6762.092451637375	14461.935997433788	1	9999
NumberOfOpenCreditLinesAndLoans	118635	8.781843469465166	5.17328146326007	0	58
NumberOfTimes90DaysLate	118635	0.20815105154465377	3.4067551614530833	0	98
NumberRealEstateLoansOrLines	118635	1.0591730939436086	1.1516009627413883	0	54
NumberOfTime60-89DaysPastDueNotWorse	118635	0.18402663632149027	3.3890009438633615	0	98
NumberOfDependents	118635	0.8535002318034307	1.147770928507564	0	9

图4-61 删除异常值并查看结果

4.3.3.4 数据可视化

除了可以通过描述性统计来查看可能存在的异常值外，也可以通过绘制散点图来查看数据的大体分布状况。在Spark集群上没有办法绘制图形，必须将数据先转换为本地数据框。DataFrame对象的toPandas()方法可以将弹性分布式数据库框转换为本地的Pandas数据框，如图4-62所示。

```
In [22]: local_myDF = myData.toPandas()
         local_myDF.head(3)
Out[22]:
```

	SeriousDlqin2yrs	RevolvingUtilizationOfUnsecuredLines	age	NumberOfTime30-59DaysPastDueNotWorse	DebtRatio	MonthlyIncome	NumberOfOpenCreditLinesAndLoans	Numb...
0	1	0.766127	45	2	0.802982	9120	13	
1	0	0.957151	40	0	0.121876	2600	4	
2	0	0.213179	74	0	0.375607	3500	3	

图4-62 转换弹性分布式数据库框为本地Pandas数据框

转换为Pandas数据框后,就可以通过Matplotlib库来绘制各种图形考察数据的分布,并且通过可视化来详细理解数据,并根据业务知识和业务特征对数据进行处理和加工,为进一步数据分析提供基础。有关可视化的内容在前面已经有了非常详细的介绍,这里就不再讲解了,仅讲解使用PySpark的过程。

4.3.3.5 数据准备

应用Spark MLlib中的机器学习算法可以进行机器学习,这个过程中的数据准备与本地数据的数据准备大致相同,仅细节上有所差异。

首先需要使用VectorAssembler()方法将特征变量整合为一个输出变量features,在机器学习过程中,将会以features作为特征矩阵进行训练和预测,如图4-63所示。

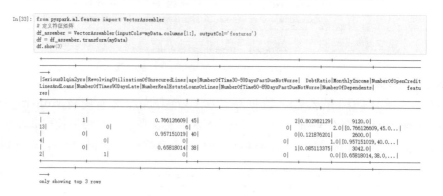

图4-63 生成特征矩阵

其次,将特征矩阵与目标变量进行合并,生成完整数据集,这里使用select()方法完成这一步骤,如图4-64所示。

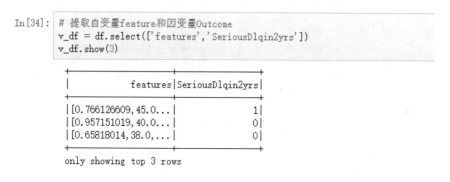

图4-64 合并特征矩阵与目标变量

最后,将完整的数据集划分为测试集与训练集,这里可以使用randomSplit()方法完成两个集合的划分,这里按照0.75和0.25的比例将样本划分为训练集(train_df)和测试集(test_df),如图4-65所示。

本次操作中,为了能够更直观地看到数据的结构,每一步数据的转换之后都提取了数据集的前三条数据,帮助理解数据结构。

```
In [35]: # 测试集与训练集的切分
         train_df, test_df = v_df.randomSplit([0.75, 0.25], seed=10)
         train_df.show(3)

         +--------------------+--------------+
         |            features|SeriousDlqin2yrs|
         +--------------------+--------------+
         |(10,[0,1,2,3,4],[...|             0|
         |(10,[0,1,2,3,4],[...|             0|
         |(10,[0,1,2,3,4],[...|             0|
         +--------------------+--------------+
         only showing top 3 rows
```

图4-65 测试集与训练集的划分

4.3.3.6 模型训练

Spark MLlib提供了大量的适用于集群计算的机器学习算法，这里通过随机森林回归方法来建立一个简单的机器学习示例。

随机森林回归使用RandomForestRegressor()函数完成，参数featuresCol指定特征矩阵名称，参数labelCol指定目标变量名称，这里目标变量为"SeriousDlqin2yrs"，如图4-66所示。

```
In [37]: # 构建模型
         from pyspark.ml.regression import RandomForestRegressor
         rfm = RandomForestRegressor(featuresCol='features', labelCol='SeriousDlqin2yrs')
         # 模型训练
         rfm_model = rfm.fit(train_df)
         # 模型预测
         rf_prediction = rfm_model.transform(test_df)
```

图4-66 构建模型

通过show()方法可以查看预测值的具体情况，如图4-67所示。

```
In [40]: rf_prediction.show(10)

         +--------------------+--------------+-------------------+
         |            features|SeriousDlqin2yrs|         prediction|
         +--------------------+--------------+-------------------+
         |(10,[0,1,2,3,4],[...|             1| 0.15268083924835893|
         |(10,[0,1,2,4],[0....|             0| 0.15699631543883513|
         |(10,[0,1,2,4,5],[...|             0| 0.14613983742487793|
         |(10,[0,1,2,4,5],[...|             0|  0.1412268757465963|
         |(10,[0,1,2,4,5],[...|             0| 0.1364653874225588|
         |(10,[0,1,2,4,6],[...|             0| 0.33682660305709167|
         |(10,[0,1,2,4,6],[...|             0| 0.33682660305709167|
         |(10,[0,1,2,4,6],[...|             0| 0.32717101348349303|
         |(10,[0,1,2,4,9],[...|             0| 0.21915766893586422|
         |(10,[0,1,2,4,9],[...|             0| 0.16050064924250373|
         +--------------------+--------------+-------------------+
         only showing top 10 rows
```

图4-67 模型预测值与真实值

4.3.3.7 模型评价

模型训练完毕，可以通过evaluator.evaluate()方法建立评估器来评估平行的效果，在使用过程中注意评估器中的predictionCol要和模型的predictionCol保持一致。这里使用均方误差(MSE)和R2来评估回归模型的效果，如图4-68所示。

```
In [38]: # 模型评估
         from pyspark.ml.evaluation import RegressionEvaluator
         # 创建评估器
         evaluator = RegressionEvaluator(labelCol='SeriousDlqin2yrs', predictionCol='prediction')

In [39]: # 用 MSE 和 R2 进行评估
         mse = evaluator.evaluate(rf_prediction, {evaluator.metricName: 'mse'})
         r2 = evaluator.evaluate(rf_prediction, {evaluator.metricName: 'r2'})
         print("MSE为:", mse)
         print("R2得分:", r2)
MSE为: 0.05147579104342557
R2得分: 0.20280247887170744
```

图4-68　模型评价

从得分来看，本次随机森林回归的效果并不是很好，这很大一部分是因为特征变量的选择并不是十分合理，由于金融数据的敏感性，外部人很难拿到更为详细的、有用的数据，因此本次操作仅以公开数据为例说明使用PySpark进行大数据分析的基本方法。

本章习题

一、简答题

1. 简要回答朴素贝叶斯模型分类的基本思想。
2. 简述朴素贝叶斯模型在数据挖掘方面的优点和缺点，以及适用场景。
3. 简述决策树的剪枝过程。
4. 简述决策树的优缺点和应用场景。
5. 简述随机森林的核心思想和基本步骤。
6. 常用的数据挖掘算法有哪两类，其中具体有哪些算法？
7. DIKW金字塔的内容包括哪些？
8. 常见的Batch数据处理框架有哪些？
9. 常见的Streaming数据处理框架有哪些？
10. Spark的基本转换运算有哪些？
11. Spark的基本行动运算有哪些？
12. key-value的基本转换运算有哪些？

二、论述题

1. 以二维空间为例，简述支持向量机的基本原理。
2. 论述支持向量机的优缺点。
3. 论述三种主要的聚类分析方法。
4. 论述如何看待简单模型和复杂模型在分类问题上的处理效果，请举出具体的例子。
5. 分布式数据存储与传统的集中式数据存储有哪些差异？
6. 相较于Hadoop，Spark具有哪些方面的特点使其运算速度极大增强？

第 5 章
金融数据模型设计与调优

本章将介绍数据模型在金融行业的典型应用场景、金融中经典的数学模型，以及金融数据模型的设计、应用、评估，在此基础上对模型进行不断的迭代和调优，使金融数据模型能够很好地实现特定金融场景下的功能。

5.1 金融行业典型应用场景

5.1.1 银行领域

5.1.1.1 智能支付

1. 支付的演进和智能支付的发展

支付是发生在购买者和销售者之间的金融交换，是社会经济活动所引起的货币债权转移的过程。随着人类文明的不断演进，支付方式也在悄无声息地发生着变化。20世纪80年代以来，基于磁条、集成电路的银行卡在全球快速普及，逐渐取代现金、支票成为重要的支付工具。随着互联网技术的发展，支付要素演化为一串数字化信息，"潜身"于手机、手环等具备信息处理功能的智能终端中，移动支付成为用户享受支付服务的新途径。近几年，新一代人工智能技术逐渐成熟，生物特征开始用于标志用户身份，成为关联支付账户的新媒介，生物特征支付已经开始并可能成为未来支付发展的重要方向。

智能支付概念是在互联网支付和移动支付的基础上，伴随着人工智能技术的发展而兴起的，目前尚未有统一的定义。我们暂且将其定义为以人工智能等技术为载体，进行资金转移和支付。需要指出的是，支付的变革仍在继续，手机扫码、NFC近场支付、指纹支付、刷脸支付等新兴的支付方式层出不穷，未来智能支付的形式更新的速度将越来越快，但不变的是支付越来越便捷高效。在中国，提起支付，我们首先想到的是第三方支付的支付宝和微信支付。"无现金"生活似乎是一种生活习惯，唯一担心的是手机没电，拿起手机，国人可以解决衣食住行的所有问题，衣服可以线上购买或者租借，吃饭可以直接点外卖，旅行选择酒店、民宿或者共享日租房，出门可以骑共享单车、电单车或者选择滴滴专车。连新加坡总理李显龙访华时，都说想要体验在中国"不怕口袋没钱，只怕手机没电"的生活状态。

信息科技和互联网产业的进步让中国民众产生巨大的"获得感"。根据亿欧智库的调查报告显示，在科技领域对国人"获得感"的贡献率中，信息技术占比高达61%，超过其他4个领域贡献率总和。其中移动支付以26.91%的比率排名第一，从侧面说明了正在改变人们日常生活的移动支付对老百姓来说"感知度"较高。报告称，移动支付的发展不仅在支付方式上带来了便捷，也促进了网络购物、共享单车等领域的快速发展。移动支付、远程认证、生物识别等技术也正在改变中国人的消费和生活习惯，给民众带来了实实在在的"获得感"。

2. 支付行业创新实践与未来发展趋势

未来金融科技需要推进更多的创新，而这些创新的背后是对基础技术能力的夯实。支付产业要想在新的市场环境中占据有利位置，需要借助人工智能技术，提高以下三种基础能力。

第一，应对海量交易的智能并行计算能力。计算平台首要的能力是智能管理成千上万台服务器，提升计算效率，降低计算成本，提供更为多样的计算能力。这里的关键问题是如何在分布式下解决交易的一致性、可靠性、安全性问题。

第二，提供智能决策的算法能力。金融场景中的信用、风控、定价、营销，都是对一个用户行为或者需求的洞察，背后的基础能力就是实时决策引擎。决策引擎做的最关键的事情就是有效地组合规则、算法、模型，高效即时处理海量、多维的非结构化信息，抽取知识，并在尊重金融规律的基础上，为各种金融业务提供决策支持。

第三，数据管理和智能分析能力。如何采用更为安全可靠的方式去管理数据，是支付行业需要解决的问题。在未来，数据隐私保护是非常关键的金融科技能力。同时，采用神经网络深度学习等先进算法对数据进行智能分析、洞察也是未来支付公司必须具备的能力。

目前，通过人工智能创新支付业务主要表现在以下几个方面。一是人工智能创新支付方式。以人工智能为代表的人脸识别、语音识别、生物识别技术正在改变传统支付方式，激励创新支付手段，促使银行、非银行支付机构创新智能支付服务。二是人工智能提升用户支付体验。通过"智能语音"服务、生物识别身份认证、智能投资顾问等方式为客户带来更快捷、更便利、更智能的操控体验，进一步提升了客户服务水平，节约了人工运营成本。三是人工智能提高支付运营效能。通过现实人脸图像与联网核查图像、客户身份证图像交叉比对，由人工智能算法引擎完成身份认证，从而加强了金融服务供给，提升了金融服务效率，提高了支付运营效能。

例如2018年7月23日，首家无人苏宁小店在南京试营业。继社区店、CBD店、大客流店后，无人店作为小店的第四种店面模型，登陆便利店行业市场，让消费者能亲身体验智慧零售的魅力。很多人对无人小店的理解还停留在自助扫码、移动支付上，而苏宁无人商店的机械臂可以为消费者提供简单的餐饮服务。消费者只需要点击屏幕上的产品下单，场内的多只机械臂就会得到指令，为消费者准备食品。自助结账区是指顾客买好商品后，无须一件件地扫码，只要一次性把选购的商品放进扫码区就可以了。机器会自动识别RFID码，给出商品总价。

2019年1月6日，金华公交成为全国首个支持"刷脸乘车"的试点，"刷脸乘车"运用人脸识别技术，只需要建立乘客出行人像信息库，利用摄像头动态获取客流信息，便可利用识别技术进行人脸精确对比。乘客走进市公交集团营运二公司的8路、9路公交车时，无须任何操作，车载机瞬间截取乘客的人脸照片，然后发出"通过"的声音。此外，通过刷脸乘车系统，还能实现客流流向大数据分析、班车及驾驶员管理、乘车实名制、公共安全管理等技术。

5.1.1.2 智能营销

1. 智能营销的流程和特征

智能营销主要是通过人工智能等新技术的使用，利用深度学习相关算法对收集的客户交易、消费、网络浏览等行为数据进行模型构建，帮助金融机构与渠道、人员、产品、客户等环节相通，从而可以覆盖更多的用户群体，为消费者提供个性化与精准化的营销服务。智能营销的典型流程如下。

第一，客户信息采集。通过社交网络浏览行为、产品购买行为、网点业务办理频次等进行多维度采集。

第二，认知模型构建。运用深度学习、自然语言处理等相关技术进行建模。

第三，营销精准触达。通过自有渠道或第三方渠道进行信息投放，实现个性化营销。

相对于传统营销，智能营销基于大数据技术、机器学习计算框架等技术，具有时效性强、精准性高、关联性大、性价比高、个性化强等特点和优势。

智能营销通过客户分析、营销策划、营销执行和营销评估实现闭环管理流程，利用大数据技术精准刻画用户画像，并基于此策划营销方案，进行精准营销和个性化推荐，同时实时监测，一方面用于优化策略方案，另一方面将数据反馈给数据库系统，用于接下来的客户分析。

客户画像包括人口统计学特征、消费能力数据、兴趣数据、风险偏好等；企业客户画像包括企业的生产数据、流通数据、运营数据、财务数据、销售数据、客户数据、相关产业链上下游数据等。值得注意的是，银行拥有的客户信息并不全面，仅基于银行自身拥有的数据，有时难以得出理想的结论，甚至可能得出错误的结论。所以，银行不仅仅要考虑自身业务所采集到的数据，还应考虑整合外部更多的数据，以更好地了解客户。比如，某位信用卡客户月均刷卡8次，平均每次刷卡金额800元，平均每年打4次客服电话，从未有过投诉，按照传统的数据分析，该客户是一位满意度较高、流失风险较低的客户。但如果看到该客户的微博，得到的真实情况是其工资卡和信用卡不在同一家银行，还款不方便，好几次打客服电话没接通，客户曾多次在微博上抱怨。银行依据这些情况可以判定该客户流失风险较高。

客户画像的应用包括以下几点。

第一，分析客户在社交媒体上的行为数据(如光大银行建立了社交网络信息数据库)。银行通过挖掘其内部数据和外部社会化的数据可以获得更为完整的客户拼图，从而进行更为精准的营销和管理。

第二，分析客户在电商网站的交易数据。例如，中国建设银行将其电子商务平台与信贷业务结合。

第三，分析企业客户的产业链上下游数据。如果银行掌握了企业所在的产业链上下游的数据，就可以更好地掌握企业的外部环境发展情况，从而可以预测企业未来的经营状况。

第四，分析客户兴趣爱好的数据，如数据管理平台上的互联网用户行为数据。

营销执行主要分为精准营销和个性化推荐，精准营销服务于企业的引流获客阶段，个性化推荐服务于企业的留存促活阶段。智能营销为金融企业降低了经营成本，提升了整体效益，未来在此领域仍需要注意控制推送渠道、适度减少推送频率、进一步优化营销体验。

2. 智能营销对金融行业的变革作用

智能营销为银行等金融机构带来三大变革，未来将开启营销新模式。

一是营销体验变革。通过人工智能营销方案可以打造全新的零售银行客户营销体验，使客户满意度大幅提升，实现对客户需求的精准把握，提供个性化服务，提升市场营销策略的精准性。同时也可以实现对客户360度全覆盖，随时随地办理业务，整合客户多触点信息，为客户提供贴心的一致服务。

二是营销渠道变革。人工智能营销解决方案对传统银行的营销渠道进行了颠覆性的变革，将打造未来银行无界营销模式。它改变了以线下网点为主的渠道模式，扩展网点外的营销，实现网点内和网点外互联；创造线上社交营销和智能客服，实现线上线下互联；通过渠道全覆盖，显著提升存量睡眠客户触达率。

三是营销决策变革。打造智能化的客户数据管理及分析能力，建立以客户数据洞察为基础，以数据分析为渠道的营销决策体系。完善的客户数据管理及分析体系，完善的大数据客户画像，可以实现数据分析在营销各环节的支撑，为各个层级的营销管理人员提供决策支持。它通过基于数据的营销，变传统营销为数字营销。

在利用人工智能为银行提供智能营销解决方案领域，平安壹账通走在前列。2018年，平安银行金融壹账通发布了Gamma智能营销方案，该方案以人工智能为核心，将大数据、生物识别等先进技术与银行零售业务流程有机融合，通过全流程智能化改造，推动银行在存量客户激活、线上线下获客、产品交叉营销等方面的全方位能力提升，致力为中小银行打造高度智能化的虚拟营销专员。

5.1.1.3 智能客服

1. 智能客服的概念和发展

银行、保险、互联网金融等领域的售前电销、售后客户咨询及反馈服务频次较高，对呼叫中心的产品效率、质量把控，以及数据安全提出了严格要求。智能客服基于大规模知识管理系统，面向金融行业构建企业级的客户接待、管理及智能化服务。在与客户的问答交互过程中，智能客服系统可以实现"应用—数据—训练"闭环，形成流程指引与问题决策方案，并通过运维服务层以文本、语音及机器人反馈动作等方式向客户传递。此外，智能客服系统还可以针对客户提问进行统计，对相关内容进行信息抽取、业务分类及情感分析，了解服务动向并把握客户需求，为企业的舆情监控及业务分析提供支撑。据统计，目前金融领域的智能客服系统渗透率已达到20%~30%，可以解决85%以上的客户常见问题，针对高频次、高重复率的问题解答优势更加明显，可以缓解企业运营压力并能够合理控制成本。但从本质上来说，智能客服还是以客户为中心的。从目前发展来看，智能客服还有很长的路要走。

一方面，目前的人工智能技术水平还不能让智能客服取代人工客服，智能客服常用于对用户意图的理解和预测上，对一些复杂的、特殊的问题，其解决能力有限。当下最常见的还是"智能+人工"模式，即普通常见的问题由智能客服进行解决，复杂特殊的问题转接人工客服。而且从用户习惯来讲，相对于使用机械式答案回复的智能客服，大多数人还是喜欢充满"人情味"的人工客服。

另一方面则是"主动"与"被动"的问题，即智能客服能否主动与客户进行沟通，提高满意度，增加交易的成功率。智能客服只能被动地等待提问然后回答吗？针对B端客户，使用相关产品除了节约人力劳动成本之外,是否还能为其带来附加值?综合来看,客服的出现是为了方便企业与用户进行有效的沟通,或者辅助用户在企业所提供的服务中获得良好的消费体验。无论是智能客服还是人工客服,在追逐风口发展的同时都不能忘掉初心,不能忽略其"以客户为中心,实现用户服务体验升级"的本质。

智能客服能够大量节约成本。人工智能客服技术在当前阶段最大的价值在于大幅节省人力成本,面对客户群体数目大、咨询频次高、问题重复度高的情况,引入高性能的智能客服机器人能极大地节省人工成本。据统计,智能机器人客服可以解决85%的常见客服问题,而一个机器人坐席的花费只相当于一个人工坐席花费的10%。

智能客服能够提升用户体验。在金融行业,在用户留存上投入5%,能带来25%的收益。为什么?因为忠诚客户会不断在企业产生购买行为,而企业需要为其付出的边际成本是越来越低的。更有利的是,这种客户还会向身边的人推荐他所使用的产品。一旦这种忠诚关系建立,用户不会再轻易去尝试其他不熟悉的同类产品。

2. 智能客服的应用场景

人工智能在客服中心的应用场景包括以下几种。

一是智能客服机器人。使用自然语言理解技术,在大语料库的基础上,基于场景和业务模型开发上下文关联模型,从而实现自然叙述、智能理解这一目的,并将这一技术和模型与客服系统在整体上实现融合。

二是智能语音导航。主要利用语音识别技术和自然语言理解技术理解客户语音,并根据客户的需求导航到相应节点或者引导客户完成业务办理,主要应用于自助语音服务、手机银行App和智能设备上。在自助语音上应用,主要通过与IVR的集成实现自助语音菜单的"扁平化",提升用户满意度;通过与客户的交互,帮助客户办理相关业务,解答客户咨询的问题。

三是智能营销催收机器人。外呼机器人是语音识别技术和自然语音理解技术的另外一个应用场景。通过业务场景的设计,实现自动外呼客户,进行客户身份核实、催收、业务通知、满意度调查、产品营销等服务。

四是智能辅助。智能辅助主要应用在客服领域,机器人实时监听坐席与客户的对话。当客户提出问题后,机器人可以实时理解客户的问题,并提供相关回答建议给坐席。在新员工辅助方面的作用尤其明显。

五是智能质检。客服中心是一个对服务质量要求很高、很严格的行业,为了保证服务质量,一般会通过对坐席录音进行抽样检查的方式来实施质量检查工作。一般客服中心的质检抽检率在1%左右,无法全面监控风险。运用人工智能后,这一情况得到了极大的改善。

中国招商银行App 7.0推出了智能助理服务,该服务是以语音交互、精准识别为基础,减少用户的操作路径,让服务能够实现一"语"直达。招商银行手机用户可以通过特定口令,在App的任何界面、随时随地唤醒智能助理。同时,招商银行客服机器人支持包括问答、转账任务、账务查询任务、理财任务、闲聊等场景,可以为复杂的金融交易场景提供解决方案。同时,智能语音支持可信收款人转账的模式。与传统银行语音客服机器人不同的是,当用户问到非业务问题时,招商银行客服问答机器人将开启寒暄模式,对客户的问题进行回答,形成自然开放的语言交互情境,使机器人客服与用户形成友好互动。

5.1.1.4 智能征信

1. 中国征信行业的发展

征信是指依法收集、整理、保存、加工自然人、法人及其他组织的信用信息,并对外提供信用报告、信用评估、信用信息咨询等服务,帮助客户判断、控制信用风险,进行信用管理的活动。一般分为企业征信与个人征信。

目前各国广泛应用的有三种征信体系,分别是以美国、英国为代表的市场主导型;以法国、德国为代表的政府主导型和以日本为代表的会员制型。由于中国征信体系刚开始建立,目前属于综合市场主导型和政府主导型的征信体系。

2018年1月,中国人民银行正式受理了百行征信有限公司(以下简称百行征信)的个人征信业务申请。32天以后,农历春节后的第一个工作日,中国人民银行向百行征信发放了国内首张个人征信业务牌照。

2. 智能征信的应用场景

随着大数据和人工智能技术在金融领域的应用,智能征信概念应运而生。概而言之,智能征信指充分利用大数据和人工智能技术,通过多渠道获取用户多维度的数据,从信息中提取各种特征建立模型,对用户进行多维度画像,并根据模型评分,对用户(企业或个人)的信用进行评估。智能征信是智能风控的技术基础。

征信按征信对象可分为企业征信和个人征信;按服务对象可分为信贷征信、商业征信、雇佣征信和其他征信;按地理范围可分为区域征信、国内征信和跨国征信;按征信用途可分为公共征信、非公共征信和准公共征信。

中国人民银行征信中心原副研究员刘新海曾表示,人工智能将给征信行业带来两方面的影响。一是在模式识别方面,主要解决交易场景中的身份识别问题,且已取得了巨大成功;二是在信用分析及预测方面,主要解决客户信用的风险评估问题,目前尚在研发阶段,预期未来发展潜力巨大。这一论点是基于当前人工智能技术和征信产业发展要求而做出的分析判断。

首先,互联网经济要求新的个人信用使用方式。对个人身份进行有效识别是征信机构提供信用信息服务的前提条件。人工智能在生物识别方面的应用近年取得了较大进展,主要来自基于大数据的机器学习,并在基于人工神经网络的深度学习上实现了突破。以往,机器学习已成功应用于垃圾邮件过滤、手写字符识别等在线下时代必须通过人力帮助判断的领域,也有效解决了线上时代在机器翻译、欺诈检测、产品推荐等方面难以针对有效需求精准完成的难题。过去十年中,基于算法的演进、大数据技术和计算机运算能力的提高,特别是深度学习方式的开发,使"机器"的智能显著提高。

互联网经济时代,金融服务会更多体现在场景模式的应用中。机器深度学习在大数据中寻找"模式",在这些模式的基础上运用一定算法再次统计分析,在无须过多人工介入和人为干涉的情况下,利用分析所得来预测事件结果。通过分析持续产生的越来越多的数据,构建并不断完善预测消费者行为的各种数学模型,在此基础上进一步生成"深度"计算模型,如此不断深化及复杂化学习结果,从而使预测结果越来越趋近现实情况的演变。

在传统商业模式中,征信机构主要通过采集消费者的证件号码和姓名,对消费者身份进行识别,如美国征信机构采用社会保障号对消费者身份进行识别,中国人民银行征信系统采用包括证件类型、证件号码、姓名在内的三项信息，并在征信报告查询时引入其他问题对消费者身份进行识别。但以上方式更适合在线下、低频的交易模式中使用。对数据应用强度、频度、广度均位居各行业前列的金融业来说，针对互联网时代线上交易大量、频繁、小额的特征，强烈要求出现与之相适应的新的个人信用使用方式，以保证消费者信息在进行验证时的安全性和有效性。

其次，生物特征识别是互联网金融时代的"刚需"。相比通过身份证号码进行识别，使用消费者个人生物特征进行验证，过程更加可靠和安全。加上互联网金融对风控的强制要求和反欺诈对身份识别的"刚需"，生物识别技术在一些新型金融机构的业务应用中已取得较好的进展。其中，人脸识别技术最吸引眼球，配合传统的密码、短信等安全验证手段，自带活体检测效果，可有效避免以往因用户个人信息泄漏导致的金融诈骗风险，为金融业的风控手段增添了强有力的武器。

在基于人体生物特征的模式识别(生物识别，Biometrics)中，对声纹、人脸、指纹、虹膜和DNA 5种识别技术进行比较，其中DNA识别的准确率最高，但难以采集；声纹识别的准确率最低，却最容易采集。其中，虹膜识别在稳定性和准确率上的表现均居中档，是权衡成本后在目前最具性价比的生物识别技术之一。2017年9月，支付宝和菜鸟在上海举办的物流开放大会上宣布，面向中小物流企业开放从基础的支付到中高端的营销、信用、金融等服务。在自提柜上即可实现的"刷脸取件"，采用的就是蚂蚁金服基于Face++研发的人脸识别技术。在现场演示中，自提柜只用5秒就完成了对取件人的身份验证过程。

最后，人工智能能够助力金融风险预测。对消费者信用进行评分，其作为涉及消费者切身权益的半公共产品，不仅要有足够的预测准确率，还要具有可解释性。人工智能技术虽然能提高信用评估的准确性，但其学习过程非常复杂，甚至程序员也不能完全了解机器是怎样学习的，以及是如何通过学习得到结果的，可解释性低。这种"黑盒子"式的特点导致深度学习并不适用于个人信用评分方面，使其在征信领域的普及受到挑战。相比之下，国外征信机构和风险评估机构对人工智能等先进信息技术一直保持着高度关注，多年来投入大量人力、物力进行研发，并申请了相关专利。随着人工智能技术的进步，这些机构也开始尝试引进其他技术与人工智能合作，旨在保持其预测准确性的同时具有可解释性，从而加快推进人工智能技术在征信领域的商业化应用。

3. 智能征信创新实践

2015年1月，中国人民银行印发《关于做好个人征信业务准备工作的通知》，允许8家公司开展第一批个人征信试点业务。其中包括芝麻信用、腾讯征信、深圳前海征信、鹏元征信、中诚信征信、中智诚征信、拉卡拉信用、北京华道征信。2017年央行征信局认为这8家没有一家能达到要求。尽管如此，各家也在各显神通，充分利用大数据和人工智能，在各自能够掌控的领域开展业务。

芝麻信用是蚂蚁金服集团的一个版块，分为个人征信和企业征信。芝麻分是在用户授权的情况下，依据用户在互联网上的各类消费及行为数据，结合互联网金融借贷信息，运用云计算及机器学习等技术，通过逻辑回归、决策树、随机森林等模型算法，对各维度数据进行综合处理和评估，从用户信用历史、行为偏好、履约能力、身份特质、人际关系5个维度客观呈现个人信用状况的综合分值。芝麻分的分值范围是350~950分，分值越高代表信用越好，相应违约率较低，较高的芝麻分可以帮助用户获得更高效、更优质的服务。企业征信的分数范围是1000~2000分，当然分数越高越好。芝麻企业信用从创立伊始就致力于以开放和创新的方式与征信业生态的伙伴们展开合作与共创，基于海量的数据来源，依托在云计算、机器学习方面的前沿技术，结合在信用数据洞察、信用价值链接、信用风险模型构建等多方面的经验，客观地呈现中小微企业的信用状况，帮助守信企业降低交易成本、更加便捷地获得金融服务，推进普惠金融，让中小微企业的信用等于财富。

"芝麻信用分"是芝麻信用对海量信息数据的综合处理与评估。芝麻信用基于阿里巴巴的电商交易数据和蚂蚁金服的互联网金融数据，与公安网等公共机构及合作伙伴建立数据合作。与传统征信数据不同，芝麻信用数据涵盖了信用卡还款、网购、转账、理财、水电气缴费、租房信息、住址搬迁历史、社交关系等。芝麻信用通过分析大量的网络交易及行为数据，可对用户进行信用评估，这些信用评估可以帮助互联网金融企业对用户的还款意愿及还款能力做出合理评价，继而为用户提供快速授信及现金分期服务。

5.1.1.5 智能风控

1. 智能风控的概念

随着传统金融环境的革新，传统的风控手段已经不能满足个人消费需求旺盛所引发的贷款需求增长，以及长久以来被传统金融机构忽视的小微企业的贷款需求。金融科技的发展极大地促进了金融行业的发展，在风险控制方面也不例外。与金融科技相同，风险控制的智能化也受到了大数据、云计算、人工智能，甚至区块链技术的冲击。

就综合技术和应用层面来说，根据亿欧智库的观点，智能风控是指利用大数据、云计算、人工智能、区块链等技术，达到降低银行风控成本，提高征信效率的风险控制，在实现智能化的同时，还可以实现信贷的贷前、贷中、贷后全链条自动化。

金融领域的风控往往与征信联系在一起。征信和金融风控的重要联系体现在，征信的重要作用之一是为授信机构的风控活动提供信息服务。征信和风控都涉及信息的采集和使用，但二者之间又存在较大的差异。对于征信机构来说，采集、加工和使用信息是用于信息共享，使授信机构掌握贷款申请人的历史贷款申请、批准、使用和归还情况。对于授信机构来说，征信只是风险控制的一部分，并不是等同关系。金融活动的风险控制存在于很多场景，从贷前、贷中、贷后来看，大致包括反欺诈、审批、合规审查、风险定价、信用评分、催收等场景，征信在整个贷款流程中甚至不是主要风控手段。由于贷前的风险管理在整个风险管理中起到了预警和防护作用，因此征信的发展逐渐成为是否能够规避风险的关键。

数据是智能风控的基础。整个智能风控的第一步是获取数据，主要数据来源为用户注册时提交的数据、使用过程中产生的数据、交易时产生的数据，以及第三方如政府、征信机构等的数据。其中有大量非结构化的数据需要处理，经过处理才能形成对信用评估有价值的组合。第二步是建立模型，其中最重要的是反欺诈和信用评定这两项工作。反欺诈确保平台安全，信用评定直接影响平台经营。人工智能的实力强弱也在于此，经过周期性运营之后就可以看出效果。第三步是将模型在实践中不断优化和迭代，即机器学习。机器学习最大的优点便是快速自迭代。

2. 智能风控在金融领域的应用

智能风控在金融领域的应用模式应站在不同行业的视角来看。虽然本质上都是数据驱动的风险控制与管理决策，但由于银行、证券、保险的行业属性、业务场景差异较大，智能风控的应用模式也不同。

银行业的智能风控主要应用于信贷、反欺诈、关联分析。通常认为，智能风控的称谓最初应来源于银行业在信贷风险管理、交易反欺诈、风险定价和关联关系监控中的大数据应用。像FICO、Experian、Equifax等公司早已通过各类风控模型来实现反欺诈或征信。随着技术手段的丰富，数据获取的方式逐渐便利，商业银行可以通过外部数据合作的方式获取、存储、加工不同维度的数据，也可以通过大数据基础平台的强大算力，计算用户之间的相关性，例如电话号码、邮箱、地址、设备号等。以消费信贷风控为例，以贷前、贷中、贷后作为风控的时间维度，以信用品质、偿债能力、押品价值、财务状况、还款条件作为评估维度，形成了不同的信贷风险关注要点。商业银行结合不同信贷风险的关注要点，进行相关数据的获取。

除大数据外，智能风控的"智能"主要体现为机器学习算法构建模型。在授信申请、违约损失计算、逾期预测、反欺诈等业务目标确定后，通过内外部数据的整合、预处理(如采样、PCA、缺失值填充、归一化)、特征统计等方法，选择合适的算法进行分析。无论是对个人或是企业的银行贷款、抵质押或担保贷款，还是供应链贷款、评分卡、巴塞尔协议中的贷款，抑或是当前热门的智能风控，其根本原理都是衡量客户还款能力和意愿。智能风控只是通过更多的数据维度来刻画客户特征，从而更准确地量化客户违约成本，实现对客户的合理授信。可以看出，其原理和方法论与传统金融风控没有区别，但可以通过自动化审批来替代人工审核，降低人力成本。

3. 智能风控领域创新实践

创立于2004年12月的支付宝通过多年的探索，已经实现了风险控制的智能化，防控效果显著。支付宝风控系统利用原来的历史交易数据进行个性化的验证，提高账户安全性。80%左右的风险事件在智能风控环节就能解决。除了事后审核，事前预防、事中监控也非常重要。事前，将账户的风险分级，不同账户对应不同风险等级；事中，对新上线的产品进行风险评审，以及监控策略方案评审。

蚂蚁金服目前的近7000名员工中，有超过1500名员工从事风险管理业务；超过2000台服务器专门用于风险的监测、分析和处置；平均100毫秒实时风险识别与管控能力，比眨一次眼快4倍；支付宝资损率在十万分之一以下，低于被陨石打中的概率，即便用户不幸发生损失，支付宝也已经建立了包括快捷支付保障、余额支付保障、手机支付保障在内的一整套会员保障体系。

目前，蚂蚁金服正在与公安机关、检察院、法院合作，协同侦破线下扰乱互联网金融秩序的案件，打击犯罪。此外，蚂蚁金服还积极与银行、其他第三方支付公司、与风险防控有关的软硬件厂商、支付宝商户和用户、高校及科研机构等社会各界展开广泛合作，以提升支付行业的安全防范能力。

5.1.2 保险领域

5.1.2.1 智能营销

1. 客户的精细化划分

智能和精准营销的前提是对客户的精细化划分。风险偏好是确定保险需求的关键。风险喜好者、风险中立者和风险厌恶者对保险需求有不同的态度。一般来讲，风险厌恶者对保险有更大的需求。保险公司在细分客户的时候，除了应用风险偏好数据外，还要结合客户职业、爱好、习惯、家庭结构、消费方式等偏好数据，利用机器学习算法来对客户进行分类，并针对分类后的客户提供不同的产品和服务。

2. 智能营销的应用

保险公司可以通过技术手段，挖掘潜在客户及预测流失客户。保险公司可通过大数据技术整合客户线上和线下的相关行为，通过数据挖掘手段对潜在客户进行分类，细化销售重点。保险公司也可通过大数据技术挖掘数据，综合考虑客户的信息、险种信息、既往出险情况、销售人员信息等，筛选出影响客户退保或续期的关键因素，并通过由这些因素建立的模型，估计客户的退保概率或续期概率，找出高风险流失客户，及时预警，制订挽留策略，以提高保单续保率。

此外，保险公司可运用关联规则找出最佳险种销售组合，利用时序规则找出客户生命周期中购买保险的时间顺序，从而把握客户提高保额的时机，建立既有客户再销售清单与规则，从而促进保险的销售。除这些做法外，借助大数据，保险公司还可以直接锁定客户需求。以淘宝运费退货险为例，淘宝用户运费险索赔率在50%以上，该产品为保险公司带来的利润只有5%左右，但是有很多保险公司都有意愿提供这种保险业务。用户购买运费险后，保险公司就可以获得该用户的相关个人基本信息，并能够了解该用户购买的产品信息，从而可以精准推送保险。假设该用户购买并退货的是婴儿奶粉，保险公司就可以推测该用户家里有孩子，可以向其推荐儿童疾病险、教育险等利润率更高的保险产品。

在网络营销领域，保险公司可以通过收集互联网用户的各类数据，如地域分布等属性数据，网络上搜索的关键词等即时数据，购物行为、浏览行为等行为数据，以及兴趣爱好、人际关系等社交数据，在广告推送中实现地域定向、需求定向、偏好定向、关系定向等，最终实现精准营销。

5.1.2.2 智能定价

在保险的市场演化过程中，技术和数据一直是重要驱动力。保险业在信息技术迅速发展的时代，从数字化阶段，迈入网络化阶段，又迈入智能化阶段。人工智能技术与金融保险数据深度融合催生的智能保险，在大幅提升效率的同时，也正在加快改变着保险服务的广度和深度。

1. 传统保险产品定价中的问题

传统的保险产品定价存在一些问题。第一，维度比较单一，目前国内很多公司的保险产品定价都只有十几个维度，和国外差距很大；第二，风险解释能力不足，由于国内保险产品定价维度较少，所以对客户的风险刻画能力较差；第三，目前保险产品定价还不透明，存在较大的改善空间。传统保险产品定价存在的问题主要是对积累的历史数据整体进行了归纳、精算，而忽略了被保险人或投保标的物的个性化数据，产品定价难以精准反映具体对象的特征，保险产品"千人一面"，已经无法适应互联网时代人们保险需求的变化。

2. 保险产品的智能定价策略

大数据、人工智能等技术的发展，为保险公司进行科学合理的差异化定价提供了新的契机。保险公司可以获得海量有价值的数据,可以通过互联网、物联网、可穿戴设备、车载传感器,以及社交媒体等多个来源获得有效数据,对保险客户的行为进行深刻洞察,并通过理赔数据和客户行为之间的精准关联,对保险产品的设计和定价进行完善。保险公司可以结合人的生活习惯、年龄、投保经历等基础信息,在大数据的基础上结合人工智能技术,挖掘投保人的保险偏好,有针对性地设计投放策略、组合方案,为每一位消费者量身定制保险产品并提供差异化定价。

例如,大数据及人工智能技术将深刻影响延续数百年的寿险精算定价,使之更精准,更适合不同个体在不同年龄段的具体情况。再如,目前的出境意外险产品在定价时也鲜有对出行目的地进行区分的。在现实的场景中,客户造访不同国家所面临的风险各不相同。同为发达国家,去美国需要加大医疗意外险的保障,因为在美国医疗费用较高;而去欧洲一些医疗福利好的国家,则可以加大财产损失的保障比例。大数据及人工智能持续跟踪客户出行情况,提供差异化的产品及定价策略。在互联网保险时代,在广泛的数据来源基础上,保险产品的设计和定价会充分考虑被保险人或投保标的物的个性化风险数据,产品定价对具体个体针对性更强,保险产品更加适应"千人千面"的现状,开启保险产品量身定制新时代。

5.1.2.3 智能理赔

保险作为一种保障机制,用来规避风险,提供稳妥而可靠的保障。但保险手续烦琐,有时会让效果大打折扣。传统理赔过程是人海战术,往往需要经过多道人工流程才能完成,既耗费大量时间,也需要投入许多成本。

1. 智能理赔的概念和流程

智能理赔主要是利用人工智能等相关技术代替传统的劳动密集型作业方式,明显简化理赔处理过程。以车险智能理赔为例,如图5-1所示,通过综合运用声纹识别、图像识别、机器学习等核心技术,经过快速核身、精准识别、一键定损、自动定价、科学推荐、智能支付这6个主要环节实现车险理赔的快速处理,克服了以往理赔过程中出现的欺诈骗保、理赔时间长、赔付纠纷多等问题。根据统计,智能理赔可以为整个车险行业带来40%以上的运营效能提升,减少50%的查勘定损人员工作量,将理赔时效从过去的3天缩短至30分钟,明显提升用户满意度。

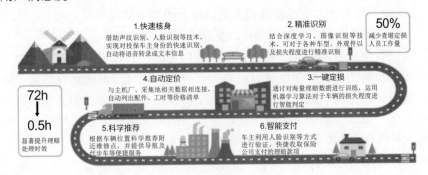

图5-1 车险智能理赔流程

近年来保险公司积极运用大数据、云计算、物联网、人工智能和区块链等技术,在理赔服务端开展尝试,利用图像识别技术实现了快速定损和反欺诈识别。

图像识别可以通过人脸识别、证件识别(还包括不属于图像的声纹识别)等方式进行身份认证。更重要的是，图像识别还可以处理非结构类数据，比如将笔迹、扫描、拍照单据转换成文字，对视频、现场照片进行分类处理，等等。在理赔环节，基于图像识别技术，能快速查勘、核损、定损和反欺诈识别，节省了传统的人工核损流程时间，能明显提升理赔效率，降低骗保概率。采用智能理赔风险输入、加工和预警输出，能够定义风控规则，进行筛查，完善理赔风险闭环管理机制。

此外，通过大数据，能提高信息搜索、流转效率与准确度，自动识别场景中的风险，对保险操作风险进行积极管理，提升服务时效和服务质量。基于人工智能建模技术的开发，相比传统的智能风控技术，模型拥有强大的自学习能力。它可以从数据自身特点出发，以异常行为作为学习规则，通过自聚类、回归分析等技术手段对合规、合理与高风险医疗行为搭建分类器，结合健康险政策、规范化路径及医疗知识库，对案件的输出配备相应的医学和政策解释，作为核查及控费的指导依据。

2. 智能理赔创新实践

理赔流程与人工智能的结合正形成一股浪潮。从2016年开始，中国人保打造"心服务·芯理赔"的一站式服务及智能理赔一体化处理模式；紧接着，中国平安实现"智能认证"和"智能理赔"服务；泰康在线推出"一键闪购""一键闪赔"的智能"双闪"服务，等等。可以看出，人工智能技术对查勘定损、欺诈识别及协助理赔等索赔管理程序进行自动化处理，在提高理赔处理效率等各方面得到了越来越广泛的应用。

5.1.3 证券领域

5.1.3.1 智能交易

1. 智能交易的概念

2008年金融危机结束以来，投资银行领域已减少数万个职位，巴克莱、摩根士丹利和法国兴业银行等许多银行在交易部门大幅裁员。雪上加霜的是，交易行业在到处裁员的同时，还出现了自动化交易的趋势。自动交易模式减少了银行的用人需求，新一代量化交易员应运而生，这类交易员人数较少，主要根据数学模型来制定交易决策。2016年，高盛将600名交易员裁减至数名，表明机器替代人工已在金融行业崭露头角。可见，人工智能主导的高频交易时代已不再遥远，金融变革已经从资本端延伸到资产端。

关于什么是智能交易，目前产业界和学术界尚无统一的定义，我们暂时将其定义为利用人工智能技术的算法优势和深度学习能力，一方面对量化交易中所有的历史数据包括行情走势、经济指标的分析，做出大概率事件的交易模型，制定合适的交易策略；同时，根据市场新的变化，做出合理的调整及改变，通过适当的试错来分别适应单边、震荡等不同的市场形态，再结合大数据的分析给出正确的判定。

2. 智能交易的起源和发展

人工智能进入金融交易市场，从1930年就开始孕育了，数学一直与金融同行。在计算机没有普及的时代，数学家就已经通过人工计算的方式参与了金融交易。计算机与互联网于20世纪80年代末形成浪潮，计算与传输都发生了质的飞跃，改变了交易者进行金融交易的方式。普通投资者只需要一台电脑就可以在家里交易证券产品，这在20世纪六七十年代是无法想象的。如今，科技使金融产品不断创新与普惠，加速提升了市场交易的总量与频度，市场流动性充足，吸引了大批工程或计算机专业人才进入金融交易领域，从而刺激了智能交易的快速发展。

这里需要区别的一个概念是外汇交易领域中常见的"EA智能交易"，也叫程序交易系统或自动化交易程序，叫法很多，但都指自动交易技术。其本质是一个电脑程序，由程序员把交易员的思路写成计算机程序，以此通过行情走势进行程序运算，自动买进抛出，低买高抛，完成整个交易过程。其虽有一定的智能化运行，但绝不是智能交易，在数据处理能力与运行算法上，EA自动化交易要简单很多。其仅仅处在根据简单的数据指标，做出一定运算执行的初级阶段，远远没有达到人工智能要求的"深度学习"与执行，不能根据市场的变化进行合理的调整及改变，因此称EA自动化交易为智能化交易是在概念上混淆视听。

智能交易令人惊叹之处在于，它能以其强大的数据抓取能力、过目不忘的"记忆力"和极快的计算速度，通过深度学习等方式自行分析和发掘市场规律，并据此自动生成交易策略。这既不同于脑力有限的人类操盘手，也不同于依赖既有交易策略的传统程序化交易系统。

数量化是智能交易的基础。自20世纪30年代开始，数学家们对金融数量化理论已有近80年的研究。21世纪开始，部分高等学府将金融数学纳为金融专业的重要课程。金融数学理论的不断完善奠定了智能交易的基础。

量化交易是智能交易的原型，将交易产品进行数量化分析，分析范畴包括投资胜率、获胜概率、仓位风控等必要参数。而当计算机与网络传输也加入金融交易市场时，量化交易则被计算机赋予自动化的能力，于是智能交易时代到来。智能交易可被视为金融交易市场的工具或武器。随着科技的发展与监管的完善，智能交易形成了两个重要的发展方向，即空隙交易与价值策略。

第一，空隙交易。在20世纪80年代，SOES系统进行量化交易时，不断涌现出的自动化交易公司多半专注于空隙交易。交易员利用美国股市多家做市商不能统一报价的间隙，在计算机上开发出迅速买卖的快捷程序，通过计算机在做市商之间快速倒卖股票而获取利益。虽然这种"剥头皮策略"的空隙会很快被机构防范，但是新的空隙又会出现并被利用。空隙交易的关键是交易速度的比拼，速度可以造成信息不对称，这便出现了掠夺性交易机会。因此，从20世纪70年代开始，金融市场里那些臭名昭著的高频交易公司，在交易池里不断上演着"速度与激情"的戏码。从中国的金融交易市场规范中可以看出，中国股指期货市场的行情公布频率是500毫秒，这就意味着交易员对这500毫秒内发生的事情浑然不知。但是，这对能够直连交易所的交易员毫无影响，因为通过直连交易所，交易机器可以观察到这500毫秒内所有的报价和成交信息。但直连在中国是违法的，利用机制上的漏洞进行高频交易，其本质是投机行为，有违市场投资准则，在全世界都会受到诟病。

第二，价值策略。相对于单纯通过速度差造成的空隙交易，价值策略偏重对金融投资的深度理解和前沿科技应用。虽然人工智能的进步，让AlphaGo在围棋方面完胜人类，但它最大的弱点在于不会迁移学习。迁移学习是目前机器学习领域的前沿科技，可以让人工智能做到举一反三，通过找到两个或多个不同应用场景的共性，把A领域的模型和经验迁移应用到B领域。此外，智能交易需要与条件市场相匹配，股市的波动率是由多因子影响组合形成的。在国内，政策因子对股市影响的导向尤为突出，海外智能交易策略中将信息因子对标(经济指数)采集分析的方式在中国证券市场会严重水土不服，这正是价值策略的核心。价值策略的精髓在于结合多种因子(价格影响因素)的算法拟合，因子包含了价格、交易量、外部数据、消息面影响等，这是数理专业人才发挥才能的领域。

价值策略是在符合投资者价值观的框架下进行的。以股票为例，智能交易选择的因子信息包含了企业的经营数据、行业自动化分析、政策、资金博弈、历史行情周期等，这些因子都是人类投资必要的调研基础信息，智能交易只是让计算机代替人类对这些数据进行自我学习。标的物为期货的机器交易选择的因子信息包含了历史行情周期、国际贸易数据、政策信息等，这与将人类分析替换为机器人分析如出一辙。

再如金融衍生品期权。期权是由数学家们将标的物的资产价值结合交易因素进行公式化后创造出来的。通过数学公式创造金融衍生品的从业者被称为宽客(Quant)，所以，不具备数理能力的人深涉金融衍生品交易是非常困难的，这也是在美国华尔街中拥有工程与计算机科学专业背景的人才大受欢迎的原因。价值策略的智能交易符合良性市场投资方向，它为市场提供了很强的流动性，同时对实业发展起到增益价值的作用，未来有着广阔的发展空间。

智能交易在避免股市闪电崩盘中被认为可以发挥重要作用。2010年5月6日，股市一开盘，道琼斯指数就开始下跌，但跌幅并不大，到下午2点，道琼斯指数只下跌了1.5%。临近下午2点30分，一些个股因波动率上升，触发了纽约证券交易所个股波动管理机制流动性恢复点(LRP)，一些股票的交易出现延迟，涉及的个股也从100只扩大到2点30分的200只。下午2点42分，股指开始出现自由落体式的下跌，短短的几分钟时间内，股票现货市场巨幅下挫，紧随其后，标普500股指期货开始下跌，期货价格出现螺旋式下跌。到下午2点47分，道琼斯指数下降了约1000点。但市场很快又上演了惊天回转，5分钟内道琼斯指数迅速反弹，20分钟后的下午3点07分，股指又上涨了600点。2010年5月6日，发生了美国股市历史上最大的日内波动，美国商品期货交易委员会称之为金融市场历史上波动最显著的时期。当天，成交量也创下了天量，股市成交量194亿股，为2009年第四季度日均成交量的2.2倍。

美国证监会主席夏皮罗在2010年年底的参议院证词中指出，在2010年5月6日下午2点之后，一些股票的价格大幅下跌，日内跌幅超过20%，这就触发了纽约证券交易所的个股波动管理机制流动性恢复点，这些股票的交易出现延迟。计算机程序读取到这一消息后，把订单自动路由到另类交易系统，另类交易系统流动性较差、订单较为稀薄，大额卖单涌入导致价格巨幅下跌，触发了众多程序化交易的巨额卖单，有的个股还出现了1美分的极端价格。程序化交易以当前行情信息为主要决策参数，一旦交易行情触发了事先设置的阈值，众多交易者几乎会在同一时间生成同一买卖方向的订单，订单失衡、价格异常的信息在被计算机程序读取后又触发生成新的订单，市场上各种产品价格趋势也大致相同，彼此间相互强化，形成"共振"。2010年5月6日下午2点42分之后，当计算机程序读取到极端低价时，又自动触发买入订单的生成，巨量的买入订单将价格迅速拉升，随后的10分钟内各指数都上涨了约5%，市场以极快的速度恢复稳定。

事件过后，人们对EA智能交易的担忧始终萦绕在心头，而对比EA智能交易更加前沿的智能交易，同样带有隐忧。相对来说，人工智能的优势在于能够提供非线性关系的模糊处理，弥补了人脑思维模式的局限，同时利用相关算法，可以大幅提高数据挖掘与处理效率。借助人工智能，量化投资策略会变得更加丰富，如基于人工智能在多因子选股领域对因子的充分挖掘。对于量化投资来说，这将是分析师的经验与人工智能的融合。"AI+"的模式将会成为量化投资领域的发展方向。人脑的抽象思维、情感思维是目前人工智能所不具备的，而人工智能的模糊运算和计算能力也是人脑所不能达到的，二者的相互结合或许会成为未来量化投资领域的一个方向。

5.1.3.2 智能投顾

智能投顾起源于金融危机后的美国，由Betterment、Wealthfront等初创公司拉开其序幕。近几年传统金融机构也纷纷涉足智能投顾服务，智能投顾正处在向大众普及的阶段。权威在线统计数据网站Statista的数据显示，2017年全球智能投顾管理资产达2264亿美元，年增长率高达78%。预计到2022年，全球智能投顾管理资产规模将达到1.4万亿美元。同时，智能投顾的全球用户数量也将从2017年的1290万高速增长到2022年的1.2亿。

1. 智能投顾的概念

智能投顾(Robo-Advisor)是根据客户理财需求和资质信息、市场状况、投资品信息、资产配置经验等数据，基于大数据的产品模拟和模型预测分析等人工智能技术，输出符合客户风险偏好和收益预期的投资理财建议。智能投顾的理论基础源于马科维茨(Harry M. Markowitz)的现代资产组合理论，由马科维茨建立的均值方差模型，通过强大的计算能力计算出有效边界，然后根据不同投资者的风险水平在有效边界上做资产配置。智能投顾做的是一种被动投资，可以获得长期资产配置收益。智能投顾谋求的是为客户博取与系统性风险相匹配的贝塔收益。典型的智能投顾产品一般是投资一些关联程度比较低的ETF。

根据美国金融监管局(FINRA)提出的标准，智能投顾的主要流程包括客户分析(客户画像)、资产配置、投资组合选择、交易执行、组合再选择、税收规划和组合分析。客户分析主要是通过问询式调研和问卷调查等方式收集客户的相关信息，推断出客户的风险偏好，以及投资期限偏好等因素，再根据这些因素为客户量身定制完善的资产管理计划，并根据市场变化及投资者偏好等变化进行自动调整。

2. 智能投顾的技术基础

智能投顾发展的技术基础层面是云计算、大数据和人工智能。云计算为智能优化资产配置提供了强大的计算能力，是发展智能投顾的基础设施。大数据和人工智能则是智能投顾的核心技术。基于用户行为数据精准描绘用户画像，基于机器学习等人工智能技术构建资产配置、交易优化等算法，基于金融大数据迭代提升算法有效性，这三方面技术构成了智能投顾平台的核心竞争力。在技术应用层面则表现为两大核心技术，一是自动化挖掘客户金融需求技术，财富管理科技要做的就是帮助投资顾问更深入地挖掘客户的金融需求，使产品设计更智能化，与客户的个性化需求更贴近，弥补投资顾问在深度了解客户方面的不足；二是投资引擎技术，在了解客户金融需求之后，利用投资引擎为客户提供金融规划和资产配置方案，设计更智能化、定制化的理财产品。

3. 智能投顾的优势

智能投顾相比传统的投资顾问，优势主要体现在三个方面。

一是技术增效。智能投顾专业高效、理性客观。技术上，智能投顾通过分散化的标的选择降低风险，依托海量数据实时调整策略，提高效率，并克服情绪化交易弊端，最优化投资方案，从而不断提升投资的专业性和有效性。

二是降低门槛，有效覆盖长尾客户。智能投顾以其技术上的高效、便捷，有效降低了投顾成本和资金门槛，从而能够有效覆盖中低端长尾客户。

三是增强透明度，降低道德风险。传统投顾服务往往收费项目繁多且极不透明，以美国为例，传统投顾机构收取咨询费、交易费、充值提现费、投资组合调整费等近十类费用，总费率往往在1%以上。而智能投顾平台可将投资过程、费用交割等信息实时公开，且采用单一费率模式，平台通常收取0.5%以下的咨询管理费用，其他各项交易费用客户自行承担，有效增加了服务的透明度。由于收费模式透明，为了保持平台竞争力，通常总费率低于1%。智能投顾平台为了提高收入(咨询管理费用)，有望进一步帮助客户压缩包括交易费用在内的其他费用成本。

Personal Capital是一家在线资产管理及投资理财顾问服务公司，如今已有超过100万注册用户，平台上跟踪的资金超过2260亿美元。Personal Capital上的传统投顾通过电话或者电子邮件提供服务，资产管理规模达到23亿美元。Personal Capital主要提供两方面的服务，即免费的分析工具服务和收费的传统投顾服务。免费的分析工具是指该平台通过自动化算法为投资者分析资产配置情况、现金流量情况，以及投资费用，帮助投资者对自身的财务状况有更加清晰的了解，找出投资者资产配置组合中的潜在风险和不合理的投资费用，使投资者能够建立更加合适的投资组合。通过免费的分析工具，能够吸引更多的投资者使用Personal Capital。在此基础上，Personal Capital针对注册用户中资产规模较大的投资者推出了收费的传统投顾服务，通过组建专业的传统投顾团队，根据投资者的资产状况及风险偏好程度，结合相关的资产管理模型，为投资者提供高质量的投资咨询服务，满足投资者不同的投资需求。其主要收入来源是投资顾问的咨询费，针对不同资产规模的投资者采取差异化的收费标准。

5.2 金融中的数学模型

采用数学模型来解决金融中的实际问题，标志着现代金融的诞生。1952年之前，"预期收益""风险"等只是一些时髦的名词，没有人知道它们到底代表着什么。金融领域的投资、风控等业务，基本全部依靠员工和高管的经验来进行。

1952年，哈里·马科维茨在《金融杂志》上发表了《投资组合选择》一文，这标志着现代金融的诞生。在论文中，马科维茨创造性地将数理统计的方法和理念引入金融领域。到今天，使用均值计算资产的收益，使用方差和标准差计量风险已经成为一种必然，这些基本上全部源于马科维茨对现代金融的贡献。

在那之后各种复杂的金融产品和金融业务陆续被开发出来,金融与数学的结合越来越紧密。各类复杂的数学模型被开发出来,被广泛运用于投资、风控、业务运行等。可以说,现代金融业就是建立在各类数学模型的基础之上。

5.2.1 投资模型

5.2.1.1 均值—方差模型

收益与风险是证券投资的核心问题,投资者投资的目的是获得收益,但风险往往是不可避免的,证券投资的理论和分析都围绕着如何处理这两者的关系来展开。一般来说,收益和风险的基本关系是相对应的,即风险大的投资,要求的收益率也高;而收益率低的投资,往往风险也比较小,正所谓"高风险,高收益;低风险,低收益"。

证券投资的收益与风险同在,收益是风险的补偿,风险是收益的代价。它们之间成正相关,风险与收益的关系可以用"预期收益率=无风险收益率+风险补偿"来表示。

1. 单一证券的收益和风险

未来一段时间投资某一资产的收益率,显然是不确定的,受到许多因素的影响,并且随着有关条件和客观状态的变化而变化。因此,可以把收益率视为随机变量。因为资产价格是随机的,收益率是随机变量,它的取值为$r_1, r_2, \cdots, r_N$,相应的概率分布为$p_1, p_2, \cdots, p_N$,则收益率的期望值,预期收益公式见式(5-1)。

$$E(r) = \sum_{i=1}^{N} r_i p_i \tag{5-1}$$

期望收益的标准差见式(5-2)。

$$\sigma^2 = \sum_{i=1}^{3} p_i [r_i - E(r)] \tag{5-2}$$

2. 正态分布的收益和方差(标准差)

一般在投资中,可以合理假设实际收益率符合正态分布。正态分布在日常生活中是最为广泛的概率分布。正态分布可以完全由均值和方差来确定。如图5-2所示。

具体来说,预期收益率r分布如下。

在68%的置信区间, $r \in [E(r) - \sigma, E(r) + \sigma]$。

在95%的置信区间, $r \in [E(r) - 2\sigma, E(r) + 2\sigma]$。

在99%的置信区间, $r \in [E(r) - 3\sigma, E(r) + 3\sigma]$。

其中, $E(r)$为正态分布收益率r的均值, σ为r的标准差。

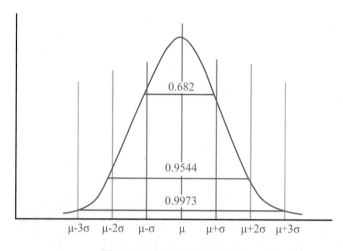

图5-2 正态分布的置信区间

3. 投资组合的收益与风险

有两种资产 D 和 E，证券组合 P 由这两种资产组成。如果投资两种资产的比例分别为 w_D 和 w_E，则组合 P 收益率见式(5-3)。

$$r_P = w_D r_D + w_E r_E \tag{5-3}$$

组合 P 的期望收益率是两种资产期望收益率的加权平均值，见式(5-4)。

$$E(r_P) = w_D E(r_D) + w_E E(r_E) \tag{5-4}$$

组合的方差计算公式见式(5-5)。

$$\sigma_P^2 = w_D^2 \sigma_D^2 + w_E^2 \sigma_E^2 + 2 w_D w_E Cov(r_D, r_E) \tag{5-5}$$

如果协方差为负，那么组合的方差会降低。其实即使协方差为正，组合的标准差仍然低于两种资产标准差的加权平均，除非两种资产是完全负相关的。

r_D 和 r_E 的协方差 $Cov(r_D, r_E)$ 计算公式见式(5-6)。

$$Cov(r_D, r_E) = E[(r_D - E(r_D))(r_E - E(r_E))] = E(r_D r_E) - E(r_D) E(r_E) \tag{5-6}$$

资产的方差可以认为是自身与自身的协方差，即方差是一种特殊的协方差，见式(5-7)。

$$Cov(r_D, r_D) = E[(r_D - E(r_D))(r_D - E(r_D))] = E(r) - E(r_D) \tag{5-7}$$

通过协方差，还可以计算 r_D 和 r_E 的相关系数，见式(5-8)。

$$\rho_{r_A, r_B} = \frac{Cov(r_A, r_B)}{\sigma_{r_A} \sigma_{r_B}} \tag{5-8}$$

相关系数的值落在-1到1的范围内。

当 $\rho_{r_A,r_B}=1$ 时，r_A 与 r_B 完全正相关，表示当受到相同因素变化的影响时，资产A与资产B的收益率发生相同方向、相应幅度的变化。

当 $\rho_{r_A,r_B}=-1$ 时，r_A 与 r_B 完全负相关，表示当受到相同因素变化的影响时，资产A与资产B的收益率发生方向相反、相应幅度的变化。

当 $\rho_{r_A,r_B}=0$ 时，r_A 与 r_B 完全无关，或零相关，表示当受到相同因素变化的影响时，资产A与资产B的收益率的变化方向和变化幅度没有任何确定的关系。

4. 投资组合方差的计算

多种证券组合的收益率计算公式见式(5-9)。

$$r_P = \sum_{i=1}^{n} w_i r_i \tag{5-9}$$

组合的方差计算公式见式(5-10)。

$$\sigma_P^2 = \sum_{i=1}^{n}\sum_{j=1}^{n} w_i w_j Cov(r_i, r_j) \tag{5-10}$$

5.2.1.2 CAPM模型

资本资产定价模型(Capital Asset Pricing Model，CAPM)是威廉·夏普、约翰·林特纳和简·莫森于1964年提出的。CAPM的作用是协助投资人确定资本资产的价格，即在市场均衡时，证券要求报酬率与证券的市场风险(系统性风险)之间的线性关系。

1. CAPM定价模型是建立在若干假设条件基础上的

假设一，投资者都依据期望收益率评价证券组合的收益水平，并选择最优证券组合。

假设二，投资者对证券的收益、风险及证券间的相关性具有完全相同的预期(即拥有相同的输入表)。

假设三，资本市场没有摩擦。

2. 探讨CAPM模型时"市场"指股市

在投资中所说的"市场"是包括各类投资资产的集合。在探讨CAPM模型时，我们将市场限定在股市，这样可以使推导过程更加简洁，而得出的结论适用于整个投资市场。

3. 均值—方差模型的缺陷

均值—方差模型的一大缺陷是，需要计算大量的协方差和方差。当投资组合中存在n种资产时，需要计算n个方差和 $(n^2-n)/2$ 个协方差。当投资组合中的股票较少时，工作量还可以接受，但是当股票开始增加时，计算量就非常大了。投资组合的协方差矩阵见表5-1。

表5-1 投资组合的协方差矩阵

投资组合比重	w_1	w_2	...	w_A	...	w_n
w_1	$Cov(r_1,r_1)$	$Cov(r_1,r_2)$	...	$Cov(r_1,r_A)$	...	$Cov(r_1,r_n)$
w_2	$Cov(r_2,r_1)$	$Cov(r_2,r_2)$	...	$Cov(r_2,r_A)$	...	$Cov(r_2,r_n)$
...	...	...	...	...	...	...
w_A	$Cov(r_A,r_1)$	$Cov(r_A,r_2)$	...	$Cov(r_A,r_A)$	...	$Cov(r_A,r_n)$
...	...	...	...	...	...	...
w_n	$Cov(r_n,r_1)$	$Cov(r_n,r_2)$	...	$Cov(r_n,r_A)$	...	$Cov(r_n,r_n)$

如果组合中的股票数量是10只，需要计算的方差是10个，需要计算的协方差是90/2=45个，还是可以接受的。但是现代大中型投资组合中的股票数量往往很多。以中国的股市为例，2021年A股市场的上市公司超过4000家，如果投资机构组合中的股票数量达到100只，则需要计算的方差数量是100个，协方差数量是(10000-100)/2=4950。计算单一的方差和协方差都需要耗费大量的人力和物力，何况协方差和方差加起来有5050个，工作量非常庞大。

投资组合中的方差和协方差是对资产未来的相关性进行预测，目前最常用的方法是利用历史数据来预测未来。但是使用历史数据来预测未来存在很多问题，毕竟未来并非历史的简单重复。因此很多金融学家通过深入的研究开发了各类方法和模型来对历史数据进行修正，试图更加精确地对资产未来的方差和协方差进行预测。这些模型目前最流行的包括GARCH模型等，这些模型本身的运算是非常复杂的。

4. CAPM模型中的资产收益率

在CAPM模型中，资产的预期收益率计算公式见式(5-11)。

$$E(r_A) = r_f + \beta_A[E(r_M) - r_f] \tag{5-11}$$

其中 r_f 是市场的无风险收益率；β_A 是资产A与市场组合的协方差与市场组合方差的比率；$E(r_M)$ 是市场组合的期望收益率。

5. CAPM模型的优势与不足

与均值—方差模型相比，CAPM模型的最大优势在于无须计算海量的协方差和方差。如果投资组合中的资产数量是100个，则只需要计算100个协方差(各资产与市场组合)和1个方差(市场组合)。与均值—方差模型的100个方差和4950个协方差相比，CAPM模型的工作量呈几何倍数的下降。这就使得投资组合理论能够真正应用在实践中。

CAPM模型的不足体现在两个方面，一方面，一些资本资产定价模型的假设前提较难实现；另一方面，资本资产定价模型中的β值较难确定。

5.2.1.3　期权模型

期权是金融发展历史中，第一种非常依赖模型进行定价的金融工具。在金融市场中，越复杂的金融工具，越需要依赖模型进行定价。

可以说，现代金融的发展，特别是对衍生工具进行定价，极大地发展了金融模型。各类金融模型的研究和开发，不再只停留在纸面和理论上，开始对金融实践提供重要的指导。

1. 风险中性定价模型

对期权进行定价时难度最大的一点在于找到合适的贴现率。事实上，即使确定了合适的贴现率，也无法证明这一贴现率真正合适。1979年，三位金融专家Cox，Ross和Rubinstein在一篇论文中开发出了二叉树模型，在此基础上通过严格的推导证明了可以在风险中性世界中对期权进行定价，其结果与真实世界是完全相等的。风险中性即投资者只关注资产的期望收益率，而对资产的风险并不要求额外的风险溢价。

另外，数学中的哥萨诺夫定理也可以应用在风险中性定价中，风险中性世界中资产的波动率与真实世界是完全相等的。因此我们可以通过计算资产在真实世界中的波动率，进而将其应用于风险中性世界中，以计算衍生品价格。这一定理使风险中性定价从理论走入实践。风险中性定价模型见式(5-12)。

$$f = [pf_u + (1-p)f_d]e^{-rT} \tag{5-12}$$

其中f是当前期权价格；p是期权取值为f_u的概率；$1-p$是期权取值为f_d的概率；r是市场上的无风险收益率；T是期权的有效期。

式(5-12)中p，u，d的计算方法见式(5-13)、式(5-14)、式(5-15)。

$$p = \frac{e^{rT} - d}{u - d} \tag{5-13}$$

$$u = e^{\sigma\sqrt{\Delta t}} \tag{5-14}$$

$$d = \frac{1}{u} = e^{-\sigma\sqrt{\Delta t}} \tag{5-15}$$

2. B-S-M模型

20世纪70年代初，Fisher Black，Myron Scholes和Robert Merton取得了股票期权定价的一个重大突破，他们的成果被称为Black-Scholes模型。该模型对交易员定价和对冲期权的方式产生了极大影响。该模型也对过去30年中金融工程的发展和成功有着关键作用。该模型部分计算方法见式(5-16)、式(5-17)。

$$c = S_0 N(d_1) - Ke^{-rT}N(d_2) \tag{5-16}$$

$$p = Ke^{-rT}N(-d_2) - S_0 N(-d_1) \tag{5-17}$$

其中，d_1和d_2的计算方法见式(5-18)、式(5-19)。

$$d_1 = \frac{\ln\left(\frac{S_0}{K}\right) + \left(r + \frac{\sigma^2}{2}\right)T}{\sigma\sqrt{T}} \tag{5-18}$$

$$d_2 = \frac{\ln\left(\frac{S_0}{K}\right) + \left(r - \frac{\sigma^2}{2}\right)T}{\sigma\sqrt{T}} = d_1 - \sigma\sqrt{T} \tag{5-19}$$

B-S-M模型通过解析式的方式给出了欧式看涨期权和欧式看跌期权的定价模型，对其他类似的金融衍生工具，包括奇异期权的定价，都打下了良好的基础。随着全球金融市场的发展，投资者对复杂的金融工具，特别是金融衍生品的需求越来越大。很多金融衍生品都是根据客户的需求量身设计的，这种金融工具很难依靠市场去定价，因为市场没有类似的金融工具。在这种情况下，金融工具的定价只能依赖定价模型。良好的金融模型能够为复杂的金融衍生工具进行合理的定价，满足供求双方的需求。可以说，正是这些数学模型的广泛应用，才促进了现代金融业的繁荣发展。

5.2.2 金融风险管理模型

未来是不可预测的，它具有不确定性，没有人能够持续运用主要的金融分析结果成功地预测股票市场、利率、汇率，或者信用风险、操作风险，以及系统性事件。然而，来自不确定性的金融风险是可以管理的。事实上，现代经济学和传统经济学的重大区别就在于前者能够识别风险、度量风险并评估其后果，继而采取相应的措施，转移或降低风险。这一系列活动的简要程序通常被用于将风险管理定义为一门正式学科。但是这一流程在实践中很少能平稳地运行，有时简单的风险识别就是一个关键问题；而另一些时候，有效的风险转移又成为令风险管理师脱颖而出的一项技术。

风险管理是一个降低企业风险的连续过程，但是我们不能仅仅从防御角度来考虑现代风险管理的尝试。实际上，风险管理是企业如何积极地选择适合自己的风险类型及风险水平。多数的商业决策都是对将来的不确定收益和当前资源的权衡。在这个意义上，风险管理和承担风险并不是对立的，而是一个硬币的两面，它们共同推动着现代经济，做出与报酬相关的具有前瞻性的风险选择的能力，是所有保持长青的企业管理流程的核心。

然而，金融风险管理作为正式学科的兴起依然几经波折，特别是在过去的十年里。同时，我们发现，许多新型机构通过承担和管理风险(例如对冲基金)获得了惊人的发展，这使其得以在金融体系中立足，其风险管理机制也相当成功。例如在2001—2002年的信贷危机中，只有较少的金融机构破产，人们通常将之归功于银行具有较好的信用风险管理流程。

目前风险管理同样被广泛认为是全球金融市场中最具创造性的力量。近期的一个突出例子就是信用衍生品市场的巨大发展。一旦发生违约，金融机构可以从信用衍生品市场上获得补偿(或者，金融机构还可以将承担信用风险作为一种投资，从而获得收益)。信用衍生品可以用于把某一机构的部分或全部的信用风险重新分配给银行、对冲基金或其他机构投资者。

5.2.2.1 VaR模型

1. 风险价值VaR

风险价值(Value at Risk，VaR)是一种概率方法，用于测量给定时间段内和给定历史收益分布下投资组合价值的潜在损失。VaR是投资组合(资产)价值中损失的美元或百分比，在一定时间内仅等于或超过X%。换句话说，投资组合价值损失等于或大于VaR度量的概率为X%。风险价值可以计算为在任意时间段内的任意百分比概率的损失。1%、5%和10%的VaR分别表示为VaR(1%)、VaR(5%)和VaR(10%)。风险经理选择X%的利率概率和衡量VaR的时间段，通常，选择的时间段(我们将使用的时间段)是一天。

一个简单的例子将有助于巩固VaR概念。假设风险经理将每日5%的风险价值计算为10000美元，则VaR(5%)为10000美元，这表明，在任何一天，投资组合都有5%的可能会经历10000美元或更多的损失。我们也可以说，有95%的可能性，在任何一天的投资组合将经历损失低于10000美元或收益。如果我们进一步假设10000美元的损失代表投资组合价值的8%，那么在任何一天，投资组合遭受8%或更大损失的可能性为5%，但损失小于8%或百分比收益大于零的可能性为95%。

2. VaR的计算

计算正态分布的VaR很简单，但需要假设资产收益符合标准正态分布。回想一下，标准正态分布由两个参数定义，其平均值$\mu=0$，标准偏差$\sigma=1$，并且完全对称，50%的分布位于平均值的右侧，50%位于平均值的左侧。标准正态分布和曲线下的累积概率如图5-3所示。

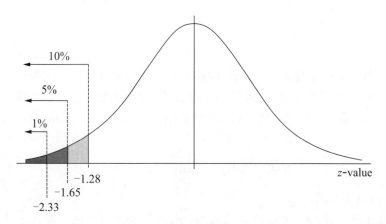

图5-3 标准正态分布和累积概率

从图5-3中，我们观察到低于平均值1.28标准差以上的值的概率为10%，低于平均值1.65标准差以上的值的概率为5%，低于平均值2.33标准差以上的值的概率为1%。临界值z分别为-1.28、-1.65和-2.33，尾概率分别降低10%、5%和1%。我们现在可以用数学方法将百分比VaR定义为式(5-20)。

$$\text{VaR}(X\%) = z_{X\%}\sigma \tag{5-20}$$

其中VaR(X%)代表概率X%的VaR；$z_{X\%}$代表基于正态分布和所选择的概率X%的临界值z；σ代表按百分比计算的日收益的标准差。

为了用这个公式计算VaR(5%)，我们将使用临界值z为1.65乘以收益率的标准差。由此产生的VaR估计值将是资产价值损失的百分比，该百分比只会超过5%的时间。VaR也可以按美元而不是按百分比来估算。为了以美元为基础计算VaR，我们只需要将VaR百分比乘以资产价值，见式(5-21)。

$$\text{VaR}(X\%) = \text{VaR}(X\%) \times 资产价值 = (z_{X\%}\sigma) \times 资产价值 \tag{5-21}$$

为了使用此公式计算VaR(5%)，我们将VaR(5%)按百分比乘以相关资产的当前价值。这相当于取临界z值、收益率标准差和当前资产价值的乘积。以美元为基础的VaR估计值5%被解释为资产价值的美元损失，该损失只会超过5%的时间。

3. VaR计算的一个例子

一家银行的风险管理员对计算他正考虑加入银行投资组合的资产的风险价值很感兴趣。如果该资产的日收益标准差为1.4%，且该资产的现值为530万美元，则按百分比和美元计算VaR(5%)。

VaR(5%)的适当临界值z为-1.65。使用该临界值和资产的标准收益偏差，按百分比计算

VaR(5%)，见式(5-22)。

$$\text{VaR}(5\%) = z_{5\%}\sigma = -1.65 \times 0.014 = -0.0231 = -2.31\% \tag{5-22}$$

VaR(5%)绝对值的计算见式(5-23)。

$$\text{VaR}(X\%) = \text{VaR}(X\%) \times 资产价值 = -2.31\% \times 5300000 = -122430 \tag{5-23}$$

4. VaR的转换

如前所述，VaR衡量的是短期内资产价值损失的风险。然而，风险经理可能对衡量较长时间段(如一个月、一个季度或一年)的风险感兴趣。通过将每日风险值乘以较长时间段内天数(J)的平方根(称为平方根规则)，可以将风险值从1天基础转换为较长基础。例如，要转换为每周风险值，需要将每日风险值乘以5的平方根(即一周中有5个工作日)。转换方法见式(5-24)。

$$\text{VaR}(X\%)_{J\text{天}} = \text{VaR}(X\%)_{1\text{天}}\sqrt{J} \tag{5-24}$$

1) 将日VaR转换为其他时基

假设风险经理已计算出特定资产的日VaR(10%)美元基础为12500美元。计算该资产的周、月、半年和年风险值。假设每年250天，每年50周。

通过分别乘以5、20、125和250的平方根，将每日美元VaR转换为每周、每月、半年和每年的美元VaR度量。见式(5-25)、式(5-26)、式(5-27)、式(5-28)。

$$\text{VaR}(10\%)_{5\text{天(周)}} = \text{VaR}(10\%)_{1\text{天}}\sqrt{5} = 12500\sqrt{5} \approx 27951 \tag{5-25}$$

$$\text{VaR}(10\%)_{20\text{天(月)}} = \text{VaR}(10\%)_{1\text{天}}\sqrt{10} = 12500\sqrt{20} \approx 55902 \tag{5-26}$$

$$\text{VaR}(10\%)_{125\text{天(半年)}} = \text{VaR}(10\%)_{1\text{天}}\sqrt{125} = 12500\sqrt{125} \approx 139754 \tag{5-27}$$

$$\text{VaR}(10\%)_{250\text{天(年)}} = \text{VaR}(10\%)_{1\text{天}}\sqrt{250} = 12500\sqrt{250} \approx 197642 \tag{5-28}$$

2) VaR也可以转换为不同的置信水平

例如，风险经理可能希望将95%置信水平的VaR转换为99%置信水平的VaR。这种转换是通过调整当前VaR度量(更新的置信水平与当前置信水平的比率)来完成的。

假设一个风险经理在95%置信水平下计算出的风险价值为16500美元。现在假设风险经理想将置信水平调整到99%。以99%的置信水平计算风险值，见式(5-29)。

$$\text{VaR}(1\%) = \text{VaR}(5\%) \times \frac{z_{1\%}}{z_{5\%}} = 16500 \times \frac{2.33}{1.65} = 23300 \tag{5-29}$$

5. VaR的计算方法

VaR计算方法可分为线性方法和完全估值方法。

线性方法将投资组合头寸替换为适当风险因素的线性敞口。例如，用于期权头寸的线性风险敞口为Delta，而用于债券头寸的线性风险敞口为久期。这种方法在用Delta-Normal方法计算VaR时使用。

完全估值方法对历史时期内遇到的每个情景，或通过历史模拟或蒙特卡罗模拟开发的大量假设情景，对投资组合进行完全重新定价。使用完全估值法计算VaR比线性方法更复杂。然而，从长远来看，这种方法通常会得到对风险的更准确估计。

6. VaR线性估值：Delta正态估值法

Delta正态估值方法将投资组合的初始值作为与特定风险因素S(仅考虑存在一个风险因素)的关系进行估值，见式(5-30)。

$$V_0 = V(S_0) \tag{5-30}$$

通过式(5-30)，投资组合价值变化与风险因素变化之间的关系描述见式(5-31)。

$$dV = \Delta_0 \times dS \tag{5-31}$$

这里，Δ_0表示投资组合对风险因素S变化的敏感性。与任何线性关系一样，投资组合价值的最大变化将伴随着风险因素的最大变化。给定显著性水平z的VaR计算见式(5-32)。

$$\text{VaR} = |\Delta_0| \times (z\sigma S_0) \tag{5-32}$$

其中，$z\sigma S_0$的计算见式(5-33)。

$$z\sigma S_0 = \text{VaR}_S \tag{5-33}$$

一般来说，用Delta正态方法建立的VaR在较短的水平上比在较长的水平上更准确。例如，考虑一个固定收益投资组合。影响该投资组合价值的风险因素是收益率的变化。该投资组合的VaR计算见式(5-34)。

$$\text{VaR} = 修正久期 \times z \times 年收益波动率 \times 投资组合价值 \tag{5-34}$$

公式中的波动率是收益率的标准差。由于Delta正态方法仅适用于线性风险敞口，因此非线性风险敞口(如凸度)无法用该VaR方法充分捕捉。通过使用泰勒级数展开，凸性可以在固定收益投资组合中使用所谓的Delta-Gamma方法来解释。目前，只需要注意，在测量非线性组合时，可以将复杂性添加到Delta正态方法中，以提高其可靠性。

估计VaR的Delta正态方法(又称方差—协方差方法)需要假设正态分布。这是因为该方法利用了预期收益和收益的标准差。例如，在计算日VaR时，我们计算过去日收益的标准差，并假设它将适用于未来。然后，利用资产预期1日收益率和标准差，我们估计了1日VaR的显著性水平。

正态性假设很麻烦，因为许多资产表现出扭曲的收益分布(例如期权)，而股票收益经常表现出厚尾。当一个分布有厚尾时，VaR往往会低估损失及其相关概率。还要知道，Delta-Normal VaR是使用历史标准差计算的，如果投资组合的组成发生变化，如果估计期包含异常事件，或者如果经济状况发生变化，这可能是不合适的。

如果给定了年回报的标准差，并且需要计算每日VaR，则每日标准差可以估计为年度标准差除以一年中(交易)天数的平方根，依此类推，见式(5-35)。

$$\sigma_日 = \frac{\sigma_年}{\sqrt{250}}; \sigma_月 = \frac{\sigma_年}{\sqrt{12}} \tag{5-35}$$

Delta-Normal VaR的计算通常假设预期收益为零，而不是投资组合的实际预期收益。当这样做时，VaR可以很容易地调整到更长或更短的时间段。例如，日VaR估计为年VaR除以250的平方根(如调整标准差时)。同样，年度VaR估计为每日VaR乘以250的平方根。如果使用真实预期收益率，则必须独立计算不同期限的VaR。

由于投资组合的价值很可能在很长一段时间内发生变化，通常情况下，计算短期内的VaR，然后将其转换为较长一段时间。巴塞尔协议建议使用两周的期限，即10天。

Delta-Normal VaR方法的优点如下。

- 易于实施。
- 可以快速执行计算。
- 有助于分析、识别风险因素、相关性和波动性。

Delta-Normal VaR方法的缺点如下。

- 需要假设正态分布。
- 由于风险的时间变化不明或风险因素和/或相关性不明，该方法无法正确解释厚尾分布。
- Delta-Normal方法无法充分描述期权类头寸的非线性关系。由于没有捕捉到期权三角洲的不稳定性，VaR会被误报。

7. VaR全面估值：历史模拟方法

蒙特卡罗模拟方法对从正态分布中随机选择的大量风险因子值的投资组合进行重新评估。历史模拟使用从历史数据中提取的风险因素的实际值来重新评估投资组合。这些全面评估方法提供了最准确的测量，因为它们包括所有非线性关系和其他可能不包括在线性评估模型中的潜在相关性。

估计VaR的历史方法通常被称为历史模拟方法。使用历史模拟法计算5%日VaR的最简单方法是累积一些过去的日收益率，将收益率从最高到最低排序，并确定最低的5%收益率。这些最低5%的回报中最高的是1天，5%的VaR。

设定已经为工作积累了100天的回报100000000个投资组合。将收益从高到低排序后，可以确定最低的6个收益为-0.0011,-0.0019,-0.0025,-0.0034,-0.0096,-0.0101。

使用历史模拟法计算5%显著水平的日VaR。

最低的5个收益率代表了100个历史收益率"分布"的5%的低尾部。第五低回报率(-0.0019)是5%的日风险值。我们可以说，日损失超过0.19%或190000美元的可能性为5%。

历史模拟方法的优点如下。

- 当历史数据随时可用时，该模型易于实现。
- 计算简单，可快速执行。
- 基准是基于所用历史数据间隔的积极选择。
- 投资组合的全面估值基于实际价格。
- 不存在模型风险。
- 它包括嵌入市场价格变化的所有相关性。

历史模拟方法的缺点如下。

- 对于所有资产来说，历史数据可能不够。

- 只使用一条事件路径(实际历史),其中包括可能仅在该历史时期发生的相关性和波动性变化。
- 过去风险的时间变化可能并不代表未来的变化。
- 该模型可能无法识别结构变化引起的波动性和相关性变化。
- 适应新的波动性和相关性的速度很慢,因为旧数据与较新数据具有相同的权重。
- 少量的实际观测可能导致分布尾不够明确。

8. VaR全面估值:蒙特卡罗方法

蒙特卡罗方法指的是一种计算机软件,它能从用户指定的输入分布中产生成百上千甚至数百万种可能的结果。例如,投资组合经理可以为一个投资组合中的数百只股票中的每只股票输入一周可能的收益分布。在每次"运行"(运行次数由用户指定)时,计算机从每只股票的可能回报分布中选择一周回报,并计算加权平均投资组合回报。

几千个加权平均投资组合收益率自然会形成一个近似正态的分布。使用投资组合预期收益和标准差,这是蒙特卡罗输出的一部分,VaR的计算方法与Delta-Normal方法相同。

蒙特卡罗输出将预期的1周投资组合回报率和标准差分别指定为0.00188和0.0125。以1%的显著性计算1周的VaR,见式(5-36)。

$$\text{VaR} = [\hat{R}_p - z\sigma]V_p \quad (5\text{-}36)$$
$$= (0.00188 - 2.33 \times 0.0125) \times 100000000$$
$$= -0.027245 \times 100000000$$
$$= -2724500$$

经理有99%的信心,一周的最大损失不会超过2724500美元。或者,经理可以说最低损失为2724500美元或更高的概率为1%(投资组合将至少损失2724500美元)。

蒙特卡罗方法的优点如下。
- 它是最强大的模型。
- 它可以考虑线性和非线性风险。
- 它可以包括风险和相关性的时间变化,这些风险和相关性是在选定的时间范围内按账龄计算的。
- 它非常灵活,可以很容易地纳入其他风险因素。
- 几乎无限数量的场景可以产生描述良好的分布。

蒙特卡罗方法的缺点如下。
- 由于估值数量迅速增加,计算时间很长。
- 所需要的智力和技术技能成本很高。
- 它受制于所选随机过程的模型风险。
- 在模拟次数较少时,它会受到采样变化的影响。

9. 两种方法的比较

Delta正态方法适用于没有重大期权风险敞口的大型投资组合,该方法快速有效。无论是基于历史数据还是基于蒙特卡罗模拟的全面估值方法,都比较耗时和昂贵。然而,对于具有大量期权风险敞口、范围更广的风险因素或长期前景的大型投资组合，全面估值方法可能是唯一合适的方法。

5.2.2.2 外部评级模型

对于企业的信用风险进行评估，是对企业发放贷款进行定价、对企业发行债券进行定价等的重要依据。对企业的信用风险进行评级，需要系统考虑企业的经营状况，尤其是企业的财务状况。

为准确评估企业的信用风险，特别是企业的偿债能力，有一些专门的评级机构开发了专有的评估模型，对企业的信用风险进行评估。在国际上公认的三大评级机构是美国的标准普尔、穆迪和惠誉三家评级机构。这三大评级机构的评级方式大同小异，都是根据企业的信用风险的高低和偿债能力，将企业划分为不同的等级。

以标准普尔的评级为例，AAA级为最高等级，这一等级企业的偿债能力没有任何问题。D级为最低级，企业未能按期偿还债务，已经形成违约。

AAA级：偿还债务能力极强，为标准普尔给予的最高评级。

AA级：偿还债务能力很强。

A级：偿还债务能力颇强，但还债能力较易受外在环境及经济状况变动等不利因素影响。

BBB级：有足够还债能力，但在恶劣的经济状况下，其还债能力可能较脆弱。

BBB-级：市场参与者认为的最低投资级评级。

BB+级：市场参与者认为的最高投机级评级。

BB级：相对于其他投机级评级，违约的可能性最低，但持续的重大不稳定情况或恶劣的商业、金融、经济条件可能令发债人没有足够能力偿还债务。

B级：违约可能性较BB级高，发债人目前仍有能力偿还债务，但恶劣的商业、金融或经济情况可能削弱发债人偿还债务的能力和意愿。

CCC级：目前有可能违约，发债人须依赖良好的商业、金融或经济条件才有能力偿还债务，如果商业、金融、经济条件恶化，发债人可能会违约。

CC级：目前违约的可能性较高。

C级：提交破产申请或采取类似行动，但仍能偿还债务。

D级：发债人未能按期偿还债务(违约)。

AA级至CCC级可加上加号(+)和减号(-)，表示评级在各主要评级分类中进一步细分。

5.2.2.3 内部评级模型

1. 专家判断法

专家判断法是依赖高级信贷人员和信贷专家自身的专业知识、技能和丰富经验，运用各种专业性分析工具，在分析评价各种关键要素基础上，依据主观判断来综合评定信用风险的分析方法。常用的专家判断法包括5C、5W、5P和CAMEL。

5C：品德(character)、资本(capital)、还款能力(capactiy)、抵押(collatera)、经营环境(condition)。

5W：借款人(who)、借款用途(why)、还款期限(when)、担保物(what)、如何还款(how)。

5P：个人因素(personal factor)、资金用途因素(purpose factor)、还款来源因素(payment factor)、保障因素(protection factor)、公司前景因素(perspective factor)。

CAMEL：资本充足性(capital adequacy)、资产质量(asset quality)、管理水平(management)、盈利水平(earnings)、流动性(liquidity)。

2. 信用评分模型

信用评分模型是一种传统的信用风险量化模型，利用可观察到的借款人特征变量计算出一个数值(得分)来代表债务人的信用风险，并将借款人归类于不同的风险等级。

线性概率模型是以评判对象的信用状况为被解释变量，多个财务比率指标为解释变量，利用最小二乘法回归得出表示各解释变量与企业违约率之间关系的线性回归模型，然后利用模型预测企业未来的违约概率。

线性辨别模型是利用计量经济学方法从若干表示观测对象特征的变量值中筛选出能提供较多信息的变量，并建立判别模型。Z评分模型是应用较为广泛的一种线性辨别模型，其判别式见式(5-37)。

$$Z = 1.2X_1 + 1.4X_2 + 3.3X_3 + 0.6X_4 + 1.0X_5 \tag{5-37}$$

其中，X_1代表营运资本/总资产，X_2代表留存收益/总资产，X_3代表息税前利润/总资产，X_4代表股权市值/债务账面值，X_5代表销售收入/总资产。

Z评分模型计算的分数中，分值越低，企业违约的可能性就越高。3分以上为安全，2.657~3之间为疑问，1.8~2.657之间为危险，低于1.8为违约。

信用评分模型通常只对贷款人行为中的两种极端情况——不违约和完全违约进行区分，但现实世界中存在更多的违约状况(拖延)，变量的选择和权重的确定并非一成不变的，且模型依赖于财务指标，而忽略了其他重要因素。

3. 违约概率模型

1) Credit Monitor模型

Credit Monitor模型是一种适用于上市公司的违约概率模型。把公司与银行的借贷关系视为期权买卖关系，因此借贷关系中的信用风险信息隐含在这种期权交易之中，从而通过应用期权定价理论求解出信用风险溢价和相应的违约概率，即预期违约频率(Expected Default Frequency，EDF)。

(1) Merton模型，假设公司仅有一项负债(零息债券，面值为D，到期日为T)；公司仅能在债务到期时违约；公司资产价值为A；权益价值为E(仅包括普通股)，则企业违约概率PD的计算见式(5-38)。

$$PD = P[A_T < D] = 1 - N(d_2) \tag{5-38}$$

其中，$N(d_2)$是B-S-M模型中的$N(d_2)$。

(2) KMV模型，假设公司有两项到期时间不同的债务，即短期债务和长期债务。违约点的计算如下。

当长期债务/短期债务<1.5，违约点=短期债务+0.5×长期债务。

当长期债务/短期债务>1.5，违约点=短期债务+(0.7−0.3短期债务/长期债务)×长期债务。

违约距离(Distance to Default，DD)=(期望公司价值−违约点)/公司价值标准差。

使用KMV模型，需要遵循三个步骤，即估计公司资产期望价值及其波动率；计算公司的违约距离DD；判断公司的预期违约频率EDF。

2) KPMG风险中性定价模型

风险中性定价理论的核心思想是假设金融市场中每个参与者都是风险中立者，不管是高风险资产、低风险资产还是无风险资产，只要资产的期望收益是相等的，市场参与者对其的接受态度就是一致的。

若投资人是风险中性的，则其对风险资产要求的期望收益率为无风险利率。在无套利市场上，存在风险中性概率，以此概率计算的任何风险资产的期望收益率都等于无风险利率，即计算任何风险资产未来现金流的现值时，使用的折现率为与投资人风险态度无关的无风险利率，这种资产定价方法称为风险中性定价，见式(5-39)。

$$P\times(1+K)+(1-P)\times(1+K)\times\theta=1+r \tag{5-39}$$

其中，P为履约概率；K是债权收益率；$1-P$是违约概率；θ是回收率；r是市场无风险利率。

3) 死亡率模型

死亡率模型是根据风险资产的历史违约数据，计算在未来一定持有期内不同信用等级的客户/债项的违约概率，即死亡率。死亡率可分为两种。

一是边际死亡率(MMR)。计算边际死亡率，以等级为B的债券为例，见式(5-40)、式(5-41)。

$$\text{MMR}_1 = \frac{\text{等级为B的债券在发行第一年违约的总价值}}{\text{处于发行第一年的等级为B的债券的总价值}} \tag{5-40}$$

$$\text{MMR}_2 = \frac{\text{等级为B的债券在发行第二年违约的总价值}}{\text{处于发行第二年的等级为B的债券的总价值}} \tag{5-41}$$

二是累计死亡率(CMR)。需要先计算出每年的存活率(Survival Rates，SR)，见式(5-42)。

$$\text{SR}=1-\text{MMR} \tag{5-42}$$

则n年期间的累计死亡率(违约率)，见式(5-43)。

$$\text{CMR}_n = 1-\text{SR}_1 \cdot \text{SR}_2 \cdots \text{SR}_n \tag{5-43}$$

4. 信用风险组合计量

1) Credit Metrics模型

Credit Metrics模型本质上是一个VaR模型，目的是计算出在一定的置信水平下，一个信用资产组合在持有期限内可能发生的最大损失。

2) Credit Portfolio View模型

麦肯锡公司提出的Credit Portfolio View模型直接将信用等级的转移概率与宏观因素的关系模型化，然后通过不断加入宏观因素冲击来模拟转移概率的变化，得出模型中的一系列参数值。

3) Credit Risk+模型

Credit Risk+模型是根据针对火灾险的财险精算原理，对贷款组合违约率进行分析的，并假设在组合中，每笔贷款只有违约和不违约两种状态。Credit Risk+模型认为，贷款组合中不同类型的贷款同时违约的概率是很小的且相互独立，因此，贷款组合的违约率服从泊松分布。

5.2.2.4 操作风险控制模型

操作风险事件指由不完善或有问题的内部程序、员工和信息科技系统,以及外部因素造成财务损失或影响银行声誉、客户和员工的操作事件。

1. 操作风险的类型

(1) 内部欺诈事件,指故意骗取、盗用财产或违反监管规章、法律或公司政策导致的损失事件,此类事件至少涉及内部一方,但不包括歧视及差别待遇事件。

(2) 外部欺诈事件,指第三方故意骗取、盗用、抢劫财产、伪造要件、攻击商业银行信息科技系统或逃避法律监管导致的损失事件。

(3) 就业制度和工作场所安全事件,指违反就业、健康或安全方面的法律或协议,个人工伤赔付或者因歧视及差别待遇导致的损失事件。

(4) 客户、产品和业务活动事件,指因未按有关规定而造成特定客户未能履行份内义务(如诚信责任和适当性要求),或产品性质及设计缺陷导致的损失事件。

(5) 实物资产的损坏事件,指因自然灾害或其他事件(如恐怖袭击)导致实物资产丢失或毁坏的损失事件。

(6) 信息科技系统事件,指因信息科技系统生产运行、应用开发、安全管理,以及由于软件产品、硬件设备、服务提供商等第三方因素,造成系统无法正常办理业务或系统速度异常所导致的损失事件。

(7) 执行、交割和流程管理事件,指因交易处理或流程管理失败,以及与交易对手方、外部供应商及销售商发生纠纷导致的损失事件。

2. 操作风险损失

操作风险的损失包括法律成本、监管罚没、资产损失、对外赔偿、追索失败、账面减值,以及其他损失。

3. 操作风险的分类

一是内部流程导致的风险,指由于商业银行业务流程缺失、设计不完善,或者没有被严格执行而造成的损失,包括客户、产品和业务活动事件,执行、交割和流程管理事件等。

二是系统缺陷导致的风险,指由于信息科技部门或服务供应商提供的计算机系统或设备发生故障或其他原因,导致商业银行不能正常提供全部或部分服务,或业务中断而造成的损失。

三是外部事件导致的风险,商业银行经营环境的变化、外部突发事件等会影响银行正常的经营活动甚至造成损失,包括外部欺诈事件、实物资产的损坏事件,以及执行、交割和流程管理事件等。

4. 操作风险评估

风险控制与自我评估(Risk and Control Self Assessment,RCSA),指银行各部门对自身经营管理中存在的操作风险点进行识别,评估固有风险,再通过分析现有控制活动的有效性,评估控制风险和剩余风险,并提出优化控制活动的方案。固有风险是指在没有任何管理控制措施的情况下,经营管理过程本身具有的风险。对操作风险没有良好的内部控制,或内部控制无效,致使业务活动中的操作风险不能被及时发现而造成损失,这种情况则存在控制风险。剩余风险是指在实施了旨在改变风险发生概率和影响程度的管理控制活动后，仍保留的风险。

关键风险指标(Key Risk Indicator，KRI)指代表某一业务领域操作风险变化情况的统计指标。关键风险指标监控的原则包括整体性、重要性、敏感性、可靠性、有效性。

操作风险控制策略包括降低风险、承受风险、缓释风险、回避风险。

操作风险资本计量方法包括基本指标法(Basic Indicator Approach，BIA)、标准法(Standardized Approach，SA)和高级计量法(Advanced Measurement Approach，AMA)。

(1) 商业银行采用基本指标法，应当以总收入为基础计量操作风险资本要求。总收入为净利息收入与净非利息收入之和。见式(5-44)。

$$K_{BIA} = \frac{\sum_{i=1}^{n}(GI_i \times \alpha)}{n} \tag{5-44}$$

其中K_{BIA}为按基本指标法计量的操作风险资本要求；GI为过去三年中每年正的总收入；n为过去三年中总收入为正的年数；α为15%。

(2) 商业银行采用标准法，应当以各业务条线的总收入为基础计量操作风险资本要求。商业银行的业务线分为公司金融、交易和销售、零售银行、商业银行、支付和清算、代理服务、资产管理、零售经纪，以及其他业务。见式(5-45)。

$$K_{TSA} = \{\sum_{i=1}^{3}\text{Max}[\sum_{i=1}^{9}(GI_i \times \beta_i),0]\}/3 \tag{5-45}$$

其中K_{TSA}为按标准法计量的操作风险资本要求；$\text{Max}[\sum_{i=1}^{9}(GI_i \times \beta_i),0]$是指各年为正的操作风险资本要求；$GI_i$为各业务条线总收入；$\beta_i$为各业务条线的操作风险资本系数。

各业务条线的操作风险资本系数(β)不同，具体地，零售银行、资产管理和零售经纪业务条线的操作风险资本系数为12%；商业银行和代理服务业务条线的操作风险资本系数为15%；公司金融、支付和清算、交易和销售，以及其他业务条线的操作风险资本系数为18%。

(3) 商业银行采用高级计量法，可根据业务性质、规模和产品复杂程度，以及风险管理水平选择操作风险计量模型。应当基于内部损失数据、外部损失数据、情景分析、业务经营环境和内部控制因素建立操作风险计量模型。建立模型使用的内部损失数据应充分反映本行操作风险的实际情况。

5.2.2.5 流动性风险控制模型

流动性风险，是指商业银行无法以合理成本及时获得充足资金，用于偿付到期债务、履行其他支付义务和满足正常业务开展的其他资金需求的风险。

流动性风险分为两类，即融资流动性风险与市场流动性风险。融资流动性风险是指商业银行在不影响日常经营或财务状况的情况下，无法及时有效满足资金需求的风险。市场流动性风险是指由于市场深度不足或市场动荡，商业银行无法以合理的市场价格出售资产以获得资金的风险。

流动性风险的计算方法见式(5-46)。

$$\begin{aligned}\text{借入资金(融资需求)} &= \text{融资缺口} + \text{流动性资产} \\ &= (\text{贷款平均额} - \text{核心存款平均额}) + \text{流动性资产}\end{aligned} \tag{5-46}$$

5.3　金融机构客户流失预警模型

客户是企业发展的命脉,以客户为中心通常是金融机构所信奉和坚守的承诺。近年来,随着经济全球化和市场多元化的发展,金融机构正处于愈发激烈的市场竞争环境中。客户是各家金融机构关注的焦点,金融机构获客黏客成本越来越高。通过完善的客户服务和深入的客户分析来满足客户的个性化需求,提高客户的认可度,是保证金融机构利润增长的关键。

金融机构通过积极的营销手段和丰富的产品策略大力扩展客户群,新客户带来新的利润增长,但在新客户增长的同时也发现老客户大量流失的现象,这是多家金融机构普遍存在的问题,在分公司、子公司,这种情况尤其严重。保住老客户,预测潜在的流失客户,防止因客户流失而引发经营危机,这对提高企业的竞争力具有战略意义。

大数据分析与建模为金融机构了解客户提供了一种有效的手段,通过客户在金融机构的资产变化、交易行为、金融特征等数据信息,对客户进行多维度的分析,找出流失客户的共同特征,从而实现对潜在流失客户的识别预测,有针对性地采取措施,可以避免客户流失对金融机构带来实际损失。

本节采用大数据建模的技术手段对潜在流失客户进行预测,目标是在给定的数据集下,充分进行分析挖掘,通过算法并结合自身业务先验知识对特征进行选择,使用统计分析、机器学习的方法找出数据中的潜在规律,完成模型训练和测试,最终实现预测。

建模之前,最主要的是要明确定义,将业务问题转化为模型问题。对流失客户预测的本质是根据客户行为和属性,将"存在流失倾向的客户"与"普通客户"区分开,继而进行挽留营销,所以该问题是一个二分类问题。

从业务角度而言,流失客户可以解读为销户或贡献下降。一般,我们以客户资产变动情况定义客户是否流失,即在对比区间,将资产下降超过某一比率且没有回升迹象的客户定义为存在流失倾向客户。

为提升本节的实用性,本节给出了参考代码,代码使用Python语言编写,具体版本为Python 3.8,涉及的相关代码工具包有Pandas、Seaborn、Matplotlib、NumPy、Scikit-learn、LightGBM、Joblib。

Pandas是数据分析与建模工作常用的工具包,它具有强大的数据处理功能,可方便快捷地对结构化数据进行加工处理。

Matplotlib是使用Python进行绘图的重要工具包,大多数评价指标的相关图表都可以使用此包或以此包为基础进行绘制。

Seaborn也是Python常用的绘图工具包,该工具包在Matplotlib的基础上提供了更为方便的接口及更为多样的配色方案。

NumPy是Python中重要的数值计算包,在Python矩阵计算方面有巨大的优势,是众多机器学习包的基础。

Scikit-learn是建模工作中非常重要的工具包,它功能全面、性能强大,预置了数据预处理、模型训练、模型评估等建模工作中各个流程的功能,能够满足建模工作的大部分需求。

LightGBM是当前常用的建模算法包,是梯度提升树算法的一种高效实现,该算法速度快、准确率高、内存占用小,可用在二分类问题、回归问题等各类场景中。

Joblib可对训练完成的模型进行序列化处理并进行存储,使得在各个场景都能够方便地调用。

5.3.1 数据探索性分析

在开展正式的模型建设工作之前,需要进行数据探索性分析(EDA),对数据进行查看并理解其特征,主要步骤有目标变量分析、特征单变量分析、特征相关性分析。

5.3.1.1 目标变量分析

首先提取目标变量(即标签值、待预测值),查看目标变量的类型,结合业务背景判断应该采用的模型类型。对于有目标变量历史数据的金融建模问题,根据目标变量的情况,可以选择分类模型或者回归模型。通常若目标变量是连续值,则采用回归模型;若目标变量是离散值,则采用分类模型。本节提及的"金融机构客户流失预警模型"预测的目标是客户是否有流失倾向,目标结果只有0(无流失倾向)、1(有流失倾向)两种可能,应采用分类模型,具体而言,应采用二分类模型。

其次,查看目标变量分布,考虑数据的均衡程度。对本案例而言,0和1样本分布不均衡的情况较为明显,可考虑通过以下手段提升模型对1样本的预测效果。

代价敏感学习,即对不同的样本赋予不同的权重。在本案例中,应对占比较少的也就是想要预测的流失客户,赋予较高的权重。

采样,具体可分为上采样和下采样,上采样即采用简单随机采样的方法对1样本进行多次采样,将1样本数据进行扩充。下采样即采用简单随机采样的方法对0样本进行采样,缩减0样本的数量。

参考代码如下。

```
#读取数据
trian_df = pd.read_csv('./train.csv')#该函数可直接读取CSV文件,读取结果为DataFrame类型,命名为trian_df
trian_df.head()#该函数可以对样本数据进行展示
```

样本数据的前5行如图5-4所示。

客户编号	近1个月到期笔数	近2个月到期笔数	近3个月到期笔数	近6个月到期笔数	近1个月到期金额	近2个月到期金额	近3个月到期金额	近6个月到期金额	性别	年龄段	教育程度代码
	0	0	0	5	0.0	0.0	0.00	165057.33	2.0	6.0	0.0
	0	0	0	0			0.00	0.00	2.0	5.0	0.0
	0	0	0	0			0.00	0.00	2.0	6.0	0.0
1	1	5	10	100000.0	100000.0	535000.00	1097000.00	2.0	6.0	7.0
0	2	6	9		22400.0	77511.55	152355.46	2.0	6.0	3.0

图5-4 对样本数据的前5行进行展示

查看行列数的参考代码如下。

```
#查看行列数
trian_df_Length = trian_df.shape[0]#该函数可查看train_df的行列数[0]表示取该
DataFrame的行数
trian_df_wideth = trian_df.shape[1]
print('该表共有{}行,{}列数据'.format(trian_df_Length,trian_df_wideth))
```

输出结果如图5-5所示。

该表共有10000行,160列数据

图5-5　查看训练数据的行列数

查看目标变量的参考代码如下。

```
#查看目标变量
Target_Ratio_Info=pd.DataFrame({'目标类型计数':trian_df['flag'].value_
counts()})
#value_counts()可对DataFrame某列特征的特征值个数进行统计
Target_Ratio_Info['各类目标占比']=Target_Ratio_Info['目标类型计数'].
apply(lambda x:'{:0.2f}%'.format(x/trian_df_Length))
print('该表FLAG信息如下:\n{}'.format(Target_Ratio_Info))
```

输出结果如图5-6所示。

```
该表FLAG信息如下:
   目标类型计数  各类目标占比
0    9082    0.91%
1     918    0.09%
```

图5-6　查看目标变量的数量及占比

5.3.1.2　特征单变量分析

对宽表中所包含的特征进行统计性描述，分析数据集中各变量的数据类型及统计分布，对其中的样本数量、标准差、最大值、最小值等指标进行统计，宏观展现所有变量的缺失值比例、重复数据条数、分布离散度，指导采取适当的预处理措施。查看每一个特征的特征值个数的参考代码如下。

```
#查看每一个特征的特征值个数
Unique_Value_Info=trian_df.nunique().sort_values(ascending=False)
Unique_Value_Info=pd.DataFrame(Unique_Value_Info,columns=['特征取值数'])
Unique_Value_Info['特征取值数比上样本个数'] = Unique_Value_Info['特征取值数'].
apply(lambda x:'{:0.2f}%'.format(x/trian_df_Length))
```

输出结果如图5-7所示。

	特征取值数	特征取值数比上样本个数
客户编号	10000	100.00%
过去半年日均金融资产（元）	9913	99.13%
过去3个月日均金融资产（元）	9885	98.85%
近1个月日均金融资产	9848	98.48%
N-3月资产	9844	98.44%
N-4月资产	9842	98.42%
N-6月资产	9833	98.33%
N-1月资产	9831	98.31%
N-5月资产	9830	98.30%
N-2月资产	9820	98.20%
本月金融资产	9813	98.13%
存款余额	9798	97.98%
季月均存款	9762	97.62%
金融资产星点值	9427	94.27%
活期存款余额	9160	91.60%
总流入金额(季)	7023	70.23%
总流出金额(季)	6450	64.50%
总流入金额(月)	6011	60.11%
定期存款余额	5377	53.77%
总流出金额(月)	4947	49.47%

图5-7 训练数据的特征的取值个数

查看统计指标的参考代码如下。

```
#查看统计指标
trian_df.describe()#该函数可直接查看相关的统计信息
```

输出结果如图5-8所示。

	近1个月到期笔数	近2个月到期笔数	近3个月到期笔数	近6个月到期笔数	近1个月到期金额	近2个月到期金额	近3个月到期金额	近6个月到期金额	年收入	行龄
count	10000.000000	10000.000000	10000.000000	10000.000000	1.000000e+04	1.000000e+04	1.000000e+04	1.000000e+04	9.995000e+03	9995.000000
mean	0.193500	0.408000	0.620400	1.430900	9.472082e+03	2.198667e+04	3.633645e+04	6.679913e+04	1.794729e+05	18.054627
std	0.732879	1.207345	1.590144	3.130624	4.956209e+04	8.580475e+04	1.614350e+05	2.091225e+05	1.166487e+07	1.890969
min	0.000000	0.000000	0.000000	0.000000	0.000000e+00	0.000000e+00	0.000000e+00	0.000000e+00	0.000000e+00	0.000000
25%	0.000000	0.000000	0.000000	0.000000	0.000000e+00	0.000000e+00	0.000000e+00	0.000000e+00	0.000000e+00	18.000000
50%	0.000000	0.000000	0.000000	1.000000	0.000000e+00	0.000000e+00	0.000000e+00	0.000000e+00	0.000000e+00	19.000000
75%	0.000000	0.000000	1.000000	2.000000	0.000000e+00	0.000000e+00	1.550009e+04	6.108096e+04	0.000000e+00	19.000000
max	41.000000	64.000000	68.000000	174.000000	1.291621e+06	3.000000e+06	7.592082e+06	9.725660e+06	1.000000e+09	20.000000

图5-8 查看训练数据的常用统计指标

5.3.1.3 特征相关性分析

高度线性相关的特征会对模型造成较大的干扰,典型的考察线性相关性的参数是"皮尔森相关系数",该系数的取值范围是[-1,1],取值越接近1越正相关,取值越接近-1越负相关,取值为0则表示线性无关。可使用热力图表示特征之间的相关性,本案例特征相关性系数热力图如图5-9所示。

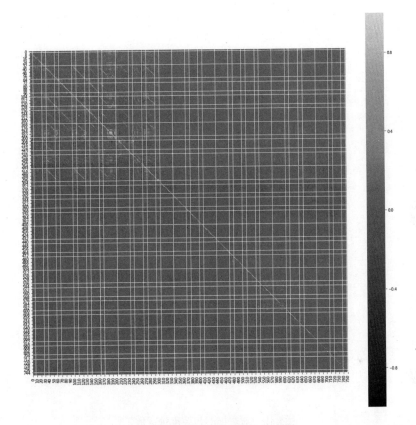

图5-9 数据相关性系数的热力图

在图5-9中,横轴与纵轴分别表示属性的序号,属性之间的线性相关性程度用颜色表示,越接近浅色越正相关,越接近深色越负相关。可结合业务背景与特征含义,设定阈值,对相关性系数超过阈值的特征进行删减。选择浮点型数据查看皮尔森相关系数的参考代码如下。

```
#选择浮点型数据查看皮尔森相关系数
    CorrHeatPlot_Number_Coulumns_List=trian_df.select_dtypes(include=['float']).
columns.tolist()
    corr_relation = trian_df[CorrHeatPlot_Number_Coulumns_List].corr()#该函数
可查看相关性矩阵
```

输出结果如图5-10所示。

	近1个月到期金额	近2个月到期金额	近3个月到期金额	近6个月到期金额	性别	年龄段	教育程度代码	年收入
近1个月到期金额	1.000000	0.658440	0.443590	0.401447	-0.021061	0.045920	0.000129	-0.002542
近2个月到期金额	0.658440	1.000000	0.655230	0.591817	-0.018378	0.061051	0.001971	-0.003359
近3个月到期金额	0.443590	0.655230	1.000000	0.890214	-0.021927	0.037813	0.000625	-0.003012
近6个月到期金额	0.401447	0.591817	0.890214	1.000000	-0.023357	0.057292	-0.006136	-0.004329
性别	-0.021061	-0.018378	-0.021927	-0.023357	1.000000	-0.027209	0.041260	-0.007352
年龄段	0.045920	0.061051	0.037813	0.057292	-0.027209	1.000000	-0.106304	-0.025385
教育程度代码	0.000129	0.001971	0.000625	-0.006136	0.041260	-0.106304	1.000000	0.016438
年收入	-0.002542	-0.003359	-0.003012	-0.004329	-0.007352	-0.025385	0.016438	1.000000

图5-10 对数据的相关度进行展示

对相关性表格进行可视化处理的参考代码如下。

```
#对相关性表格进行可视化处理
import seaborn as sns#seaborn可以便捷地画出各种各样的图形
import matplotlib.pyplot as plt
colormap = plt.cm.viridis
sns.heatmap(corr_relation,annot=True,vmax=1,square=True,cmap=colormap,linewidths=0.0002,linecolor='white')
```

5.3.2 数据预处理

5.3.2.1 离群点处理

金融建模领域所处理的数据大多来自真实的交易，各个特征可能存在一些离群点。这些离群点中，有的偏离数据中心但业务理解上合乎逻辑，在实际生产中是存在的；还有一类离群点，难以用业务逻辑来解释，可能是错误值，如银行客户年龄为一两岁甚至为零的点，这类离群点可视为异常值。

离群点的存在可能影响模型的效果，因此需要对离群点进行处理。对于离群点的处理，可采用四分位距判断的方法，即将取值大于若干倍四分位距的特征值统一进行封顶或封底处理。参考代码如下。

```
#计算指定列的IQR，使用IQR对特征进行封底或封顶处理
OutlierIqr_Columns_name_list=trian_df.select_dtypes(include=['float']).columns.tolist()[0:50]
Mult_Num=3
statistic_describe=trian_df[OutlierIqr_Columns_name_list].describe()
IQR_ser=statistic_describe.loc['75%',:]-statistic_describe.loc['25%',:]#第三四分位数与第一四分位数的差距为四分位距
##开始对超过Mult_Num倍的四分位距的特征值进行封顶或封底处理
for each_Columns_name in OutlierIqr_Columns_name_list:
    each_IQR = IQR_ser[each_Columns_name]
    first_quartile=statistic_describe.loc['25%',each_Columns_name]
    third_quartile=statistic_describe.loc['75%',each_Columns_name]
    up_iqr_mask=(trian_df[each_Columns_name]<(third_quartile + Mult_Num*each_IQR))
    down_iqr_mask=(trian_df[each_Columns_name]>(first_quartile - Mult_Num*each_IQR))
    trian_df.loc[~up_iqr_mask,each_Columns_name]=(third_quartile + Mult_Num*each_IQR)
    trian_df.loc[~down_iqr_mask,each_Columns_name]=(first_quartile - Mult_Num*each_IQR)
    print('each_Columns_name:{},first_quartile:{},third_quartile:{},up_iqr_mask:{},down_iqr_mask:{},'.format(each_Columns_name,first_quartile,third_quartile,up_iqr_mask.sum(),down_iqr_mask.sum()))
    print('_'*100)
```

输出结果如图5-11所示。

```
each_Columns_name:近3个月到期金额,first_quartile:0.0,third_quartile:16341.5415875,up_iqr_mask:8651,down_iqr_mask:10000,

each_Columns_name:近6个月到期金额,first_quartile:0.0,third_quartile:60097.060000000005,up_iqr_mask:9273,down_iqr_mask:10000,
```

图5-11 查看离群点处理结果

5.3.2.2 缺失值处理

在模型研发的过程中遇到的数据缺失值主要可以分为两种，即源数据缺失和数据表关联失败造成的缺失。

源数据缺失时，通常采取的手段是尽量通过业务逻辑进行补全，例如，交易流水明细表中存在大量对方账号不为空，但对方客编缺失的情况，致使无法计算交易对手人数。此时，按借记卡、信用卡的顺序，通过对方账号与卡外部标志关联获取对应的基本账户账号，进而利用客户账户关系表匹配出对应的客编来替换缺失值。

数据表关联失败造成缺失时，需要查找是否有可替补的数据源表进行补齐，仍无法补齐时，需要统计缺失率，缺失率较高时综合特征业务含义判定取舍，缺失率低时对空值用特定值填充或作为特殊一类不进行处理。缺失值查找的参考代码如下。本案例中训练数据的缺失值情况如图5-12所示。

```
#缺失值查找
naCount_dict = {}
for col in trian_df.columns.tolist():
    NA= trian_df[col].isnull()#判断是否为空
    NA=sum(NA)
    naCount_dict[col] = [colNa, '{:0.2f}%'.format((float(NA)/len(trian_df))*100)]
naCount_df=pd.DataFrame(naCount_dict)
```

过去半年代发工资总额(元)	过去3个月日均金融资产(元)	过去半年日均金融资产(元)	信用卡透支余额	贷记卡透支余额	准贷记卡透支余额	个人消费贷款余额	个人经营贷款余额	个人住房贷款余额	个人消费信用贷款余额	大额存单持有标志	本月金融资产	N-1月资产	N-2月资产	N-3月资产	N-4月资产	N-5月资产	N-6月资产	近1个月日均金融资产
4	4	4	2262	2262	2262	2262	2262	2262	2262	4	4	4	4	4	4	4	4	4
0.04%	0.04%	0.04%	22.62%	22.62%	22.62%	22.62%	22.62%	22.62%	22.62%	0.04%	0.04%	0.04%	0.04%	0.04%	0.04%	0.04%	0.04%	0.04%

图5-12 查看训练数据的缺失值情况

缺失值填补的参考代码如下。

```
#缺失值填补
##一次填补全部列
trian_df=trian_df.apply(lambda x :(x.mode().values.tolist()[0]))
##填补单列,任意值
columns_name=['gcmcorpsizecd']
trian_df[columns_name] = trian_df[columns_name].fillna(10)
```

5.3.2.3 归一化处理

宽表中的特征所采用的度量单位可能是不同的，为统一特征数据的度量单位，可对特征进行归一化处理，以规避特征间的量纲差异对模型结果产生的影响，同时加快模型收敛速度，提升模型运行效率。

常见的归一化方法是特征值减最小值后除以极差，其函数见式(5-47)。

$$y_i = \frac{x_i - \min(x)}{\max(x) - \min(x)} \tag{5-47}$$

进行归一化的参考代码如下。

```
#最大最小归一化
#from sklearn.preprocessing import MinMaxScaler,
scaler = MinMaxScaler()
scaler.fit(trian_df[['准贷记卡透支余额']])
trian_df[['准贷记卡透支余额']]=scaler.transform(trian_df[['准贷记卡透支余额']])
```

5.3.3 特征加工

5.3.3.1 数据重编码

数据重编码有两个目的，一是对机器学习模型无法处理的字符型数据进行处理，以便后续建模使用，二是提升特征的区分能力和鲁棒性。

对蕴含顺序关系的属性，将其和有序整形数字一一进行映射即可完成编码。

对无序类别属性可使用OneHot(独热编码)进行处理，编码后的特征个数为编码前的特征值个数，且编码后的特征每行仅能有一列取值为1。对编码后的每一列特征而言，某列取值为1，则表明该行样本在编码前应取该列对应的特征值。

以"教育程度"这个类别属性为例，进行数据编码的参考代码如下。进行独热编码前后的示例如图5-13、图5-14所示。

```
#数据编码
#Scikit-leran也可以OneHotEncoder对特征进行编码，但在数据预处理阶段使用Pandas的DataFrame类型统一处理会更容易理解
pd.get_dummies(trian_df[['教育程度代码','性别']],columns=['教育程度代码','性别']).head(10)
```

	教育程度代码	性别
1668	0.0	2.0
419	0.0	2.0
6331	3.0	2.0
4597	0.0	1.0
3081	0.0	2.0
10160	8.0	2.0
8018	0.0	2.0
8027	0.0	1.0
5470	0.0	1.0
7013	0.0	2.0

图5-13 查看独热编码前的类别变量

	教育程度代码_-9.0	教育程度代码_0.0	教育程度代码_1.0	教育程度代码_2.0	教育程度代码_3.0	教育程度代码_4.0	教育程度代码_5.0	教育程度代码_6.0	教育程度代码_7.0	教育程度代码_8.0	教育程度代码_9.0	性别_-2.0	性别_0.0	性别_1.0	性别_2.0
1668	0	1	0	0	0	0	0	0	0	0	0	0	0	0	1
419	0	1	0	0	0	0	0	0	0	0	0	0	0	0	1
6331	0	0	0	0	1	0	0	0	0	0	0	0	0	0	1
4597	0	1	0	0	0	0	0	0	0	0	0	0	0	1	0
3081	0	1	0	0	0	0	0	0	0	0	0	0	0	0	1
10160	0	0	0	0	0	0	0	0	0	1	0	0	0	0	1
8018	0	1	0	0	0	0	0	0	0	0	0	0	0	0	1
8027	0	1	0	0	0	0	0	0	0	0	0	0	0	1	0
5470	0	1	0	0	0	0	0	0	0	0	0	0	0	1	0
7013	0	1	0	0	0	0	0	0	0	0	0	0	0	0	1

图5-14 查看独热编码后的类别变量

5.3.3.2 特征衍生

以"客户资金交易流水"这个特征为例，简述特征衍生的思路。客户的资金交易流水直接反映了客户的经济水平，是金融行业建模的重要特征维度之一，对刻画客户形象起着举足轻重的作用。客户交易特征的描述方式主要有频次、金额和对手方三个角度，在处理交易特征的过程中可采用以下方法。

(1) 细化观测时间粒度：增加观测时点近0~3个月、3~6个月、6~9个月、9~12个月、12~15个月，共5个细粒度的观测点。

(2) 细化计算逻辑：增加交易金额中top3/5/7交易额粒度。

(3) 细化业务维度：增加借贷两个维度。

5.3.4 模型建设

本案例使用的LightGBM算法是金融行业建模较为常用的分类、回归算法，该算法是集成学习的一种，近年来该算法以其出色的速度，优异的内存占用和较强的学习能力成为金融业传统机器学习问题中所使用的主要算法之一。同时集成学习的其他算法也在金融业的各个领域都表现出了优异的稳定性和鲁棒性。

常用的集成学习有两种思路，即Bagging和Boosting。

5.3.4.1 Bagging

常用的随机森林模型就是Bagging方法，该方法的核心是通过对属性和样本进行抽样的方式来训练决策树，并综合考虑各个决策树的结果，从而得出最终的预测结果。

5.3.4.2 Boosting

LightGBM是Boosting方法的一种，该方法的基础模型也是决策树，但每一棵树学习的是之前所有树的结果的残差，从而使之前被分错的样本在后续的决策树决策过程中更受重视。

常见的基于梯度提升树的开源框架有XGBoost，LightGBM，CatBoost。这三套开源框架各有所长，但都优化了梯度提升树的具体实现，也在并行计算和数据结构上做了深度的优化。综合考虑计算环境的性能容量和实现效果，本案例使用运行速度较快的LightGBM框架作为示例，常用参数可参考以下代码。

```
clf_lgb_params_one = {
'application': 'binary',
'learning_rate': 0.05,
'num_leaves': 31,
'n_estimators': 300,
'lambda_l1': 1,
}
```

application参数值为binary，表示为二分类问题。

learning_rate设置参数值为0.05，表示集成学习的学习速率为0.05，该值越大，表示每一棵树的权重越大，算法的学习速度越快，越容易达到模型的上限，但可能无法达到相对最优。该值越小，算法的学习速度越慢，越可能达到相对最优。

num_leaves设置为31，表示集成学习的每一棵子树的叶子节点数的最大值为31，该值越高，算法的学习能力越强，最终模型越复杂，对训练集数据规律的学习也就越好。但在训练集上过度学习，可能导致在测试集上的预测效果变差。

n_estimators设置参数为300，表示子树的棵数，该值越大，模型越复杂。

lambda_l1设置参数为1，表示对目标函数使用L1正则化约束的强度。该值越大，约束力越强。可用来约束模型的复杂程度，避免在训练集上过度学习，从而避免模型过拟合。

```
#LightGBM算法调用，使用LightGBM包的LGBMClassifier接口调用该算法非常简单，只需要划分数据集，调用fit方法即可
import lightgbm as lgb
from sklearn.model_selection import train_test_split
trian_df_X, validation_df_X, train_df_Y, validation_df_Y = train_test_split(data_df.drop(columns=['flag']), data_df.flag, test_size=0.25, random_state=2021)
clf_gbdt=lgb.LGBMClassifier(
    boosting_type='gbdt',
    num_leaves=31,
    learning_rate=0.01,
    n_estimators=300,
    min_child_samples=20,
    reg_alpha=1,
    reg_lambda=1,
    random_state=2021,
    importance_type='split'
)
clf_gbdt.fit(trian_df_X,train_df_Y,eval_set=(validation_df_X,validation_df_Y))
```

5.3.5 模型的超参调节

不同于模型根据特定学习算法从数据中学习得到的参数，模型的超参数是指在训练模型之前人为指定的模型参数，不同的模型超参数会决定模型在相同数据上的训练结果。模型调参即调整模型的超参数，该过程通常被认为是建模工作中的高阶技巧，但其实本质很简单，即选用恰当的参数调整方法确定需要尝试的模型超参数，在训练数据集上训练模型，在不同的验证集上验证选定参数在训练集上训练得到的模型结果，通过验证集上的验证结果来评价模型效果，调校模型超参数。当模型结果比较满意时，在与训练集、验证集都不同的测试集上测试模型的最终效果，如此循环往复，直到模型最终结果满足业务需求为止。

模型的参数调整方法可以简单地分为两类，即经验调参和自动调参。

5.3.5.1 经验调参

经验调参指经验丰富的分析师根据前期的数据探索性分析结果和建模经验，直接指定模型参数的范围，并在范围内开展模型参数调节。

5.3.5.2 自动调参方法

此方法又可分为网格交叉验证搜索、随机交叉验证搜索、智能算法搜索三类。

(1) 网格交叉验证搜索，为每一个参数指定一个可穷举的备选参数，由机器对所有参数的所有可能组合进行暴力搜索，通过遍历给出的所有参数组合，给出最佳模型。参考代码如下。

```
#网格交叉验证搜索
from sklearn.model_selection import GridSearchCV
scorer = 'f1'
search_grid ={
            'n_estimators': np.linspace(start=50,stop=300,num=3).astype('int'),
            'reg_alpha': [0.5,1,2],
            'learning_rate':[0.05,0.1,0.2],
            }
clf = GridSearchCV(clf_gbdt, search_grid,cv=5,verbose=0,refit=True, scoring='roc_auc')
clf.fit(x_train_ ,y_train_,eval_set=(x_kfold_test_ , y_kfold_test_),eval_metric='auc')
```

(2) 随机交叉验证搜索，思路与网格交叉验证搜索类似，也是通过暴力搜索的方式进行调参，但与网格交叉验证搜索的不同之处在于，该方法在指定范围内进行固定次数的随机抽样，以达到高效搜索参数的目的，在缺少建模经验的情况下，可优先使用随机交叉验证搜索。参考代码如下。

```
#随机交叉验证搜索
from sklearn.model_selection import RandomizedSearchCV,
search_grid = {'n_estimators': np.linspace(start=50,stop=300,num=3).astype('int'),
            'reg_alpha': stats.uniform(0, 1),
            'learning_rate': loguniform(1e-4, 1e0)}
clf_random_search = RandomizedSearchCV(estimator=clf_gbdt, param_distributions=search_grid, n_iter=20, scoring='roc_auc', cv=5)
clf_random_search.fit(x_train_ ,y_train_,eval_set=(x_kfold_test_ , y_kfold_test_),eval_metric='auc')
```

(3) 智能算法搜索，与以上两种方法不同，它通过遗传算法、贝叶斯优化对模型参数进行调节优化，是一类基于启发式的调参方法，在相同时间内，通常能取得比随机交叉验证搜索和网格交叉验证搜索都好的结果，但缺点是对计算力要求高，此处从实用性角度出发，就不给出智能算法搜索的相关算法了。

5.3.6 交叉验证

交叉验证是在机器学习建立模型和验证模型参数时常用的办法，当学习器把训练样本学得"太好了"的时候，可能导致泛化性能下降，在真实数据集上的预测效果不佳，这种现象在机器学习中被称为过拟合。通过交叉验证可以选择合理的模型超参数，避免模型训练过度。

交叉验证，顾名思义，就是重复使用数据，把得到的样本数据进行切分，组合为不同的训练集和测试集，用训练集来训练模型，用测试集来评估模型预测的好坏。在此基础上可以得到多组不同的训练集和测试集，某次训练集中的某样本在下次可能成为测试集中的样本，即"交叉"。

根据切分的方法不同，交叉验证分为以下三种。

第一种是简单交叉验证，随机将样本数据分为两部分(比如分为 70%的训练集，30%的测试集)，然后用训练集来训练模型，在测试集上验证模型及参数。接着把样本打乱，重新选择训练集和测试集，继续训练数据和检验模型。最后选择评估函数表现最优的模型和参数。

第二种是K折交叉验证。和第一种方法不同，K折交叉验证会把样本数据随机地分成K份，每次选择K-1份作为训练集，剩下的1份作为测试集。当这一轮完成后，重新选择K-1份来训练数据。K轮之后，所有的数据都被选择过一次作为测试集。

第三种是留一交叉验证，它是K折交叉验证的特例，此时K等于样本数N，这样对于N个样本，每次选择N-1个样本来训练数据，留一个样本来验证模型预测的好坏。此方法主要用于样本量非常少的情况。

K折交叉验证是训练机器学习模型常用的方法，1次K折交叉验证能保证模型在全量的测试数据集上都有相应的预测结果输出，该方法的稳定性取决于K的具体取值，通常使用K的取值为5或10。和简单交叉验证一样，K折交叉验证也可以进行多次，常用的方法有5次5折交叉验证或5次10折交叉验证，通过多次进行及较大的K值来保证模型测试结果的稳定性和真实性。

对于不平衡数据集而言，模型的指标会因为抽样结果的不同而有明显的变化，使用K折交叉验证，在各折之上训练模型并产生评价指标，对所有评价指标取平均值，有利于观察和测算模型的稳定性。5折交叉验证的参考代码如下。5折交叉验证示例如图5-15所示。

```
#5折交叉验证
from sklearn.model_selection import StratifiedKFold
skfold=StratifiedKFold(n_splits=5, random_state=None, shuffle=False)
for skfold,(train_index,test_index) in enumerate(skfold.split(trian_df_X.head(50),train_df_Y.head(50))):
    print("TIMES:",skfold,"TRAIN:", train_index, "TEST:", test_index)
    print('-'*50)
    x_train_ ,y_train_ =trian_df_X.iloc[train_index],train_df_Y.iloc[train_index]
    x_kfold_test_ , y_kfold_test_ = trian_df_X.iloc[test_index],train_df_Y.iloc[test_index]
```

```
TIMES: 0 TRAIN: [10 11 12 13 14 15 16 17 18 19 20 21 22 23 24 25 26 27 28 29 30 31 32 33
 34 35 36 37 38 39 40 41 42 43 44 45 46 47 48 49] TEST: [0 1 2 3 4 5 6 7 8 9]

TIMES: 1 TRAIN: [ 0  1  2  3  4  5  6  7  8  9 19 20 21 22 23 25 26 27 28 29 30 31 32 33
 34 35 36 37 38 39 40 41 42 43 44 45 46 47 48 49] TEST: [10 11 12 13 14 15 16 17 18 24]

TIMES: 2 TRAIN: [ 0  1  2  3  4  5  6  7  8  9 10 11 12 13 14 15 16 17 18 24 28 31 32 33
 34 35 36 37 38 39 40 41 42 43 44 45 46 47 48 49] TEST: [19 20 21 22 23 25 26 27 29 30]

TIMES: 3 TRAIN: [ 0  1  2  3  4  5  6  7  8  9 10 11 12 13 14 15 16 17 18 19 20 21 22 23
 24 25 26 27 29 30 39 41 42 43 44 45 46 47 48 49] TEST: [28 31 32 33 34 35 36 37 38 40]

TIMES: 4 TRAIN: [ 0  1  2  3  4  5  6  7  8  9 10 11 12 13 14 15 16 17 18 19 20 21 22 23
 24 25 26 27 28 29 30 31 32 33 34 35 36 37 38 40] TEST: [39 41 42 43 44 45 46 47 48 49]
```

图5-15 5折交叉验证示例

5.3.7 模型评价

5.3.7.1 KS值

KS值可以衡量模型的区分能力，具体而言，KS值是衡量模型区分正例和负例能力的指标。

在实际使用的过程中，可按照模型的预测概率值(正例)，从大到小对预测样本进行排序，按顺序选择截断点，按样本数量均分为20个箱体，计算每个箱内样本个数、目标样本个数和非目标样本个数的相关指标，以及KS值。通过这种方式可以看出模型在不同分段下的预测能力变化，如图5-16所示。

0.377	136	341	136	341	0.392	0.715	0.285 0.992664418	0.473644623
0.493	342	135	478	476	0.548	0.283	0.717 0.473112697	0.216977775
0.551	387	90	865	566	0.651	0.189	0.811 0.216477388	0.127226038
0.586	406	71	1271	637	0.733	0.149	0.851 0.12696065	0.084926791
0.588	432	45	1703	682	0.785	0.094	0.906 0.084747074	0.063714286
0.58	440	37	2143	719	0.827	0.078	0.922 0.063712937	0.049813541
0.563	447	30	2590	749	0.862	0.063	0.937 0.049811571	0.040474672
0.546	447	30	3037	779	0.896	0.063	0.937 0.040467391	0.03288851
0.507	464	13	3501	792	0.911	0.027	0.973 0.032886081	0.027498369
0.471	462	15	3963	807	0.929	0.031	0.969 0.027495908	0.022883394
0.425	470	7	4433	814	0.937	0.015	0.985 0.022882777	0.019038958
0.39	461	16	4894	830	0.955	0.034	0.966 0.019027887	0.016013155
0.345	469	8	5363	838	0.964	0.017	0.983 0.016010134	0.013506614
0.299	470	7	5833	845	0.972	0.015	0.985 0.013500296	0.01126147
0.248	474	3	6307	848	0.976	0.006	0.994 0.011258138	0.009164727
0.198	473	4	6780	852	0.98	0.008	0.992 0.009163051	0.007279145
0.153	469	8	7249	860	0.99	0.017	0.983 0.007278028	0.00570271
0.104	472	5	7721	865	0.995	0.01	0.99 0.005702709	0.004292256
0.053	474	3	8195	868	0.999	0.006	0.994 0.004289416	0.002771424
0	469	1	8664	869	1	0.002	0.998 0.002769064	0.00019865

图5-16 KS分箱示例

图5-16中从左到右分别是当前箱内正常客户样本个数、当前箱内流失客户样本个数、当前为止累计的正常客户样本个数、当前为止所有箱内累计的流失客户样本个数、当前为止所有箱内的流失客户样本召回率、当前箱内流失客户样本占比、当前箱内正常客户样本

占比、当前箱所取的截断值的上界和当前箱所取的截断值的下界。

查看模型在某测试集上预测结果的第一箱(即模型认为最有把握的部分)，此箱给出了477个客户，其中有流失风险的客户有341个，无流失风险的客户有136个，预测准确率高达71.5%，同时召回了流失风险客户的39.2%。也就是说，如果只使用模型预测清单的前5%作为流失风险客户开展相应措施，能覆盖全量流失风险客户的39.2%。模型预测能力较为突出，具有很强的实用价值。

5.3.7.2 混淆矩阵

对测试集样本进行预测，根据模型返回样本所属类别的概率，设定阈值(按照题目要求，此处阈值为0.5)进行判断。本次示例的混淆矩阵如图5-17所示。

此处使用的测试集共9533条测试样本，有8873条样本预测正确，模型准确率为93.1%，准确率很高，模型预测效果良好。其中，真实为潜力且预测为潜力的样本有329条，在真实数据分布失衡的情况下，潜力样本也被很好地预测出来。

```
#画出混淆矩阵
from sklearn.metrics import ,plot_confusion_matrix
import matplotlib.pyplot as plt
#Scikit-learn工具包可以直接画出混淆矩阵,但使用之前需要先引入Matplotlib包
plot_confusion_matrix(clf_gbdt, validation_df_X, validation_df_Y)
plt.show()
```

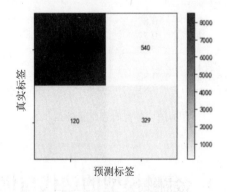

图5-17　测试数据混淆矩阵

5.3.7.3 F-score值

由混淆矩阵可以计算召回率(Reacll)和精确率(Precision)，前者衡量样本中的正例有多少被预测正确了，后者衡量预测为正的样本中有多少是真的正样本。通常二者很难同时做到最优，因此有F_1-score计算二者的调和平均值。F_1-score能够综合召回率与精确率，是金融行业较为常见的评价指标，见式(5-48)。

$$F_1\text{-}score = \frac{2 \times Recall \times Precision}{Recall + Precision} \tag{5-48}$$

通常，对于不同的问题，业务对召回率和精确率的关注侧重也不同，因此考虑F_1-score的一般形式F_β-score。见式(5-49)。

$$F_\beta\text{-score} = \frac{(1+\beta^2) \times Recall \times Precision}{\beta^2 \times Recall + Precision} \tag{5-49}$$

当 $\beta=1$ 时，召回率和精确率权重一样，等价于 F_1-score；当 $\beta<1$ 时，召回率权重小于精确率权重，即提升相同程度的精确率能得到更高的 F_β-score 得分。若 β 为 2/3 时，则表明该业务更关注预测为目标的用户其真实值也为目标客户的数量，即更关注客户的精确率。通常情况下，根据具体的应用场景，金融业对模型的召回率和精确率的关注会有所不同。当营销成本较高时，期望模型有更高的精确率，以保证在成本可控的前提下尽量营销客户；若使用自动外呼营销机器人等成本较低的营销方式，期望模型有更高的召回率，即尽可能成功营销更多的客户。参考代码如下。分类问题常见评价指标如图5-18所示。

```
#Scikit-learn提供的classification_report函数可以一键给出分类模型常用的评价指标，如精确率、召回率、F₁值等
from sklearn.metrics import classification_report
print(classification_report(
    validation_df_Y,
    clf_gbdt.predict(validation_df_X),
    labels=[0,1]))
```

	Precision	Recall	F_1-score	Support
0	0.87	0.96	0.91	390
1	0.77	0.51	0.61	110
Accuracy			0.86	500
Macro Avg	0.82	0.73	0.76	500
Weighted Avg	0.85	0.86	0.85	500

图5-18 分类问题常见评价指标

5.4 金融模型的迭代与优化

5.4.1 金融领域机器学习模型评价

机器学习模型的运行效果如何，需要通过明确的指标进行评估，并使得评价指标可以与其他相关模型进行比较。对于金融领域常见的智能风控和精准营销这两类业务场景而言，在模型训练过程中需要对模型进行评价以便选出合适的模型，在模型上线之后需要对模型性能进行持续监控，以确保模型具有满足业务需求的能力。

5.4.1.1 分类模型

金融行业应用较为广泛的模型是二分类模型，以二分类模型为例，金融业对二分类模型的评价标准主要包括准确率、精确率、召回率、F_1 值、ROC曲线与AUC值、KS值、PSI值等。判断客户是否有流失风险，判断客户是否是高价值客户，等等，对客户的预期行为

做出类似"是""否"的判断的，通常是二分类模型。

准确率是分类模型中所有判断正确样本的结果占总的预测样本的比重。准确率指标反映模型的整体能力，受测试样本分布影响较大，应根据业务需求制定合理的准确率评价指标。以分布均衡的待预测样本集合为例，若正负样本各为100条，使用模型对测试集中的样本是否为正样本进行逐一预测，模型共预测200次，若其中180次预测正确，则模型准确率为90%。

精确率是模型预测为正例的所有结果中，模型预测正确的样本所占的比率。精确率指标反映模型对待预测样本中正样本的查准能力，受测试样本分布影响较大，应根据业务需求制定合理的准确率评价指标。以分布均衡的待预测样本集合为例，若正负样本各为100条，使用模型对待预测样本是否为正样本进行逐一预测。模型共预测200次，若模型将50条样本预测为正样本，150条样本预测为负样本；若50条预测为正样本的样本中，确有45条为正样本，则模型精确率为90%。

召回率是模型预测为正例的样本中事实上也为正例的样本占全量正样本的比率。召回率指标反映模型对测试样本中对全量正样本的查全能力。以分布均衡正负样本各为100条的二分类测试集为例，使用模型对测试集中的样本是否为正样本进行逐一预测。模型共预测200次，若模型将50条样本预测为正样本，150条预测为负样本，若测试集中100条真正为正样本的样本中，45条被模型预测为正样本，则模型召回率为45%。精确率与召回率是一对相互影响的评价指标，通常只在一些很简单的任务中，才可能出现精确率和召回率都很高的情况。

F_1值是基于精确率与召回率的调和平均值。F_1值指标的优势是能够综合反映模型对测试样本中全量正样本的查准与查全能力。以分布均衡的正负样本各为100条的二分类测试集为例，使用模型对测试集中的样本是否为正样本进行逐一预测。若经过计算后的模型精确率为90%，模型召回率为45%，则模型F_1值为0.6。

AUC值由ROC曲线下各部分的面积求和而得。AUC值反映了模型对测试样本中正样本预测概率的排序能力，受测试样本分布影响小，通常该值越大越好，是较为常见的判断指标之一。

KS值表示模型将正负样本区分开的程度。也就是说，KS值反映了模型对测试样本中正负样本的区分能力，受测试样本分布影响小，通常该值越大越好，是较为常见的判断指标之一。

PSI值为群体稳定性指标(Population Stability Index，PSI)用于衡量样本集在模型上的分布差异。PSI值反映了测试样本及模型训练样本的分布差异，通常该值越小越好，是较为常见的判断指标之一。

5.4.1.2 回归模型

金融业对回归模型的评价标准主要包括绝对平均误差与均方根误差等。

绝对平均误差(MAE)表示模型预测值与实际值之间的差异的绝对值的均值，受测试样本分布影响很大，通常该值越小越好，是较为常见的判断指标之一。

均方根误差(RMSE)表示模型预测值与实际值之间差异的样本标准差，受测试样本分布影响很大，通常该值越小越好，是较为常见的判断指标之一。

5.4.1.3　金融业机器学习模型精准性相关指标定义

混淆矩阵是二分类机器学习模型评价的重要基础,常见的准确率、精确率、召回率、F_1值指标均由混淆矩阵推导而来,见表5-2。

表5-2　混淆矩阵示意表

混淆矩阵		真实值	
		正	负
预测值	正	TP	FP
	负	FN	TN

真正例(True Positive, TP)是被模型预测为正的正样本。
假正例(False Positive, FP)是被模型预测为正的负样本。
假负例(False Negative, FN)是被模型预测为负的正样本。
真负例(True Negative, TN)是被模型预测为负的负样本。
由此可以推导出准确率公式,见式(5-50)。

$$Accuracy = \frac{TP+TN}{TP+TN+FP+FN} \tag{5-50}$$

可以推导出精确率公式,见式(5-51)。

$$Precision = \frac{TP}{TP+FP} \tag{5-51}$$

可以推导出召回率计算公式,见式(5-52)。

$$Recall = \frac{TP}{TP+FN} \tag{5-52}$$

可以推导出F_1值计算公式,见式(5-53)。

$$F_1 = \frac{2 \times Precision \times Recall}{Precision + Recall} \tag{5-53}$$

ROC曲线全称是受试者工作特征(Receiver Operating Characteristic)曲线。ROC曲线横轴是"假正例率"(False Positive Rate, FPR),纵轴是"真正例率"(True Positive Rate, TPR)。两者计算公式见式(5-54)、式(5-55)。根据模型的预测结果对样本进行排序,按此顺序逐个把样本作为正例进行预测,每次计算得出的以FPR与TPR为横纵坐标的曲线为ROC曲线。

$$FPR = \frac{FP}{TP+FN} \tag{5-54}$$

$$TPR = \frac{TP}{TN+FP} \tag{5-55}$$

AUC值为ROC曲线下面积,可由曲线下各部分的面积求和而得,其计算公式见式(5-56)。

$$\text{AUC} = \frac{\sum_{inS_i \in Positiveclass} rank_{inS_i} - \frac{M \cdot (M+1)}{2}}{M \cdot N} \tag{5-56}$$

式(5-56)中 $rank_{inS_i}$ 表示第 i 条样本的序号。(概率得分从小到大排序，排在第 $rank$ 个位置)，M 表示正样本的个数，N 表示负样本的个数，$\sum_{inS_i \in Positiveclass}$ 表示正样本的序号的和。

KS值计算公式见式(5-57)。

$$\text{KS} = \max |TPR - FPR| \tag{5-57}$$

PSI值计算公式见式(5-58)。

$$\text{PSI} = \sum_{i=1}^{n}(A_i - E_i) \times \ln\left(\frac{A_i}{E_i}\right) \tag{5-58}$$

式中 A_i 表示实际分布，E_i 表示预期分布。

绝对平均误差计算公式见式(5-59)。

$$\text{MAE} = \frac{1}{n}\sum_{k=1}^{n}|(Actual_1 - Predicted_1) + \cdots + (Actual_n - Predicted_n)| \tag{5-59}$$

均方根误差RMSE计算公式见式(5-60)。

$$\text{RMSE} = \sqrt{\frac{\sum_{k=1}^{n}(Actual_1 - Predicted_1)^2 + \cdots + (Actual_n - Predicted_n)^2}{n}} \tag{5-60}$$

5.4.2 金融领域机器学习模型管理

机器学习建模与业务背景结合紧密，其中涉及的要素众多，过程漫长，贯穿从需求到最终上线运营的全流程，在模型研发的全流程中以需要管理的事项进行划分，可分为模型需求管理、模型研发过程管理、模型验收管理、模型部署管理、模型运营管理5个部分，各部分需要注意以下要素的管理。

5.4.2.1 模型需求管理

模型需求管理需要记录模型需求所涉及的业务背景资料、模型需求讨论中涉及的各类文档、模型使用的算法名称、模型涉及的数据维度、数据表名称、字段含义。除此之外还要对模型的输出结果、模型运行环境等进行规定。

5.4.2.2 模型研发管理

模型研发管理需要记录模型研发所使用的平台、模型研发所使用的语言(包括数据加工处理及建模过程)、模型研发所使用的算法原理及算法实现版本、模型研发过程各个流程的说明文档、模型二进制文件等。

5.4.2.3 模型验收管理

模型验收管理需要记录模型验收所使用的平台、所采用的验收指标、执行验收过程使用的数据集，以及各个数据集上对应的验收结果等。

5.4.2.4 模型部署管理

模型部署管理需要记录模型部署上线所使用的平台、部署的模型版本、部署说明手册等。

5.4.2.5 模型运营管理

模型运营管理需要定期记录模型在运营时期的监控指标值、业务效果的反馈情况等。

📝 本章习题

一、单选题

1. 支付产业的发展需要借助人工智能技术，提高三种基础能力。其中不包括(　　)。
   A. 智能并行计算能力   B. 算法能力
   C. 营销能力   D. 数据管理和智能分析能力

2. 关于智能客服，下列说法正确的是(　　)。
   A. 智能客服目前已经可以完全取代人工客服
   B. 智能客服对于复杂、特殊的问题已经可以很好地解决
   C. 智能客服目前还未进入实用阶段
   D. 智能客服可以大量节约成本

3. 智能营销对银行等金融机构带来的主要变革，不包括(　　)。
   A. 营销体验变革   B. 营销对象变革
   C. 营销渠道变革   D. 营销决策变革

4. 关于保险领域的智能定价，下列说法不正确的是(　　)。
   A. 传统保险产品定价在定价维度、风险解释能力、透明度等方面存在不足
   B. 大数据、人工智能等技术，为保险产品智能定价提供了新的契机
   C. 保险公司可以通过海量数据，为每一位消费者量身定制保险产品并提供差异化定价
   D. 保险智能定价的数据来源包括互联网、物联网、可穿戴设备等，这些数据保险公司可以自由使用

5. 智能投顾相比传统的投资顾问，其优势主要体现在(　　)。
   ①技术增效　　②降低门槛　　③增强透明度，降低道德风险
   A. ①②　　　　B. ①③　　　　C. ②③　　　　D. ①②③

6. 下列不是常见的模型性能度量指标的是(　　)。
   A. 精确率   B. 召回率
   C. F_1 D. 方差偏差分解

7. F_1 度量指标将(　　)和召回率统一成了一个单一指标。
   A. 偏差   B. 精确率   C. 召回率   D. 方差

8. 机器学习的目的是通过(　　)的学习，最终实现对未知数据的预测。
   A. 已知的数据   B. 未知的数据
   C. 非结构化数据   D. 结构化数据

9. (　　)是用来评价模型效果，调校模型超参数的样本集合。
   A. 训练集　　　　B. 测试集　　　　　　C. 验证集

10. 当学习器把训练样本学得"太好了"的时候，可能导致泛化性能下降，这种现象在机器学习中被称为(　　)。
    A. 欠拟合　　　B. 过拟合　　　　　C. 恰好拟合

二、简答题

1. 结合自身所学和工作实践，思考除本书所列举的之外，数据建模在金融领域还有哪些典型的应用场景。
2. 试列举出1～2个金融数据建模的实践应用案例。
3. 在投资组合中，单一资产的相关性越大，组合效果越好还是越差，为什么？
4. VaR(5%)为2万元意味着什么？
5. 一天的VaR是10万元，那么10天的VaR是多少？
6. 如果企业的信用评级是AA级，那么企业的信用风险如何？
7. Z评分模型计算的分数中，企业得分等于1.6意味着什么？

三、论述题

谈谈目前金融数据建模在实际应用中还存在哪些方面的问题，应该如何解决。

第 6 章 数据可视化

本章将介绍数据可视化的相关知识，包括数据可视化的概念、工具与步骤；数据可视化的基本要素；数据可视化的设计理念、设计方法等，旨在使读者对数据可视化有个宏观的认识和了解，并能够使用工具进行可视化。

6.1 数据可视化概述

人类通过视觉来获取外部世界的信息。人的眼睛是一个高带宽的并行视觉信号输入处理器，具有很强的模式识别能力，对可视符号进行感知，并且处理大量的视觉信息。人脑机能用于视觉感知，包括解码可视信息、高层次可视信息处理和思考可视符号。

在计算机学科的分类中，可视化是对数据进行交互的可视表达以增强认知的技术。它将不可见的，或者难以直接显示的数据映射为可感知的图形、符号、颜色、纹理等，以此来增强识别数据的效率，更加高效地传递有用信息。

可视化的最终目标是洞察蕴含在数据中的现象和规律，这包含多重含义——发现、决策、解释、分析、探索和学习。可视化的一个简明定义是"通过可视表达增强人们完成某些任务的效率"。

6.1.1 数据可视化的含义

数据可视化的处理对象是数据。依照所处理的数据对象，数据可视化包含科学可视化与信息可视化两个分支。

科学可视化是可视化领域发展最早、最成熟的一个学科，基础理论与方法已经相对成型，其主要面向科学和工程领域数据，包括自然科学，如物理、化学、气象气候、航空航天、医学、生物学等各个学科，涉及对这些学科中数据和模型的解释、操作与处理，对其中的模式、特点、关系，以及异常情况进行探索。

信息可视化的处理对象则是非结构化、抽象的数据，如文本、交易、社交网络、地图数据等，信息可视化所面临的挑战是在海量高维的复杂数据中如何挖掘信息并发现知识。

渐渐地，由于数据分析与数据挖掘的兴起与发展，涵盖科学可视化与信息可视化领域的新生术语"数据可视化"出现了。

6.1.2 视觉通道

在可视化中，通过视觉通道对数据属性进行编码。视觉通道的特性存在差异，向用户呈现信息的目的不同，可视化所采用的视觉通道也不同。

6.1.2.1 空间

空间是放置所有可视化元素的容器，可视化的空间可以是一维、二维或三维的。一维可视化，如车速仪表盘等仪器显示，设计与结构简单，便于用户理解，但是，在数据趋向高维、大型、复杂的时代，一维可视化的应用场景非常有限。在日常生活中，如电视屏幕、手机屏幕、电脑、打印机等，都是二维的可视化媒体。

人眼在视网膜上的成像是二维的，三维特征(景深、透视变换等)是大脑处理后的产物。这也解释了为什么三维的显示标记经过处理也可以有效地显示在二维媒体中。这些处理包括透视变换、图形变换(位移、旋转)和投影。虚拟现实、增强现实、三维显示等可视化媒体被称为三维媒体。

6.1.2.2 标记

用来映射数据的几何单元，被称为标记，如点、线、面、圆等。点是一维的标记；二维的标记包括曲线、方形、长方形、圆形和椭圆形等平面标记；三维的标记包括三维的面和体，如立方体、球面、球体、椭球面和椭球体。

6.1.2.3 尺寸

尺寸既可以作为定量的视觉通道，也可以作为定序的视觉通道。长度是一维的尺寸，包括高度和宽度；面积是二维尺寸；体积是三维尺寸。

6.1.2.4 位置

位置是可同时用于映射分类的数据属性，以及映射定序或定量的数据属性的视觉通道。数据中的某些空间信息可以用标记的位置来表示，同时，可以通过控制标记的位置来实现可视化显示的优化。例如，在地图中，通过确定一个地点的位置即可确定其地理信息。

6.1.2.5 颜色

颜色是最为常用的视觉通道，可以编码大量数据信息。同时，颜色也增强了可视化结果的美感，适合的颜色甚至可以增强可视化的表达力。颜色采用亮度、饱和度、色调、透明度4个视觉通道，亮度与饱和度可以定量或定序，色调用于定性，透明度可以定量。颜色通常是这4个视觉通道的结合整体。

6.1.2.6 纹理

纹理通过将点、线等组合成不同的模式，用于区分不同种类的数据。纹理中也存在尺寸、方向、颜色等属性。在可视化中，可以将纹理通过参数化映射到线、面，以及三维体中。

6.1.2.7 其他视觉通道

除了以上视觉通道外，还有很多常见的视觉通道均可以帮助呈现不同的可视化结果。例如，方向可以表示数据的向量信息；标记的形状能够使数据信息更具象化，便于用户理解；配色方案可以影响用户获取可视化信息的情绪；动画通过连续的动态画面吸引用户注意力并突出视觉效果等。

6.1.3 数据可视化的软件及工具

可视化的研究、开发和应用领域广泛，相应的软件系统和工具也多种多样。它们在目标领域、用户技能、可视化效果等方面有差别。采用合适的可视化软件可以使可视化开发变得更加快速有效。

6.1.3.1 Excel

Excel最常被用于处理表格，它也是非常便捷的数据可视化工具，可以创建数据透视表和基本的统计图表。

6.1.3.2 Tableau

Tableau是可视化领域标杆性的商业智能分析软件，起源于美国斯坦福大学的科研成果，其设计目标是以可视的形式动态呈现关系型数据之间的关联，并允许用户以所见即所得的方式完成数据分析，以及可视图表与报告的创建。

6.1.3.3 WEKA

WEKA的全名是怀卡托智能分析环境(Waikato Environment for Knowledge Analysis，WEKA)，WEKA是新西兰的一种鸟的名字，WEKA的主要开发者来自新西兰。WEKA作为一个公开的数据挖掘工作平台，集合了大量能承担数据挖掘任务的机器学习算法，包括对数据进行预处理、分类、回归、聚类、关联规则，以及在新的交互式界面上的可视化。

6.1.3.4 Python

Python中有不少专用于可视化的第三方库，如Matplotlib和Seaborn，这些库能让我们很容易地进行可视化。

1. Matplotlib

Matplotlib是受MATLAB的启发构建的，有一套完全仿照MATLAB的函数形式的绘图接口，在matplotlib.pyplot模块中。Pyplot是Matplotlib的子库，提供了和MATLAB类似的绘图API。Pyplot是常用的绘图模块，能很方便地让用户绘制2D图表。

1) 安装

使用Pip工具安装Matplotlib库。

2) 导入

安装完成后，使用import导入matplotlib.pyplot模块，并设置一个别名plt。代码如图6-1所示。

```
import matplotlib.pyplot as plt
```

图6-1　导入matplotlib.pyplot模块

3) 常用函数

导入模块后，可使用模块中的一系列函数进行可视化，下面介绍5种常用的函数，各类型图表的设计与实现会在本章6.3小节中做详细介绍。

(1) matplotlib.pyplot.figure(num=None, figsize=None, dpi=None, facecolor=None, edgecolor=None, frameon=True, FigureClass=<class 'matplotlib.figure.Figure' >, **kwargs)用于创建全局的绘图区域，并对区域进行参数配置。其参数的具体含义见表6-1。

表6-1 matplotlib.pyplot.figure参数

参数	含义
num	图像的编号或名称
figsize	指定图像的宽和高
dpi	指定绘图对象的分辨率
facecolor	背景颜色
edgecolor	边框颜色
frameon	是否显示边框

(2) matplotlib.pyplot.plot(*args, **kwargs)用于将线或者标记绘制到坐标系中。其中，args是一个可变长度参数，可以通过使用多组 x、y 的数值对来表示。在坐标系中绘制以坐标为(1,1)、(2,2)、(3,3)的点连接而成的线，并且设置线的宽度为2，代码如图6-2所示。可视化结果如图6-3所示。

```
plt.plot([1,2,3], [1,2,3], linewidth=2)
```

图6-2 matplotlib.pyplot.plot代码

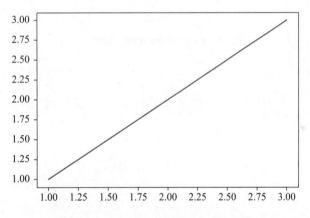

图6-3 matplotlib.pyplot.plot可视化结果

(3) matplotlib.pyplot.subplot(*args, **kwargs)用于将figure创建的画布分割，创建子图。一般有两种形式，第一种为matplotlib.pyplot.subplot(nrows, ncols, plot_number)，其中nrows表示子图行数，ncols表示列数，plot_number表示子图展示在几张图中。代码如图6-4所示，可视化结果如图6-5所示。

```
plt.plot([1,2,3])
plt.subplot(211)
plt.plot(range(12))
plt.subplot(212, facecolor='g')
```

图6-4 matplotlib.pyplot.subplot代码

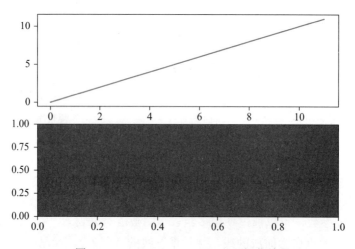

图6-5 matplotlib.pyplot.subplot可视化结果

(4) matplotlib.pyplot.xlabel(s, *args, **kwargs)用于设置x坐标轴的标签，matplotlib.pyplot.ylabel(s, *args, **kwargs)为y坐标轴的标签。代码如图6-6所示，可视化结果如图6-7所示。

```
plt.plot([1,2,3], [1,2,3], linewidth=2)
plt.xlabel('x axis')
plt.ylabel('y axis')
```

图6-6 matplotlib.pyplot.xlabel代码

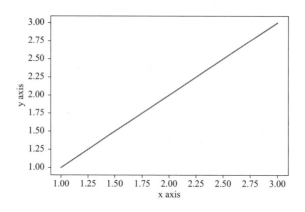

图6-7 matplotlib.pyplot.xlabel可视化结果

(5) matplotlib.pyplot.title(s, *args, **kwargs)用来设置图像的标题名称。代码如图6-8所示，可视化结果如图6-9所示。

```
plt.plot([1,2,3], [1,2,3], linewidth=2)
plt.xlabel('x axis')
plt.ylabel('y axis')
plt.title('Figure 1')
```

图6-8 matplotlib.pyplot.title代码

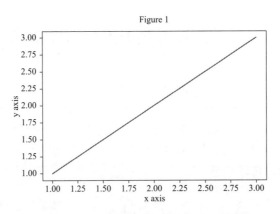

图6-9 matplotlib.pyplot.title可视化结果

2. Seaborn

Seaborn作为Python的第三方库,在Matplotlib的基础上进行了更高级的API封装,同样可以用于创建可视化图像,具有多种特性,比如内置主题、调色板,可视化单变量数据、双变量数据、线性回归数据、数据矩阵,以及统计型时序数据等。

6.1.4 数据可视化的流程

数据可视化可以看作一个以数据流向为主线的完整流程,主要包括数据采集、数据处理和变换、可视化映射、用户交互和用户感知。数据流经过一系列处理模块得到转化,最终,用户可以通过可视化交互,从可视化映射后的结果中获取知识。

目前最常见的数据可视化流程如图6-10所示,数据在经过采集、处理和变换后,进入可视化的阶段。

首先,确定可视化的空间,如二维或三维等。

其次,确定可视化映射的视觉通道,包括标记、尺寸、位置、颜色、纹理等,通过视觉通道可以完成可视化映射这一过程,从而将数据进行可视化呈现。

再次,确定可视化的人机交互,如调整可视化结果的尺寸以适配显示设备、增加隐藏或点击以呈现细节信息等,使用户获取信息的体验更完善。

最后,用户对可视化结果进行感知,从中获取知识,并将其转化为有价值的信息来指导决策。

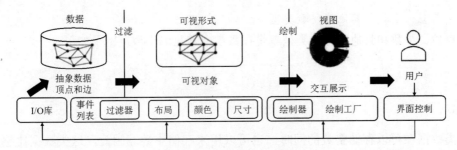

图6-10 数据可视化流程

6.2 数据可视化的基础要素

在对前面的内容进行学习后,我们知道数据可视化并不是独立的算法,而是一套包括数据采集、数据处理和用户感知等环节的流程。这套流程的两个基础要素就是数据和图表,其中数据是基础,只有知道数据要表达什么内容才能将可视化发挥最大效用;同时,图表是一种传达数据和复杂信息的可视化表现形式,优秀的图表可以通过简单的视觉元素更快速有效地表达数据、传达信息。

6.2.1 数据

6.2.1.1 Python语言中的数据类型

Python语言包含了4种简单数据类型,分别是字符串型、整数型、布尔型,以及浮点型、小数和其他非整数类型,它们都在数据分析、处理和可视化中发挥着重要作用。

1. 字符串型

字符串型是用引号标记的文本类型,该文本中可以包含字母、数字与符号。例子如下。

```
'hello world'
'this is a cat.'
'123456'
'$236 Baz527'
"kevin is my son"
```

需要注意的是,在Python中,字符串须被放置在成对的引号之间,单引号或双引号皆可。

2. 整数型

整数型数据又叫整型数据,是不包含小数部分的数值型数据。整型数据的例子如下。

```
5
0
-3
```

3. 浮点型、小数和其他非整数类型

浮点型、小数和其他非整数类型就是在数学中常见的小数,例子如下。

```
0.786
-100.2
30.0
```

这类数据在可以存储整数的同时,也可以用来存储小数。因此,这类数据比整型数据的精度要高。

4. 布尔型

布尔型数据又叫逻辑型数据，它只有两个值——真(True)和假(False)，通常用非零(1或-1)和零(0)来表示。

6.2.1.2 数据集中的数据类型

从数据分析角度，数据集中的数据可以被分为结构化数据、非结构化数据，以及半结构化数据。

1. 结构化数据

结构化数据也称行数据、定量数据，是由二维表结构来进行逻辑表达的数据。这种数据可以直接放入表格中，因此在格式的整齐度和统一性方面通常具有很强的组织性。它在更容易被数据工作者使用和分析处理的同时，也更容易被计算机检索，因此与非结构化数据相比，结构化数据具有很强的便利性优势。

在实际应用中，用来保存和管理结构化数据的数据库为关系数据库，它可以通过表中每条记录的ID和属性值在数据点之间建立联系，存储这些数据点并提供访问。

典型的结构化数据包括信用卡信息表、联系人号码簿、销售产品信息表等。

2. 非结构化数据

非结构化数据是除了结构化数据以外的数据，是字段可变的数据。它的形式可能是文本、数值、图片或视频，并且人为或机器都可以生成非结构化数据。

和结构化数据相比，非结构化数据并不容易被组织或格式化；同时，由于互联网时代的网络信息爆炸，结构化数据在网络上的可用数据中占了绝大部分，因此对非结构化数据的采集、处理、分析和可视化也颇具挑战性。在如今竞争高度激烈的商业背景下，加强与完善对非结构化数据的采集和利用已成为许多公司增强商业竞争的重要战略。

在日常生活中，人为生成的非结构化数据可能包括以下几种。

- 文本文件，如文本文档、演示文稿、电子邮件。
- 网站，如新浪微博图片、视频共享网站。
- 通信，如聊天记录、电话录音等。
- 媒体，如电子照片、音频和视频文件。

机器生成的非结构化数据可能包括以下几种。

- 卫星图像，如天气变化信息和预报数据、地形卫星图。
- 科学数据，如石油和天然气勘探、地震即时与预测图像。
- 数字监控，如监控录像、电子抓拍图片。

3. 半结构化数据

半结构化数据是结构化数据的一种形式，介于结构化数据与非结构化数据之间。它虽然和单纯的文本相比具有一定的结构性，但和结构化数据相比，没有严格的理论模型，结构更加复杂和灵活，所以并不能被放在表格中使用。

半结构化数据具有三个特征。一是自描述性的特征，它虽然不符合结构化数据中严谨的模型结构，但可以对数据记录和属性分层，具有结构和数据相交融的特点。二是具有结构描述复杂的特征，其结构灵活多变，所以不适用于现有描述框架，在实际运用中理解和处理半结构化数据也颇为不易。三是半结构化数据结构描述具有动态性，半结构化数据内容的变化往往也会导致其结构的变化,所以半结构化数据的结构不是一成不变的,而是动态变化的。

常见的半结构化数据包括E-mail、HTML、财务报表、资源库等,典型场景如邮件系统、教学资源库、数据挖掘系统等。

6.2.2 图表

图表是图示和表格的统称,图示是以图形和符号等形式呈现数据,表格则是以将格式统一在二维表中的形式把数据罗列出来,两者都可以展现出数据较为原始、本质的状态和大致走势,且带有一定的逻辑性,这样可以让原本隐蔽的数据价值更加直观高效地展示出来,从而更好地把握与利用数据。

6.2.2.1 图表的构成

图表的基本构成元素包括标题、图例、数据列、数据标签、x轴与y轴标签等。具体如图6-11所示。不同形式的图表根据其结构的差异会在基本构成元素的基础上有所增减,例如在饼图中通过标题、数据列和数据标签三个元素就可以将数据清晰地展现。

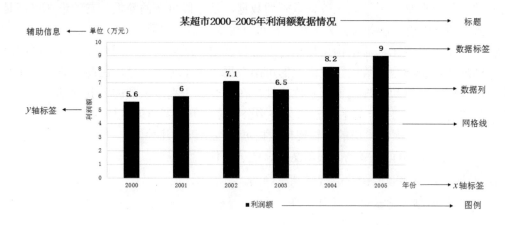

图6-11 图表的构成示例

6.2.2.2 图表的作用

图表是实现数据可视化的一种常用工具,且可以应用在各个领域。优秀的数据图表,可以直观地呈现单数据或多数据之间的逻辑关系和变化趋势,相比于其他文本形式的数据描述会更清晰易懂,便于掌握理解。不同类型的图表也会有不同的作用,但它们都可以使数据更具有说服力,在数据呈现、分析过程中提升决策的科学性。

1. 对比

对比型的图表可以展示多个数据之间的横向共同特征或差异,也可以展示单数据基于事件或分类维度进行对比的纵向变化,如A产品在一年内每个月的销售量变化。这类图表通过图形的色彩变化、长宽高度、面积比例等一系列视觉变量将数据进行对比。常见的对比型图表包括柱状图(条形图)、折线图和雷达图。

2. 构成

构成型图表可以展示数据在同一维度的结构、组成与占比关系,这类图表可以描述一种静止状态,也可以是随时间变化的动态型图表。常见的构成型图表包括饼图、环状图、百分比堆积柱状图、面积图等,日常应用中可能用到构成型图表的场景如五大区域的销售量占比、公司利润的来源构成等。

3. 分布

分布型图表通常用来研究数据分布的集中趋势、离散程度、偏态和峰度等,这类图表通过图形色彩、大小、长宽高度的持续变化展示连续数据的分布情况和数据之间的关系。散点图、直方图、茎叶图、箱线图、概率密度图、热力图等都能体现数据的分布关系。

4. 关联

关联型图表常用于展示数据的关联性和分析数据变化的主要因素,多用于数据探索和发现问题。常见的关联型图表包括散点图、气泡图、帕累托图、平行图、弦图、漏斗图等。日常应用中可能用到关联型图表的场景如分析广告推广量与实际销售量的关系,寻找影响利润值的关键产品等。

6.3 数据可视化的设计

6.3.1 数据可视化设计理念

6.3.1.1 设计思维

用设计思维五阶段的流程进行数据可视化设计,其流程如图6-12所示。

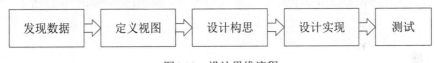

图6-12 设计思维流程

6.3.1.2 情感化设计

情感化设计的概念由美国认知心理学家唐纳德·诺曼提出,情感化设计被定义为三种水平,分别为本能、行为、反思。本能、行为、反思水平的设计在情感化设计实践中交织,相辅相成。

1. 本能水平

本能水平,即可视化的结果能够清晰表达信息。

在本能水平设计阶段,视觉、触觉、听觉等基本物理特性处于主导地位,其指导设计者和用户关注美感,判断用户初步接触产品是否具有吸引力。

2. 行为水平

行为水平,即可视化结果易懂、可用,用户能够通过数据分析与挖掘来获取数据需要传达的故事。

在行为水平设计阶段,主要关注效用,即用户与可视化的互动。其指导设计者分析和挖掘数据中隐藏的故事,通过可视化来屏蔽数据中繁杂的细节,实现数据展示,传达数据背后的故事。设计者所传达的内容要符合用户的感知,使用户更加高效地从可视化结果中理解故事、获取知识。

3. 反思水平

反思水平，即对可视化结果的整体印象满意，用户通过与可视化的交互与交流，能够在情感上产生共鸣，并对可视化结果印象深刻。

在反思水平设计阶段，关注可视化的总体印象与满意程度。其指导设计者在可视化设计过程中与用户共情，用户在与可视化结果交流的过程中，能有很强的场景带入感，并对可视化设计产生深刻的印象，获得情感上的满足。

6.3.2 图表的设计

数据可视化有众多展现方式，不同的数据类型要选择适合的展现方法，本小节整理分析了三种常见的类型。

6.3.2.1 饼图

饼图是一个划分为几个扇形的圆形统计图表。每个扇形的弧长，以及圆心角和面积的大小，表示该种类占总体的比例，且这些扇形合在一起刚好是一个完全的圆形，饼图最显著的功能在于表现占比。

A学院金融专业二年级一班线性代数期末成绩分布见表6-2。

表6-2 学生成绩统计信息

成绩分布	分数段	0～59	60～69	70～79	80～89	90～100
	人数	1	11	12	15	9

使用Python中的Matplotlib画饼图，参考代码如下。得出的饼图如图6-13所示。

```python
In[1]: import matplotlib.pyplot as plt
labels = '0-59','60-69','70-79','80-89','90-100' #标签序列
sizes = [1, 11, 12, 15,9] #数值序列
explode = (0, 0, 0, 0, 0.2)  # 仅仅突出90分以上同学
fig1, ax1 = plt.subplots() #构建画图对象
ax1.pie(sizes, explode=explode, labels=labels, autopct='%1.1f%%',
        shadow=True, startangle=90) #设置画图参数
ax1.axis('equal')  # 确保饼图是一个圆形
plt.show() #实现画图
```

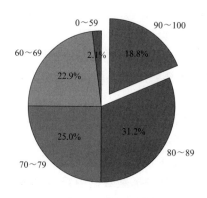

图6-13 可视化饼图结果

6.3.2.2 柱状图

柱状图展示多个分类的数据变化和同类别各变量之间的比较情况，适用于对比分类数据。

仍旧以表6-2的数据为例，将数据可视化，参考代码如下。得出的柱状图如图6-14所示。

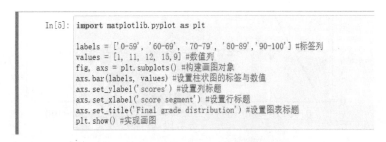

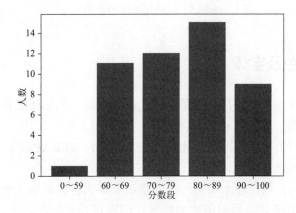

图6-14 可视化柱状图结果

6.3.2.3 折线图

折线图是一个由笛卡尔坐标系(直角坐标系)，以及一些点和线组成的统计图表，常用来表示数值随时间间隔或有序类别的变化。适用于有序的类别，比如时间。

仍旧以表6-2的数据为例，将数据可视化，参考代码如下。得出的折线图如图6-15所示。

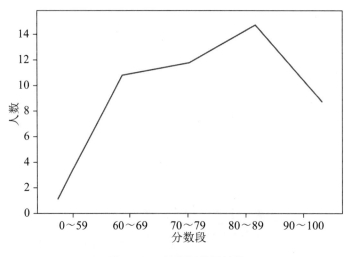

图6-15 可视化折线图结果

6.3.3 排版、配色及字体

图表的设计可以分为三部分,分别是整体的排版布局、色彩搭配和字体。

6.3.3.1 排版布局

排版布局一般有两个原则,即最大化数据墨水比原则与CRAP原则。

1. 最大化数据墨水比原则

最大化数据墨水比,指在墨水数量一定的情况下最大化数据墨水所占的比例。

数据墨水比指标能够呈现数据所用的墨水,即在可视化的图表中,柱状图中的柱子、折线图中的线等元素。非数据墨水指标是指除了这些数据以外的元素所用的墨水,即在可视化的图表中网格线、坐标轴、填充背景等元素。

最大化数据墨水比原则提醒在可视化设计时,重点在于突出数据元素,淡化非数据元素。

2. CRAP原则

CRAP原则,指对比(contrast)、重复(repetition)、对齐(alignment)、亲密性(proximity)四大基本原则。

对比原则,目的是避免可视化结果中的元素太过相似。通过对比视觉通道中的元素,如颜色、尺寸、形状等,使差别更明显,从而使可视化结果更引人注目。

重复原则,目的是让设计中的元素在整个作品中重复出现。可以重复形状、颜色、字体等,从而使可视化结果的统一性更强。

对齐原则,即设计中的任何元素的摆放都应当有条理,元素与元素之间应当有视觉联系,从而避免杂乱无章的设计,使可视化结果整体简洁。

亲密性原则,即相关的元素应当靠近,形成视觉单元,而非多个相互远离且孤立的元素,从而减少视觉混乱,使可视化结果的结构清晰,有利于传达信息。

6.3.3.2 配色

要求设计者设计专业好看的图表配色，需要一些基础的色彩理论，或者先确定可视化设计的整体色调，进而在一些专业的色彩搭配网站匹配相应的颜色。

6.3.3.3 字体

字体分为有衬线和无衬线两种。中文常见的有衬线和无衬线的两种字体分别是宋体和黑体，英文分别对应的字体是Times New Roman和Arial。

本章习题

一、单选题

图表根据类型的不同会产生多种作用，以下不属于图表类型的是(　　)。
A. 关联型图表　　B. 对比型图表　　C. 分布型图表　　D. 关系型图表

二、多选题

1. 以下(　　)可作为可视化的视觉通道。
A. 尺寸　　B. 位置　　C. 颜色　　D. 纹理
2. 数据可视化设计思维五阶段的流程有发现数据和(　　)。
A. 定义视图　　B. 设计构思　　C. 设计实现　　D. 测试
3. 情感化设计的三种水平包括(　　)。
A. 本能　　B. 行为　　C. 反思　　D. 思考
4. 在Python语言中，数据可以被分成(　　)数据。
A. 字符串型　　B. 整数型　　C. 浮点型　　D. 布尔型

三、判断题

1. 长度是一维的尺寸，面积是二维尺寸，体积是三维尺寸。(　　)
2. WEKA软件可以用于数据可视化。(　　)
3. 颜色采用亮度、饱和度、色调、透明度这4个视觉通道。(　　)

四、简答题

根据下表数据，使用柱状图、饼图、折线图可视化数据。

成绩分布	分数段	0～59	60～69	70～79	80～89	90～100
	人数	3	8	18	10	12

五、论述题

1. 请简要论述数据可视化的流程及步骤。
2. 请写出三种常用的构成型图表。

第 7 章
金融数据建模项目管理

本章将介绍金融数据建模项目管理,包括范围、时间、成本、质量管理等项目管理的核心部分;还有项目团队管理工作的各个过程,包括项目相关方人员组成与角色职责,项目任务分解流程和方法,以及利用甘特图把控金融数据建模项目的进度与预期。

7.1 项目管理要素

项目管理(Project Management)是管理学的一个分支学科,对项目管理的定义是,在项目活动中运用专门的知识、技能、工具和方法,使项目能够在有限资源的限定条件下,实现或超过设定的需求和期望的过程。

7.1.1 项目范围管理

如果想成功完成某个项目,必须围绕目标开展一系列的工作,这些必须开展的工作构成了项目的工作范围。项目管理的首要工作就是进行项目范围管理,通过项目范围管理过程,项目组织可以把客户的需求转变为对项目可交付产品、服务、要实现的具体目标,以及要达到的目的的定义。通过项目管理可以把客户的需求和项目的工作联系在一起。

7.1.2 项目时间管理

本杰明·富兰克林在1748年,曾送给一个年轻贸易商一个建议:"切记,时间就是金钱。"我们要坚信,成本控制最重要的方面就是项目时间的管理。项目时间管理是指,为了实现项目的目标,对项目的工作内容进行控制的管理过程,它包括范围的界定、范围的规划、范围的调整等。

7.1.3 项目成本管理

根据马克思主义政治经济学原理,成本是商品价值的重要组成部分,是为了获得某种产品,在生产经济活动中产生的人力、物力和财力的消耗,其实质是以货币表现的、为生产产品所耗费的物化劳动的转移价值与活劳动的转移价值之和。故我们这样定义项目成本,项目成本就是为了完成项目任务所耗费资源的货币体现。项目成本管理就是在整个项目的实施过程中,为确保项目在批准的成本预算内尽可能好地完成,从而对所需要的各个过程进行管理。

7.1.4 项目质量管理

项目质量、费用、时间、安全、对环境的影响、可持续发展、客户满意度等构成了项目的多元目标，因此，这些目标是判断项目成功与否的关键因素。可见，项目质量管理是项目管理的重要内容之一。项目不同于一般产品，项目质量管理也不同于一般产品的质量管理。项目质量管理是指围绕项目质量所进行的指挥、协调、控制等活动，是项目管理的重要内容之一。它是由优化的质量方针、质量计划、组织结构、项目过程中的活动，以及相应的资源所组成的。

7.1.5 人力资源管理

金融机构是一个组织。组织是由一群有明确的角色分工，并且为了实现组织目标而在一起工作的人组成的。管理者通过对组织中的所有人的活动加以管理来确保组织目标的实现。管理包括5种职能，分别是计划、组织、人事、领导和控制。其中人事是5种管理职能中的一种，即人力资源管理。人力资源管理是一个获取、培训、评价员工，以及向员工支付薪酬的过程，同时也是一个关注劳资关系、健康和安全，以及公平等方面问题的过程。

7.1.6 项目沟通管理

沟通是人们每天都要做的事情，但需要努力学习和锻炼才能做好。在项目管理中，有效沟通更为重要，因为项目是以团队作业的方式展开的，而团队作业需要更多的思想沟通和信息交流。因此，项目沟通管理是用语言、文字表达的信息进行思想交换和情感交流，去实现相互理解，提出和回应问题需求，交换信息和思想的过程。

7.1.7 项目风险管理

任何项目都是有风险的，因为在项目的实现过程中存在着很多不确定性。如果不能很好地管理项目中的风险，就会给项目相关利益主体造成损失或使其丧失机会，因此在项目管理中必须积极地开展项目风险管理。项目风险管理涉及项目风险的识别、度量和监控等，其根本目的是努力降低项目风险发生的概率，以及由项目风险造成的不利后果，同时抓住由项目风险带来的有利后果。项目风险是指由于项目及其所处环境和条件的不确定性，以及项目相关利益主体主观上不能准确预见或控制影响因素，从而使项目最终结果与项目相关利益主体的期望产生背离，并由此给项目相关利益主体带来损失或收益的可能性。项目风险这个定义可以表述为式(7-1)。

$$R = P \times (L/B) \tag{7-1}$$

其中，R代表项目风险，P代表项目风险发生的可能性，L代表项目风险损失，B代表项目风险收益。

由式(7-1)可以看出，项目风险并不是仅可能带来损失，同时也可能带来收益，所以项目风险管理的根本就是努力做好"趋利避害"的管理工作。这就是说，项目风险管理要努力避免由项目风险可能造成的各种损失，而更重要的是要努力抓住项目风险带来的各种收益。实际上，项目风险越大，其项目风险性损失的可能性就会越高，但同时其项目风险性收益的可能性也会大大增加，所以才会有"高项目风险，高收益"的管理规律。

7.1.8 项目采购管理

项目采购管理几乎贯穿整个项目生命周期，项目采购管理模式直接影响项目管理模式和项目合同类型，对项目管理起着举足轻重的作用。采购工作能否经济有效地进行，不仅影响着项目成本，而且关系着项目的预期效益能否充分发挥。项目采购管理可以定义为，为了满足项目需求而从执行组织外部获取货物或者服务所需的过程。

7.2 甘特图

甘特图以图示的方式通过活动列表和时间刻度表示出特定项目的顺序与持续时间。一条线条图，横轴表示时间，纵轴表示项目，线条表示活动期间计划和实际完成情况。甘特图可以直观表明计划何时进行，进展与要求的对比，便于管理者弄清项目的剩余任务，评估工作进度。

在现代的项目管理中，甘特图被广泛应用。这可能是最容易理解、最容易使用，并且最全面的一种方法。它可以让人预测时间、成本、数量及质量上的结果。它也能帮助人们考虑人力、资源、日期、项目中重复的要素和关键的部分，可以把十张各方面的甘特图集成为一张总图。以甘特图的方式，可以直观地看到任务的进展情况、资源的利用率等。

甘特图包含以下三个含义：
(1) 以图形或表格的形式显示活动。
(2) 通用的显示进度的方法。
(3) 构造时含日历天和持续时间，不将节假日算在进度内。

甘特图简单、醒目、便于编制，在管理中广泛应用。

甘特图按内容不同，分为计划图表、负荷图表、机器闲置图表、人员闲置图表和进度表5种形式。

7.2.1 甘特图的特点

甘特图的特点是突出了生产管理中最重要的因素——时间，它的作用表现在三个方面。
第一，计划产量与计划时间的对应关系。
第二，每日的实际产量与计划产量的对比关系。
第三，一定时间内实际累计产量与同时期计划累计产量的对比关系。

7.2.2 甘特图的优缺点

甘特图的优点包括以下三个。

第一，图形化概要，通用技术，易于理解。

第二，中小型项目一般不超过30项活动。

第三，有专业软件支持，无须担心复杂计算和分析。

甘特图的局限性包括以下两点。

第一，甘特图事实上仅部分地反映了项目管理的三重约束(时间、成本和范围)，因为它主要关注进程管理(时间)。

第二，甘特图尽管能够通过项目管理软件描绘出项目活动的内在关系，但是如果关系过多，复杂的线图必将增加甘特图的阅读难度。

7.2.3 甘特图的绘制步骤

第一步，明确项目牵涉的各项活动、项目。内容包括项目名称(包括顺序)、开始时间、工期、任务类型(依赖性或决定性)和依赖于哪一项任务。

第二步，创建甘特图草图。将所有的项目按照开始时间、工期标注到甘特图上。

第三步，确定项目活动依赖关系及时序进度。使用草图，按照项目的类型将项目联系起来，并安排项目进度。此步骤将保证在未来计划有所调整的情况下，各项活动仍然能够按照正确的时序进行。也就是确保所有依赖性活动能并且只能在决定性活动完成之后按计划展开，同时避免关键性路径过长。关键性路径是由贯穿项目始终的关键性任务所决定的，它既表示了项目的最长耗时，也表示了完成项目的最短可能时间。请注意，关键性路径会由于单项活动进度的提前或延期而发生变化。而且要注意不要滥用项目资源，同时，对于进度表上的不可预知事件要安排适当的富裕时间。但是，富裕时间不适用于关键性任务，因为作为关键性路径的一部分，它们的时序进度对整个项目至关重要。

第四步，计算单项活动任务的工时量。

第五步，确定活动任务的执行人员并适时按需调整工时。

第六步，计算整个项目时间。

7.3 项目团队管理

人类从开始生产活动到现在，就一直从事着各种规模的项目。项目源于人类有组织的活动。古埃及的金字塔、古罗马的尼古水道、中国的万里长城和都江堰，这些辉煌的工程建设项目反映了古代劳动人民在大型项目组织管理方面的卓越成就。尽管人类的项目实践可以追溯到几千年前，但是将项目管理作为一门科学来进行分析研究，其时间并不长。

在新的市场环境下，金融机构往往以项目的形式开展工作，许多项目是跨专业、跨部门，甚至是跨地区的。项目成员构成也很复杂，当有新的项目时，组织将从项目人力资源池或各职能部门临时抽调人员，组成项目团队。伴随着项目的实施和运作，项目成员的工作内容和职能也在不断发生变化，有时还要对项目人力资源进行重新配置，而这些变化又大大增加了企业管理的难度。因此，金融机构的管理人员更要从项目入手，注重项目团队的管理，为金融机构的进一步发展走好每一步，做好每一个项目。

项目团队管理(Project Team Management)注重项目管控、任务分解、进度管控，提供解决方案。

项目相关方管理包括用于开展下列工作的各个过程，识别能够影响项目或会受项目影响的人员、团体或组织，分析相关方对项目的期望和影响，制定合适的管理策略来有效调动相关方参与项目决策和执行。这些过程能够支持项目团队的工作。

7.3.1 项目相关方管理

项目相关方管理的过程包括以下方面。

识别相关方——识别相关方是定期识别项目相关方，分析和记录他们的利益、参与度、相互依赖性、影响力和对项目成功的潜在影响的过程。

规划相关方参与——规划相关方参与是根据相关方的需求、期望、利益和对项目的潜在影响，制定项目相关方参与项目的方法的过程。

管理相关方参与——管理相关方参与是与相关方进行沟通和协作，以满足其需求与期望，处理问题，并促进相关方合理参与的过程。

监督相关方参与——监督相关方参与是监督项目相关方关系，并通过修订参与策略和计划来引导相关方合理参与项目的过程。

项目相关方管理的各个过程如图7-1所示。虽然在本书中，各项目相关方管理过程以界限分明和相互独立的形式出现，但在实践中它们会以本书无法详细描述的方式相互交叠和相互作用。

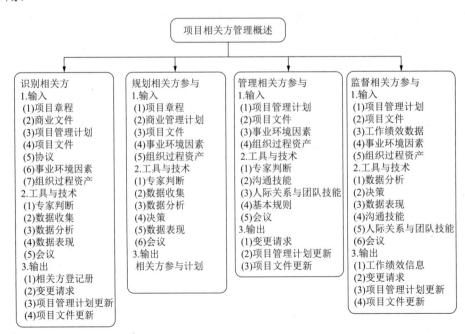

图7-1　项目相关方管理概述

每个项目都有相关方，他们会受项目的积极或消极方面的影响，或者能对项目施加积极或消极的影响。有些相关方影响项目工作或成果的能力有限，而有些相关方可能对项目及其期望成果有重大影响。关于重大项目灾难的学术研究及分析强调了结构化方法对识别所有相关方、进行相关方优先级排序，以及引导相关方参与的重要性。项目经理和团队正确识别并合理引导所有相关方参与的能力，决定着项目的成败。为提高成功的可能性，应该在项目章程被批准、项目经理被委任，以及团队开始组建之后，尽早开始识别相关方并引导相关方参与。

相关方满意度应作为项目目标加以识别和管理。有效引导相关方参与的关键是重视与所有相关方持续沟通(包括团队成员)，来理解他们的需求和期望、处理所发生的问题、管理利益冲突，并促进相关方参与项目决策和活动。

为了实现项目收益，识别相关方和引导相关方参与的过程需要迭代开展。虽然在项目相关方管理中仅对这些过程讨论一次，但是，应该经常开展识别相关方、排列其优先级，以及引导其参与等活动。至少要在以下时点开展这些活动。

第一，项目进入其生命周期的不同阶段。

第二，当前相关方不再与项目工作有关，或者在项目的相关方社区中出现了新的相关方成员。

第三，组织内部或更大区域的相关方社区发生重大变化。

"相关方"一词的外延正在扩大，从传统意义上的员工、供应商和股东扩展到其他各种群体，包括监管机构、游说团体、环保人士、金融组织、媒体，以及那些自认为是相关方的人员(他们认为自己会受项目工作或成果的影响)。

7.3.1.1 识别相关方

识别相关方是定期识别项目相关方，分析和记录他们的利益、参与度、相互依赖性、影响力和对项目成功的潜在影响的过程。本过程的主要作用是，使项目团队能够建立对每个相关方或相关方群体的适度关注。本过程应根据需要在整个项目期间定期开展。本过程的输入、工具与技术和输出如图7-2所示。本过程的数据流向如图7-3所示。

识别相关方

输入	工具与技术	输出
1.项目章程	1.专家判断	1.相关方登记册
2.商业文件	2.数据收集	2.变更请求
商业论证	问卷调查	3.项目管理计划更新
收益管理计划	头脑风暴	需求管理计划
3.项目管理计划	3.数据分析	沟通管理计划
沟通管理计划	相关方分析	风险管理计划
相关方参与计划	文件分析	相关方参与计划
4.项目文件	4.数据表现	4.项目文件更新
变更日志	相关方映射分析	假设日志
问题日志	或表现	问题日志
需求文件	5.会议	风险登记册
5.协议		
6.事业环境因素		
7.组织过程资产		

图7-2 识别相关方过程的输入、工具与技术和输出

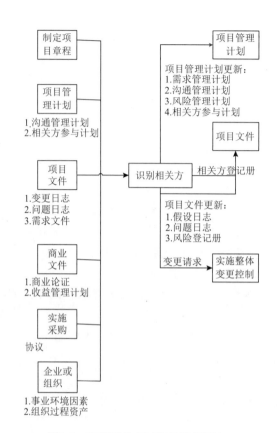

图7-3 识别相关方过程的数据流向

本过程通常在编制和批准项目章程之前或同时首次开展。本过程需要在必要时重复开展，至少应在每个阶段开始时，以及项目或组织出现重大变化时重复开展。每次重复开展本过程，都应通过查阅项目管理计划组件及项目文件，来识别项目相关方。

1. 识别相关方——输入

(1) 项目章程，项目章程会列出关键相关方清单，还可能包含与相关方职责有关的信息。

(2) 商业文件，在首次开展识别相关方过程时，商业文件和收益管理计划是项目相关方信息的来源。

- 商业论证，商业论证确定项目目标，以及受项目影响的相关方的最初清单。
- 收益管理计划，收益管理计划描述了如何实现商业论证中所述的收益。

(3) 项目管理计划，在首次识别相关方时，项目管理计划并不存在；不过，一旦编制完成，项目管理计划组件则包括(但不限于)沟通管理计划(沟通与相关方参与之间存在密切联系)和相关方参与计划(相关方参与计划确定了用于有效引导相关方参与的管理策略和措施)。

(4) 项目文件，并非任何项目文件都将成为首次识别相关方的输入。然而，需要在整个项目期间识别相关方。项目经历启动阶段以后，将会生成更多项目文件，用于后续的项目阶段。可作为本过程输入的项目文件，其包括(但不限于)变更日志(变更日志可能引入新的相关方,或改变相关方与项目的现有关系的性质)、问题日志(问题日志所记录的问题可能为项目带来新的相关方,或改变现有相关方的参与类型)和需求文件(需求文件可以提供关于潜在相关方的信息)。

(5) 协议,协议的各方都是项目相关方,还可涉及其他相关方。

(6) 事业环境因素,能够影响识别相关方过程的事业环境因素包括(但不限于)组织文化、政治氛围,以及治理框架、政府或行业标准(法规、产品标准和行为规范);全球、区域或当地的趋势、实践或习惯,以及设施和资源的地理分布。

(7) 组织过程资产,能够影响识别相关方过程的组织过程资产包括(但不限于)相关方登记册模板和说明、以往项目的相关方登记册和经验教训知识库,包括与相关方偏好、行动和参与有关的信息。

2. 识别相关方——工具与技术

(1) 专家判断,应征求具备相关专业知识或接受过相关培训的个人或小组的意见,理解组织内的政治和权力结构,了解所在组织和其他受影响组织(包括客户及其他组织)的环境和文化,了解项目所在行业或项目可交付成果类型,了解个体团队成员的贡献和专长。

(2) 数据收集,适用于本过程的数据收集技术包括(但不限于)问卷和调查(问卷和调查包括一对一调查、焦点小组讨论,或其他大规模信息收集技术)、头脑风暴(一种通用的数据收集和创意技术,用于向小组征求意见,如团队成员或主题专家)和头脑写作(头脑风暴的改良形式,让个人参与者有时间在小组创意讨论开始前单独思考问题)。信息可通过面对面小组会议收集,或在有技术支持的虚拟环境中收集。

(3) 数据分析,适用于本过程的数据分析技术包括(但不限于)相关方分析,相关方分析会产生相关方清单和关于相关方的各种信息,例如,在组织内的位置、在项目中的角色、与项目的利害关系、期望、态度(对项目的支持程度),以及对项目信息的兴趣(个人或群体会受与项目有关的决策或成果的影响)、权利(合法权利或道德权利,国家的法律框架可能已就相关方的合法权利做出规定,如职业健康和安全。道德权利可能涉及保护历史遗迹或环境的可持续性)、所有权(人员或群体对资产拥有的法定所有权)、知识(专业知识有助于更有效地达成项目目标和组织成果,或有助于了解组织的权力结构,从而有益于项目)和贡献(提供资金或其他资源,包括人力资源,或者以无形的方式为项目提供支持,例如,宣传项目目标,或在项目与组织权力结构及政治之间扮演缓冲角色)。

(4) 数据表现,适用于本过程的数据表现技术包括(但不限于)相关方映射分析或表现。相关方映射分析或表现利用不同方法对相关方进行分类。对相关方进行分类有助于团队与已识别的项目相关方建立关系。常见的分类方法包括权力利益方格、权力影响方格,或作用影响方格。基于相关方的职权级别(权力)、对项目成果的关心程度(利益)、对项目成果的影响能力(影响),或改变项目计划或执行的能力,每一种方格都可用于对相关方进行分类。对于小型项目、相关方与项目的关系很简单的项目,或相关方之间的关系很简单的项目,这些分类模型非常实用。相关方立方体是上述方格模型的改良形式。本立方体把上述方格中的要素组合成三维模型,项目经理和团队可据此分析相关方,并引导相关方参与项目。作为一个多维模型,它将相关方视为一个多维实体,更好地加以分析,从而有助于沟通策略的制定。凸显模型通过评估相关方的权力(职权级别或对项目成果的影响能力)、紧迫性

(因时间约束或相关方对项目成果有重大利益诉求,从而需要立即加以关注)和合法性(参与的适当性),对相关方进行分类。在凸显模型中,也可以用邻近性取代合法性,以便考察相关方参与项目工作的程度。这种凸显模型适用于复杂的相关方大型社区,或在相关方社区内部存在复杂的关系网络。凸显模型可用于确定已识别相关方的相对重要性。

(5) 会议,会议可用于在重要项目相关方之间达成谅解。既可以召开引导式研讨会、指导式小组讨论会,也可以通过电子或媒体技术进行虚拟小组讨论,来分享想法和分析数据。

3.识别相关方—输出

(1) 相关方登记册,相关方登记册是识别相关方过程的主要输出。它记录关于已识别相关方的信息,包括(但不限于)以下信息。

第一,身份信息,包括姓名、组织职位、地点、联系方式,以及在项目中扮演的角色。

第二,评估信息,主要包括需求、期望、影响项目成果的潜力,以及相关方最能影响或冲击的项目生命周期阶段。

相关方分类,用内部或外部,作用、影响、权力或利益,上级、下级、外围或横向,或者项目经理选择的其他分类模型,进行分类的结果。

(2) 变更请求,首次开展识别相关方过程,不会提出任何变更请求。但随着在后续项目期间继续识别相关方,新出现的相关方或关于现有相关方的新信息,可能导致对产品、项目管理计划或项目文件提出变更请求。应该通过实施整体变更控制过程对变更请求进行审查和处理。

(3) 项目管理计划更新,在项目初始时识别相关方,不会导致项目管理计划更新。但随着项目的推进,项目管理计划的任何变更都以变更请求的形式提出,且通过组织的变更控制过程进行处理。可能需要变更的项目管理计划组件包括(但不限于)以下内容。

第一,需求管理计划,指新识别的相关方可能影响规划、跟踪和报告需求活动的方式。

第二,沟通管理计划,指沟通管理计划记录相关方的沟通要求和已商定的沟通策略。

第三,风险管理计划,如果相关方的沟通要求和已商定的沟通策略会影响管理项目风险的方法,就应在风险管理计划中加以反映。

第四,相关方参与计划,指相关方参与计划记录针对已识别相关方商定的沟通策略。

(4) 项目文件更新,可在本过程更新的项目文件包括(但不限于)以下几种。

第一,假设日志,大量关于相对权力、利益和相关方参与度的信息,都是基于一定的假设条件的,应该在假设日志中记录这些假设条件。此外,还要在假设日志中记录会影响与具体相关方互动的各种制约因素。

第二,问题日志,在本过程中产生的新问题应该记录到问题日志中。

第三,风险登记册,风险登记册记录在本过程中识别,并通过风险管理过程加以管理的新风险。

7.3.1.2 规划相关方参与

规划相关方参与是根据相关方的需求、期望、利益和对项目的潜在影响,制定项目相关方参与项目的方法的过程。本过程的主要作用是,提供与相关方进行有效互动的可行计划。本过程应根据需要，在整个项目期间定期开展。

本过程的输入、工具与技术和输出如图7-4所示。本过程的数据流向如图7-5所示。

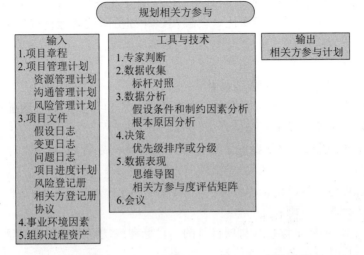

图7-4 规划相关方参与过程的输入、工具与技术和输出

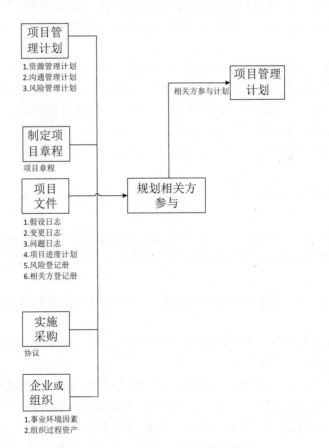

图7-5 规划相关方参与过程的数据流向

为满足项目相关方的多样性信息需求，应该在项目生命周期的早期制定一份有效的计划；然后，随着相关方社区的变化，定期审查和更新该计划。通过识别相关方过程，明确最初的相关方社区，之后就应该编制第1版的相关方参与计划，然后定期更新相关方参与计划，以反映相关方社区的变化。会触发该计划更新的典型情况包括(但不限于)以下几种。

第一，项目新阶段开始。

第二，组织结构或行业内部发生变化。

第三，新的个人或群体成为相关方，现有相关方不再是相关方社区的成员，或特定相关方对项目成功的重要性发生变化。

第四，当其他项目过程(如变更管理、风险管理或问题管理)的输出导致需要重新审查相关方参与策略。

这些情况都可能导致已识别相关方的相对重要性发生变化。

1. 规划相关方参与——输入

(1) 项目章程，项目章程包含与项目目的、目标和成功标准有关的信息，在规划如何引导相关方参与项目时应该考虑这些信息。

(2) 项目管理计划，项目管理计划组件包括(但不限于)以下几种。

第一，资源管理计划，资源管理计划可能包含关于团队成员及其他相关方的角色和职责的信息。

第二，沟通管理计划，指用于相关方管理的沟通策略，以及用于实施策略的计划，既是项目相关方管理中的各个过程的输入，又会收录来自这些过程的相关信息。

第三，风险管理计划，风险管理计划可能包含风险临界值或风险态度，有助于选择最佳的相关方参与策略组合。

(3) 项目文件，可用作本过程输入的项目文件(尤其在初始规划之后)包括(但不限于)以下几种。

第一，假设日志。假设日志中关于假设条件和制约因素的信息，可能与特定相关方相关联。

第二，变更日志。变更日志记录了对原始项目范围的变更。变更通常与具体相关方相关联，因为相关方可能是变更请求的提出者、变更请求的审批者，或受变更实施影响者。

第三，问题日志。为了管理和解决问题日志中的问题，需要与受影响的相关方进行额外沟通。

第四，项目进度计划。进度计划中的活动可能需要与具体相关方相关联，即把特定相关方指定为活动责任人或执行者。

第五，风险登记册。风险登记册包含项目的已识别风险，它通常会把这些风险与具体相关方相关联，即把特定相关方指定为风险责任人或受风险影响者。

第六，相关方登记册。相关方登记册提供项目相关方的清单，以及分类情况和其他信息。

第七，协议。在规划承包商及供应商参与时，通常涉及与组织内的采购小组和(或)合同签署小组开展合作，以确保对承包商和供应商进行有效管理。

(4) 事业环境因素，能够影响规划相关方参与的事业环境因素包括(但不限于)组织文化、政治氛围，以及治理框架；人事管理政策；相关方风险偏好；已确立的沟通渠道；全球、区域或当地的趋势、实践或习惯；设施和资源的地理分布。

(5) 组织过程资产，能够影响规划相关方参与过程的组织过程资产包括(但不限于)企业的社交媒体、道德和安全政策及程序；企业的问题、风险、变更和数据管理政策及程序；组织对沟通的要求；制作、交换、储存和检索信息的标准化指南；经验教训知识库，包括与相关方偏好、行动和参与有关的信息；支持有效相关方参与所需的软件工具。

2. 规划相关方参与——工具与技术

(1) 专家判断，应征求具备相关专业知识或接受过相关培训的个人或小组的意见。相关专业知识包括组织内部及外部的政治和权力结构；组织及组织外部的环境和文化；相关方参与过程使用的分析和评估技术；沟通手段和策略；来自以往项目的关于相关方、相关方群体及相关方组织(他们可能参与过以往的类似项目)的特征。

(2) 数据收集，适用于本过程的数据收集技术包括(但不限于)标杆对照。将相关方分析的结果与其他被视为世界级的组织或项目的信息进行比较。

(3) 数据分析，适用于本过程的数据分析技术包括(但不限于)以下几种。

第一，假设条件和制约因素分析，指可能需要分析当前的假设条件和制约因素，以合理剪裁相关方参与策略。

第二，根本原因分析，指识别是什么根本原因导致了相关方对项目的某种支持水平，以便选择适当策略来改进其参与水平。

(4) 决策，适用于本过程的决策技术包括(但不限于)优先级排序或分级。应该对相关方需求，以及相关方本身进行优先级排序或分级。具有最大利益和最高影响力的相关方，通常应该排在优先级清单的最前面。

(5) 数据表现，适用于本过程的数据表现技术包括(但不限于)以下几种。

第一，思维导图。思维导图用于对相关方信息、相互关系，以及他们与组织的关系进行可视化整理。

第二，相关方参与度评估矩阵。相关方参与度评估矩阵用于将相关方当前参与水平与期望参与水平进行比较，是对相关方参与水平进行分类的方式之一。相关方参与水平可分为5种。

一是不了解型，指不知道项目及其潜在影响。

二是抵制型，指知道项目及其潜在影响，但抵制项目工作或成果可能引发的任何变更。此类相关方不会支持项目工作或项目成果。

三是中立型，指了解项目，但既不支持，也不反对。

四是支持型，指了解项目及其潜在影响，会支持项目工作及其成果。

五是领导型，指了解项目及其潜在影响，会积极参与以确保项目取得成功。

相关方参与度评估矩阵示例见表7-1，其中C代表每个相关方的当前参与水平，而D是项目团队评估出来的、为确保项目成功所必不可少的参与水平(期望的)。应根据每个相关方的当前与期望参与水平的差距，开展必要的沟通，有效引导相关方参与项目。弥合当前与期望参与水平的差距是监督相关方参与中的一项基本工作。

表7-1　相关方参与度评估矩阵

相关方	不了解	抵制	中立	支持	领导
相关方1	C			D	
相关方2			C	D	
相关方3				DC	

(6) 会议，会议用于讨论与分析规划相关方参与过程所需的输入数据，以便制定良好的相关方参与计划。

3. 规划相关方参与——输出

相关方参与计划是项目管理计划的组成部分，它确定用于促进相关方有效参与决策和执行的策略和行动。基于项目的需要和相关方的期望，相关方参与计划可以是正式或非正式的，非常详细或高度概括的。

相关方参与计划包括(但不限于)调动个人或相关方参与的特定策略或方法。

7.3.1.3　管理相关方参与

管理相关方参与是与相关方进行沟通和协作，来满足其需求与期望、处理问题，并促进相关方合理参与的过程。本过程的主要作用是，让项目经理能够提高相关方的支持，并尽可能降低相关方的抵制。本过程需要在整个项目期间开展。本过程的输入、工具与技术和输出如图7-6所示。本过程的数据流向如图7-7所示。

```
                    管理相关方参与

输入                    工具与技术              输出
1.项目管理计划           1.专家判断              1.变更请求
  沟通管理计划           2.沟通技能              2.项目管理计划更新
  风险管理计划             反馈                    沟通管理计划
  相关方参与计划         3.人际关系与团队技能      相关方参与计划
  变更管理计划             冲突管理              3.项目文件更新
2.项目文件                 文化意识                变更日志
  变更日志                 谈判                    问题日志
  问题日志                 观察和交谈              经验教训登记册
  经验教训登记册           政治意识                相关方登记册
  相关方登记册           4.基本规则
3.事业环境因素           5.会议
4.组织过程资产
```

图7-6　管理相关方参与过程的输入、工具与技术和输出

在管理相关方参与过程中，需要开展多项活动，例如在适当的项目阶段引导相关方参与，以便获取、确认或维持他们对项目成功的持续承诺；通过谈判和沟通管理相关方期望；处理与相关方管理有关的任何风险或潜在关注点，预测相关方可能在未来引发的问题；澄清和解决已识别的问题。

管理相关方参与有助于确保相关方明确项目目的、收益和风险，以及他们的贡献将如何促进项目成功。

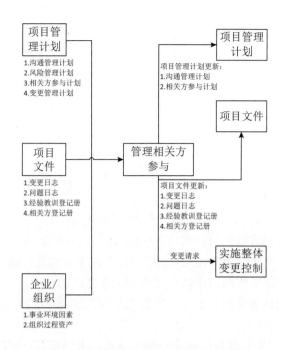

图7-7 管理相关方参与过程的数据流向

1. 管理相关方参与—输入

(1) 项目管理计划，项目管理计划组件包括(但不限于)以下几种。

一是沟通管理计划，沟通管理计划描述与相关方沟通的方法、形式和技术。

二是风险管理计划，风险管理计划描述了风险类别、风险偏好和报告格式。这些内容都可用于管理相关方参与。

三是相关方参与计划，相关方参与计划为管理相关方期望提供指导和信息。

四是变更管理计划，变更管理计划描述了提交、评估和执行项目变更的过程。

(2) 项目文件，可作为本过程输入的项目文件包括(但不限于)以下几种。

一是变更日志，变更日志会记录变更请求及其状态，并将其传递给适当的相关方。

二是问题日志，问题日志会记录项目或相关方的关注点，以及关于处理问题的行动方案。

三是经验教训登记册，经验教训登记册记录在项目早期获取的，与管理相关方参与有关的经验教训，可用于项目后期阶段，以提高本过程的效率和效果。

四是相关方登记册，相关方登记册提供项目相关方清单，以及执行相关方参与计划所需的任何信息。

(3) 事业环境因素，能够影响管理相关方参与的事业环境因素包括(但不限于)组织文化、政治氛围，以及组织的治理结构；人事管理政策；相关方风险临界值；已确立的沟通渠道；全球、区域或当地的趋势、实践或习惯；设施和资源的地理分布。

(4) 组织过程资产，能够影响管理相关方参与过程的组织过程资产包括(但不限于)企业的社交媒体、道德和安全政策及程序；企业的问题、风险、变更和数据管理政策及程序；组织对沟通的要求；制作、交换、储存和检索信息的标准化指南；以往类似项目的历史信息。

2. 管理相关方参与—工具与技术

(1) 专家判断，应征求具备以下专业知识或接受过相关培训的个人或小组的意见。

一是组织内部及外部的政治和权力结构，组织及组织外部的环境和文化。

二是相关方参与过程使用的分析和评估技术、沟通方法和策略。

三是可能参与过以往类似项目的相关方、相关方群体及相关方组织的特征。

(2) 沟通技能，在开展管理相关方参与过程时，应该根据沟通管理计划，针对每个相关方采取相应的沟通方法。项目管理团队应该使用反馈机制，了解相关方对各种项目管理活动和关键决策的反应。反馈的收集方式包括(但不限于)正式与非正式对话；问题识别和讨论、会议、进展报告、调查。

(3) 人际关系与团队技能，适用于本过程的人际关系与团队技能包括(但不限于)冲突管理(项目经理应确保及时解决冲突)、文化意识(文化意识有助于项目经理和团队通过考虑文化差异和相关方需求，来实现有效沟通)、谈判(谈判用于获得支持或达成关于支持项目工作或成果的协议，并解决团队内部或团队与其他相关方之间的冲突)、观察和交谈(通过观察和交谈，及时了解项目团队成员和其他相关方的工作和态度)和政治意识(通过了解项目内外的权力关系，建立政治意识)。

(4) 基本规则，根据团队章程中定义的基本规则，来明确项目团队成员和其他相关方应该采取什么行为去引导相关方参与。

(5) 会议，会议用于讨论和处理任何与相关方参与有关的问题或关注点。在本过程中需要召开的会议类型包括(但不限于)决策、问题解决、经验教训和回顾总结、项目开工、迭代规划、状态更新。

3. 管理相关方参与—输出

(1) 变更请求，作为管理相关方参与的结果，项目范围或产品范围可能需要变更。应该通过实施整体变更控制过程对所有变更请求进行审查和处理。

(2) 项目管理计划更新，项目管理计划的任何变更都以变更请求的形式提出，且通过组织的变更控制过程进行处理。可能需要变更的项目管理计划组件包括(但不限于)以下几种。

一是沟通管理计划，需要更新沟通管理计划，以反映新的或已变更的相关方需求。

二是相关方参与计划，需要更新相关方参与计划，以反映为有效引导相关方参与所需的新的，或更改的管理策略。

(3) 项目文件更新，可在本过程更新的项目文件包括(但不限于)变更日志(根据变更请求更新变更日志)、问题日志(可能需要更新问题日志，以反映问题日志条目的更新或添加)、经验教训登记册(更新经验教训登记册，记录管理相关方参与的有效或无效方法，以供当前或未来项目借鉴)和相关方登记册(可能需要基于提供给相关方的关于问题解决、变更审批和项目状态的新信息，来更新相关方的登记册)。

7.3.1.4 监督相关方参与

监督相关方参与是监督项目相关方关系，并通过修订参与策略和计划来引导相关方合理参与项目的过程。本过程的主要作用是，随着项目进展和环境变化，维持或提升相关方参与活动的效率和效果。本过程需要在整个项目期间开展。本过程的输入、工具与技术和输出如图7-8所示。本过程的数据流向如图7-9所示。

第 7 章 金融数据建模项目管理

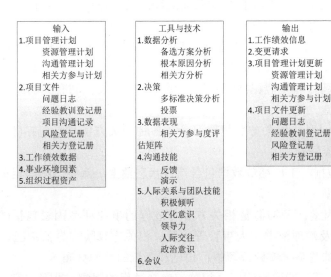

图7-8 监督相关方参与过程的输入、工具与技术和输出

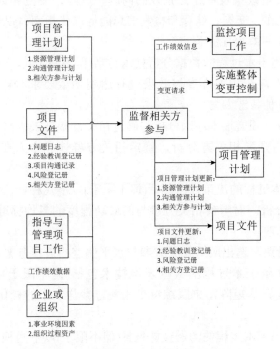

图7-9 监督相关方参与过程的数据流向

1. 监督相关方参与——输入

(1) 项目管理计划,项目管理计划组件包括(但不限于)以下三种。

一是资源管理计划,资源管理计划确定了对团队成员的管理方法。

二是沟通管理计划,沟通管理计划描述了适用于项目相关方的沟通计划和策略。

三是相关方参与计划,描述了管理相关方的需求和期望。

(2) 项目文件，可作为本过程输入的项目文件包括(但不限于)以下几种。

一是问题日志，问题日志记录了所有与项目和相关方有关的已知问题。

二是经验教训登记册，在项目早期获取的经验教训，可用于项目后期，以提高引导相关方参与的效率和效果。

三是项目沟通记录，根据沟通管理计划和相关方参与计划来与相关方开展的项目沟通，这些都已包括在项目沟通记录中。

四是风险登记册，风险登记册记录了与相关方参与及互动有关的风险、它们的分类，以及潜在的应对措施。

五是相关方登记册，相关方登记册记录了各种相关方信息，包括(但不限于)相关方名单、评估结果和分类情况。

(3) 工作绩效数据，工作绩效数据包含项目状态数据，例如，哪些相关方支持项目，他们的参与水平和类型。

(4) 事业环境因素，能够监督相关方参与过程的事业环境因素包括(但不限于)组织文化、政治氛围，以及治理框架；人事管理政策；相关方风险临界值；已确立的沟通渠道；全球、区域或当地的趋势、实践或习惯；设施和资源的地理分布。

(5) 组织过程资产，能够影响监督相关方参与过程的组织过程资产包括(但不限于)企业的社交媒体、道德和安全政策及程序；企业的问题、风险、变更和数据管理政策及程序；组织对沟通的要求；制作、交换、储存和检索信息的标准化指南；以往项目的历史信息。

2. 监督相关方参与—工具与技术

(1) 数据分析，适用于本过程的数据分析技术包括(但不限于)以下几种。

一是备选方案分析，在相关方参与效果没有达到期望要求时，应该开展备选方案分析，评估应对偏差的各种备选方案。

二是根本原因分析，开展根本原因分析，确定相关方参与未达预期效果的根本原因。

三是相关方分析，开展相关方分析，确定相关方群体和个人在项目任何特定时间的状态。

(2) 决策，适用于本过程的决策技术包括(但不限于)以下几种。

一是多标准决策分析，对考察相关方参与的成功程度的多种标准进行优先级排序和加权，识别出最适当的选项。

二是投票，通过投票，选出应对相关方参与水平偏差的最佳方案。

(3) 数据表现，适用于本过程的数据表现技术包括(但不限于)相关方参与度评估矩阵。使用相关方参与度评估矩阵，来跟踪每个相关方参与水平的变化，对相关方参与加以监督。

(4) 沟通技能，适用于本过程的沟通技能包括(但不限于)以下两种。

一是反馈，反馈用于确保发送给相关方的信息被接收和理解。

二是演示，演示为相关方提供清晰的信息。

(5) 人际关系与团队技能，适用于本过程的人际关系技能包括(但不限于)以下几种。

一是积极倾听，通过积极倾听，减少理解错误和沟通错误。

二是文化意识，文化意识和文化敏感性有助于项目经理依据相关方和团队成员的文化差异和文化需求对沟通进行规划。

三是领导力,成功的相关方参与,需要强有力的领导技能,来传递愿景并激励相关方支持项目工作和成果。

四是人际交往,通过人际交往了解关于相关方参与水平的信息。

五是政治意识,政治意识有助于理解组织战略,理解谁能行使权力和施加影响,以及培养与这些相关方沟通的能力。

(6) 会议,会议的类型包括为监督和评估相关方的参与水平而召开的状态会议、站会、回顾会,以及相关方参与计划中规定的其他任何会议。会议不再局限于面对面或声音互动。虽然面对面互动最为理想,但可能成本很高。电话会议和电信技术可以降低成本,并提供丰富的联系方法和会议方式。

3. 监督相关方参与——输出

(1) 工作绩效信息,工作绩效信息包括与相关方参与状态有关的信息,例如,相关方对项目的当前支持水平,以及与相关方参与度评估矩阵、相关方立方体或其他工具所确定的期望参与水平相比较的结果。

(2) 变更请求,变更请求可能包括用于改善相关方当前参与水平的纠正及预防措施。应该通过实施整体变更控制过程对变更请求进行审查和处理。

(3) 项目管理计划更新,项目管理计划的任何变更都以变更请求的形式提出,且通过组织的变更控制过程进行处理。可能需要变更的项目管理计划组件包括(但不限于)以下三种。

一是资源管理计划,可能需要更新团队对引导相关方参与的职责。

二是沟通管理计划,可能需要更新项目的沟通策略。

三是相关方参与计划,可能需要更新关于项目相关方社区的信息。

(4) 项目文件更新,可在本过程更新的项目文件包括(但不限于)以下几种。

一是问题日志,可能需要更新问题日志中与相关方态度有关的信息。

二是经验教训登记册,在质量规划过程中遇到的挑战,以及其本可采取的规避方法需要更新在经验教训登记册中。调动相关方参与效果好,以及效果不佳的方法也要更新在经验教训登记册中。

三是风险登记册,可能需要更新风险登记册,以记录相关方风险应对措施。

四是相关方登记册,更新相关方登记册,以记录从监督相关方参与中得到的信息。

7.3.2 项目任务分解

本节用于实现项目目标的项目管理过程。项目管理过程可归为五大项目管理过程组,见表7-2。

一是启动过程组,定义一个新项目或现有项目的一个新阶段,授权开始该项目或阶段的过程。

二是规划过程组,明确项目范围,优化目标,为实现目标制定行动方案的过程。

三是执行过程组,完成项目管理计划中确定的工作,以满足项目要求的过程。

四是监控过程组,跟踪、审查和调整项目进展与绩效,识别必要的计划变更并启动相应变更的过程。

五是收尾过程组，正式完成或结束项目、阶段或合同所执行的过程(组)。

表7-2　项目管理过程组

知识领域	项目管理过程组				
	启动过程组	规划过程组	执行过程组	监控过程组	收尾过程组
项目整合管理	制定项目章程	制订项目管理计划	指导与管理项目工作 管理项目知识	监控项目工作 实施整体变更控制	结束项目或阶段
项目范围管理		规划范围管理 收集需求 定义范围 创建工作分解结构		确认范围 控制范围	
项目进度管理		规划进度管理 定义活动 排列活动顺序 估算活动持续时间 制订进度计划		控制进度	
项目成本管理		规划成本管理 估算成本 制订预算		控制成本	
项目质量管理		规划质量管理	管理质量	控制质量	
项目资源管理		规划资源管理 估算活动资源	获取资源 建设团队 管理团队	控制资源	
项目沟通管理		规划沟通管理	管理沟通	监督沟通	
项目风险管理		规划风险管理 识别风险 实施定性风险分析 实施定量风险分析 规划风险应对	实施风险应对	监督风险	
项目采购管理		规划采购管理	实施采购	控制采购	
项目相关方管理	识别相关方	规划相关方参与	管理相关方参与	监督相关方参与	

项目生命周期指项目从开始到完成所经历的一系列阶段。项目阶段是一组具有逻辑关系的项目活动的集合，通常以一个或多个可交付成果的完成为结束。这些阶段之间可能是顺序、迭代或交叠的关系。项目阶段的名称、数量和持续时间取决于参与项目的一个或多个组织的管理与控制需要、项目本身的特征及其所在的应用领域。阶段都有时限，有一个起始点、结束点或控制点(有时称为阶段审查、阶段关口或控制关口，也可以用其他类似名称)。在控制点，需要根据当前环境，重新审查项目章程和商业文件。在该时点，把项目绩效与项目管理计划进行比较，以确定项目是否应该变更、终止或按计划继续。

项目生命周期会受组织、行业、开发方法或所用技术的独特性质的影响。虽然每个项目都有起点和终点，但具体的可交付成果及工作会因项目的不同而有很大差异。不论项目涉及的具体工作是什么，生命周期都可以为管理项目提供基本框架。

虽然项目规模及复杂程度各不相同，但是典型项目呈现了一个项目生命周期的通用结构。如图7-10所示，该结构包含4个阶段，即开始项目、组织与准备、执行项目工作、结束项目。

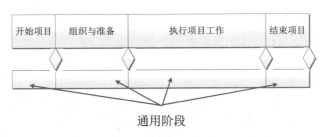

图7-10 项目生命周期的通用结构

项目相关方是指可能影响项目决策、活动或结果的个人、群体或组织，以及会受或自认为会受项目决策、活动或结果影响的个人、群体或组织。项目相关方可能来自项目内部或外部，可能主动或被动参与项目，甚至完全不了解项目。项目相关方可能对项目施加积极或消极的影响，也可能受项目的积极或消极方面的影响。相关方包括(但不限于)内部相关方(发起人、资源经理、项目管理办公室、项目组合指导委员会、项目集经理、其他项目的项目经理、团队成员)和外部相关方(客户、最终用户、供应商、股东、监管机构、竞争者)。

7.3.2.1 启动过程组

启动过程组是包括定义一个新项目或现有项目的一个新阶段，授权开始该项目或阶段的一组过程。启动过程组的目的是协调相关方期望与项目目的，告知相关方项目范围和目标，并商讨他们对项目及相关阶段的参与将如何有助实现其期望。在启动过程中，定义初步项目范围和落实初步财务资源，识别那些将相互作用并影响项目总体结果的相关方，指派项目经理(如果尚未安排)。这些信息应反映在项目章程和相关方登记册中。一旦项目章程获得批准，项目也就正式立项，同时，项目经理就有权将组织资源用于项目活动。

本过程组的主要作用是，确保只有符合组织战略目标的项目才能立项，以及在项目开始时就认真考虑商业论证、项目效益和相关方。在一些组织中，项目经理会参与制定商业论证和分析项目效益，会帮助编写项目章程。在另一些组织中，项目的前期准备工作则由项目发起人、项目管理办公室、项目组合指导委员会或其他相关方群体完成。本标准假设项目已获得发起人或其他治理机构的批准，并且他们在批准项目之前已经审核了商业文件。

1. 制定项目章程

制定项目章程是编写一份正式批准项目，并授权项目经理在项目活动中使用组织资源文件的过程。本过程的主要作用是，明确项目与组织战略目标之间的直接联系，确立项目的正式地位，并展示组织对项目的承诺。本过程仅开展一次或仅在项目的预定义点开展。

2. 识别相关方

识别相关方是定期识别项目相关方，分析和记录他们的利益、参与度、相互依赖性、影响力和对项目成功的潜在影响的过程。本过程的主要作用是，使项目团队能够建立对每个相关方或相关方群体的适度关注。本过程应根据需要在整个项目期间定期开展。

7.3.2.2 规划过程组

规划过程组是包括明确项目全部范围，定义和优化目标，并为实现目标制订行动方案的一组过程。本过程组的主要作用是，确定成功完成项目或阶段的行动方案。

在规划项目、制订项目管理计划和项目文件时，项目管理团队应当适当征求相关方的意见，并鼓励相关方参与。初始规划工作完成时，经批准的项目管理计划就会被视为基准。在整个项目期间，监控过程将把项目绩效与基准进行比较。

1. 制订项目管理计划

制订项目管理计划是定义、准备和协调项目计划的所有组成部分，并把它们整合为一份综合项目管理计划的过程。本过程的主要作用是，生成一份综合文件，用于确定所有项目工作的基础及执行方式。本过程仅开展一次或仅在项目的预定义点开展。

2. 规划范围管理

规划范围管理是为记录如何定义、确认和控制项目范围及产品范围，而创建范围管理计划的过程。本过程的主要作用是，在整个项目期间为如何管理项目范围提供指南和方向。本过程仅开展一次或仅在项目的预定义点开展。

3. 收集需求

收集需求是为实现目标而确定、记录并管理相关方的需求的过程。本过程的主要作用是，为定义产品范围和项目范围奠定基础。本过程仅开展一次或仅在项目的预定义点开展。

4. 定义范围

定义范围是制定项目和产品详细描述的过程。本过程的主要作用是，描述产品、服务或成果的边界和验收标准。本过程仅开展一次或仅在项目的预定义点开展。

5. 创建工作分解结构

创建工作分解结构是把项目可交付成果和项目工作分解为较小的、更易于管理的组件的过程。本过程的主要作用是，为所要交付的内容提供架构。本过程仅开展一次或仅在项目的预定义点开展。

6. 规划进度管理

规划进度管理是为规划、编制、管理、执行和控制项目进度而制定政策、程序和文档的过程。本过程的主要作用是，为如何在整个项目期间管理项目进度提供指南。本过程仅开展一次或仅在项目的预定义点开展。

7. 定义活动

定义活动是识别和记录为完成项目可交付成果而须采取的具体行动的过程。本过程的主要作用是，将工作包分解为进度活动，作为对项目工作进行进度估算、规划、执行、监督和控制的基础。本过程需要在整个项目期间开展。

8. 排列活动顺序

排列活动顺序是识别和记录项目活动之间的关系的过程。本过程的主要作用是定义工作之间的逻辑顺序，以便在既定的所有项目制约因素下获得最高的效率。本过程需要在整个项目期间开展。

9. 估算活动持续时间

估算活动持续时间是根据资源估算的结果，估算完成单项活动所需要的工作时段数的过程。本过程的主要作用是，确定完成每个活动所要花费的时间。本过程需要在整个项目期间开展。

10. 制订进度计划

制订进度计划是分析活动顺序、持续时间、资源需求和进度制约因素，创建进度模型，从而落实项目执行和监控的过程。本过程的主要作用是，为完成项目活动而制订具有计划日期的进度模型。本过程需要在整个项目期间开展。

11. 规划成本管理

规划成本管理是确定如何估算、预算、管理、监督和控制项目成本的过程。本过程的主要作用是，在整个项目期间为如何管理项目成本提供指南。本过程仅开展一次或仅在项目的预定义点开展。

12. 估算成本

估算成本是对完成项目工作所需资金进行近似估算的过程。本过程的主要作用是，确定项目所需要的资金。本过程应根据需要在整个项目期间定期开展。

13. 制订预算

制订预算是汇总所有单个活动或工作包的估算成本，建立一个经批准的成本基准的过程。本过程的主要作用是，确定可据以监督和控制项目绩效的成本基准。本过程仅开展一次或仅在项目的预定义点开展。

14. 规划质量管理

规划质量管理是识别项目及其可交付成果的质量要求和(或)标准，并书面描述项目将如何证明符合质量要求和(或)标准的过程。本过程的主要作用是，为在整个项目期间如何管理和核实质量提供指南。本过程仅开展一次或仅在项目的预定义点开展。

15. 规划资源管理

规划资源管理是定义如何估算、获取、管理和利用实物，以及团队资源的过程。本过程的主要作用是，根据项目类型和复杂程度确定适用于项目资源的管理方法和管理程度。本过程仅开展一次或仅在项目的预定义点开展。

16. 估算活动资源

估算活动资源是估算执行项目所需要的团队资源，以及材料、设备和用品的类型和数量的过程。本过程的主要作用是，明确完成项目所需要的资源种类、数量和特性。本过程应根据需要在整个项目期间定期开展。

17. 规划沟通管理

规划沟通管理是基于每个相关方或相关方群体的信息需求、可用的组织资产，以及具体项目的需求，为项目沟通活动制订恰当的方法和计划的过程。本过程的主要作用是，为及时向相关方提供相关信息，引导相关方有效参与项目，而编制书面沟通计划。本过程应根据需要在整个项目期间定期开展。

18. 规划风险管理

规划风险管理是定义如何实施项目风险管理活动的过程。本过程的主要作用是，确保风险管理的水平、方法和可见度与项目风险程度，以及项目对组织和其他相关方的重要程度相匹配。本过程仅开展一次或仅在项目的预定义点开展。

19. 识别风险

识别风险是识别单个项目风险，以及整体项目风险的来源，并记录风险特征的过程。本过程的主要作用是，记录现有的单个项目风险，以及整体项目风险的来源。本过程还汇集相关信息，以便项目团队能够恰当应对已识别风险。本过程需要在整个项目期间开展。

20. 实施定性风险分析

实施定性风险分析是通过评估单个项目风险发生的概率和影响，以及其他特征，对风险进行优先排序，从而为后续分析或行动提供基础的过程。本过程的主要作用是重点关注高优先级的风险。本过程需要在整个项目期间开展。

21. 实施定量风险分析

实施定量风险分析是就已识别的单个项目风险和具有不确定性的其他风险对整体项目目标的影响进行定量分析的过程。本过程的主要作用是，量化整体项目风险敞口，并提供额外的定量风险信息，以支持风险应对规划。本过程需要在整个项目期间开展。

22. 规划风险应对

规划风险应对是为处理整体项目风险敞口，以及应对单个项目风险，而制订可选方案、选择应对策略，并商定应对行动的过程。本过程的主要作用是，制订应对整体项目风险和单个项目风险的适当方法。本过程还将分配资源，并根据需要将相关活动添加进项目文件和项目管理计划。本过程需要在整个项目期间开展。

23. 规划采购管理

规划采购管理是记录项目采购决策，明确采购方法，识别潜在卖方的过程。本过程的主要作用是，确定是否从项目外部获取货物和服务，如果是，则还要确定将在什么时间、以什么方式获取什么货物和服务。货物和服务可从执行组织的其他部门采购，或者从外部渠道采购。本过程仅开展一次或仅在项目的预定义点开展。

24. 规划相关方参与

规划相关方参与是根据相关方的需求、期望、利益和对项目的潜在影响，制订项目相关方参与项目的方法的过程。本过程的主要作用是，提供与相关方进行有效互动的可行计划。本过程应根据需要在整个项目期间定期开展。

7.3.2.3 执行过程组

执行过程组包括完成项目管理计划中确定的工作，以满足项目要求的一组过程。本过程组需要按照项目管理计划来协调资源，管理相关方参与，以及整合并实施项目活动。本过程组的主要作用是，根据计划执行为满足项目要求、实现项目目标所需的工作。相当多的项目预算、资源和时间将用于开展执行过程组的过程。开展执行过程组的过程，可能导致变更请求。一旦变更请求获得批准，则可能触发一个或多个规划过程，来修改管理计划、完善项目文件，甚至建立新的基准。

1. 指导与管理项目工作

指导与管理项目工作是为实现项目目标而领导和执行项目管理计划中所确定的工作，并实施已批准变更的过程。本过程的主要作用是，对项目工作和可交付成果开展综合管理，以提高项目成功的可能性。本过程需要在整个项目期间开展。

2. 管理项目知识

管理项目知识是使用现有知识并生成新知识，以实现项目目标，并且帮助组织学习的过程。本过程的主要作用是，利用已有的组织知识来创造或改进项目成果，并且使当前项目创造的知识可用于支持组织运营和未来的项目或阶段。本过程需要在整个项目期间开展。

3. 管理质量

管理质量是把组织的质量政策用于项目，并将质量管理计划转化为可执行的质量活动的过程。本过程的主要作用是，提高实现质量目标的可能性，以及识别无效过程和导致质量低劣的原因。本过程需要在整个项目期间开展。

4. 获取资源

获取资源是获取项目所需要的团队成员、设施、设备、材料、用品和其他资源的过程。本过程的主要作用是，概述和指导资源的选择，并将其分配给相应的活动。本过程应根据需要在整个项目期间定期开展。

5. 建设团队

建设团队是提高工作能力，促进团队成员互动，改善团队整体氛围，以提高项目绩效的过程。本过程的主要作用是，改进团队协作、增强人际交往技能、激励员工、减少摩擦，以及提升整体项目绩效。本过程需要在整个项目期间开展。

6. 管理团队

管理团队是跟踪团队成员工作表现，提供反馈，解决问题并管理团队变更，以优化项目绩效的过程。本过程的主要作用是，影响团队行为、管理冲突，以及解决问题。本过程需要在整个项目期间开展。

7. 管理沟通

管理沟通是指确保项目信息及时且恰当地收集、生成、发布、存储、检索、管理、监督和最终处置的过程。本过程的主要作用是，促成项目团队与相关方之间的有效信息流动。本过程需要在整个项目期间开展。

8. 实施风险应对

实施风险应对是执行商定的风险应对计划的过程。本过程的主要作用是，确保按计划执行商定的风险应对措施，来管理整体项目风险敞口，以及最小化单个项目威胁，最大化单个项目机会。本过程需要在整个项目期间开展。

9. 实施采购

实施采购是获取卖方应答、选择卖方，并授予合同的过程。本过程的主要作用是，选定合格卖方并签署关于货物或服务交付的法律协议。本过程应根据需要在整个项目期间定期开展。

10. 管理相关方参与

管理相关方参与是与相关方进行沟通和协作，以满足其需求与期望，处理问题，并促进相关方合理参与项目活动的过程。本过程的主要作用是，让项目经理提升相关方的支持，降低相关方的抵制。本过程需要在整个项目期间开展。

7.3.2.4 监控过程组

监控过程组包括跟踪、审查和调整项目进展与绩效，识别必要的计划变更并启动相应变更的一组过程。监督包括收集项目绩效数据，计算绩效指标，以及报告和发布绩效信息。控制包括比较实际绩效与计划绩效，分析偏差，评估趋势以改进过程，评价可选方案，以及建议必要的纠正措施。本过程组的主要作用是，按既定时间间隔，或在特定事件发生时，或在异常情况出现时，对项目绩效进行测量和分析，以识别和纠正与项目管理计划的偏差。监控过程组还涉及以下问题。

第一，评价变更请求并制订恰当的响应行动计划。

第二，建议纠正措施，或者对可能出现的问题建议预防措施。

第三，对照项目管理计划和项目基准，监督正在进行的项目活动。

第四，影响可能导致规避变更控制过程的因素，确保只有经批准的变更才能被执行。

持续的监督使项目团队和其他相关方得以洞察项目的健康状况，并识别需要格外注意的方面。在监控过程组，需要监督和控制在每个知识领域、每个过程组、每个生命周期，以及整个项目中正在进行的工作。

1. 监控项目工作

监控项目工作是跟踪、审查和报告整体项目进展，以实现项目管理计划中确定的绩效目标的过程。本过程的主要作用是，让相关方了解项目的当前状态并认可为处理绩效问题而采取的行动，以及通过成本和进度预测，让相关方了解未来项目状态。本过程需要在整个项目期间开展。

2. 实施整体变更控制

实施整体变更控制是指审查所有变更请求，批准变更，管理对可交付成果、组织过程资产、项目文件和项目管理计划的变更，并对变更处理结果进行沟通的过程。本过程审查对项目文件、可交付成果或项目管理计划的所有变更请求，并决定对变更请求的处置方案。本过程的主要作用是，确保对项目中已记录在案的变更做综合评审。如果不考虑变更对整体项目目标或计划的影响就开展变更，往往会加剧整体项目风险。本过程需要在整个项目期间开展。

3. 确认范围

确认范围是正式验收已完成的项目可交付成果的过程。本过程的主要作用是，使验收过程具有客观性；同时通过确认每个可交付成果，来提高最终产品、服务或成果获得验收的可能性。本过程应根据需要在整个项目期间定期开展。

4. 控制范围

控制范围是监督项目和产品的范围状态，管理范围基准变更的过程。本过程的主要作用是，在整个项目期间保持对范围基准的维护。本过程需要在整个项目期间开展。

5. 控制进度

控制进度是监督项目状态，以更新项目进度和管理进度基准变更的过程。本过程的主要作用是，在整个项目期间保持对进度基准的维护。本过程需要在整个项目期间开展。

6. 控制成本

控制成本是监督项目状态，以更新项目成本和管理成本基准变更的过程。本过程的主要作用是，在整个项目期间保持对成本基准的维护。本过程需要在整个项目期间开展。

7. 控制质量

控制质量是为了评估绩效，确保项目输出完整、正确，以及满足客户期望，而监督和记录质量管理活动执行结果的过程。本过程的主要作用是，核实项目可交付成果和工作已经达到主要相关方的质量要求，可供最终验收。本过程需要在整个项目期间开展。

8. 控制资源

控制资源是确保被分配给项目的物质资源按计划就位，以及监督资源的计划和实际使用情况，并采取必要纠正措施的过程。本过程的主要作用是，确保所分配的资源适时适地可用于项目，且在不再需要时被释放。本过程需要在整个项目期间开展。

9. 监督沟通

监督沟通是确保满足项目及其相关方的信息需求的过程。本过程的主要作用是，按沟通管理计划和相关方参与计划的要求开展高效的信息传递。本过程需要在整个项目期间开展。

10. 监督风险

监督风险是在整个项目期间，监督商定的风险应对计划的实施、跟踪已识别风险、识别和分析新风险，以及评估风险管理有效性的过程。本过程的主要作用是，使项目决策都基于关于整体项目风险敞口和单个项目风险的当前信息。本过程需要在整个项目期间开展。

11. 控制采购

控制采购是管理采购关系，监督合同绩效，实施必要的变更和纠偏，以及关闭合同的过程。本过程的主要作用是，确保买卖双方履行法律协议，满足项目需求。如果存在一系列采购活动，本过程就需要在整个项目期间开展。

12. 监督相关方参与

监督相关方参与是监督项目相关方关系，并通过修订参与策略和计划来引导相关方合理参与项目的过程。本过程的主要作用是，随着项目进展和环境变化，维持或提升相关方参与项目的效率和效果。本过程需要在整个项目期间开展。

7.3.2.5 收尾过程组

收尾过程组包括为正式完成或关闭项目、阶段或合同而开展的过程。本过程组旨在核实为完成项目或阶段所需要的所有过程组的全部过程均已完成，并正式宣告项目或阶段关闭。本过程组的主要作用是，确保恰当地关闭阶段、项目和合同。虽然本过程组只有一个过程，但是组织可以自行为项目、阶段或合同添加相关过程。因此，仍把它称为"过程组"。

本过程组也适用于项目的提前关闭，例如项目流产或取消。

1. 结束项目或阶段

结束项目或阶段是终结项目、阶段或合同的所有活动的过程。本过程的主要作用是，存档项目或阶段信息，完成计划的工作，释放组织资源以开展新的工作。本过程仅开展一次或仅在项目的预定义点开展。

2. 项目管理计划组件

项目管理计划的任何组件都可用作本过程的输入。

3. 项目文件示例

可用作本过程输入的项目文件包括(但不限于)假设日志、估算依据、变更日志、问题日志、经验教训登记册、里程碑清单、项目沟通记录、质量控制测量结果、质量报告、需求文件、风险登记册、风险报告。

4. 项目文件更新

可在本过程更新的项目文件包括(但不限于)经验教训登记册。

参考文献

[1] 证券考试命题研究组. 证券市场基本法律法规：第2版[M]. 成都：西南财经大学出版社，2018.

[2] 蒋先玲. 货币银行学[M]. 北京：对外经济贸易大学出版社，2010.

[3] 喻平. 金融风险管理[M]. 武汉：武汉理工大学出版社，2016.

[4] 王广谦. 中央银行学[M]. 北京：高等教育出版社，2011.

[5] 谢平，邹传伟. 互联网金融风险与监管[M]. 北京：中国金融出版社，2017.

[6] 戴建华. 个人信息保护有法可依[EB/OL]. 中央纪委国家监委网站.

[7] 数据管理协会(DAMA国际). DAMA数据管理知识体系指南：第2版[M]. 北京：机械工业出版社，2020.

[8] 王小川. Python与量化投资：从基础到实战[M]. 北京：电子工业出版社，2018.

[9] 郑志明，缪绍日，荆丽丽，等. 金融数据挖掘与分析[M]. 北京：机械工业出版社，2015.

[10] 同济大学数学系. 高等数学：上册：第7版[M]. 北京：高等教育出版社，2014.

[11] 同济大学数学系. 工程数学：线性代数：第6版[M]. 北京：高等教育出版社，2014.

[12] 盛骤，谢式千，潘承毅. 概率论与数理统计：第4版[M]. 北京：高等教育出版社，2010.

[13] 蔡立尚. 量化投资：以Python为工具[M]. 北京：电子工业出版社，2017.

[14] 王珊，萨师煊. 数据库系统概论：第5版[M]. 北京：高等教育出版社，2014.

[15] 何玉洁. 数据库原理与应用：第3版[M]. 北京：机械工业出版社，2017.

[16] 王爱国，许桂秋，等. NoSQL数据库原理与应用[M]. 北京：人民邮电出版社，2019.

[17] MongoDB 4.2手册[DB/OL]. https://mongodb.net.cn/manual/.

[18] 朝乐门. Python编程：从数据分析到数据科学[M]. 北京：电子工业出版社，2019.

[19] [美]Holden Karau，AndyKonwinski，Patrick Wendell，[加]Matei Zaharia. Spark快速大数据分析[M]. 北京：人民邮电出版社，2019.

[20] [美]Tomasz Drabas，Denny Lee，PySpark实战指南：利用Python和Spark构建数据密集型应用并规模化部署[M]. 北京：机械工业出版社，2017.

[21] 使用PySpark搭建机器学习模型. 中国开发者社区CSDN. 2020-06-10. https://blog.csdn.net/qq_42582489/article/details/106674181.

[22] PySpark RDD基本操作. 中国开发者社区CSDN. 2019-12-13. https://blog.csdn.net/python3_i_know/article/details/103531130.

[23] [印]Pramod Singh. PySpark机器学习、自然语言处理与推荐系统[M]. 北京：清华大学出版社，2020.

[24] [美]Wes McKinney. 利用Python进行数据分析：第2版[M]. 北京：机械工业出版社，2018.

[25] 语义分析代码实现_PySpark初级教程——第一步大数据分析(附代码实现). 中国开发者社区CSDN. 2020-11-20. https://blog.csdn.net/ weixin_39843738/article/details/111606947.

[26] 邓辛. 金融科技：模式变革与业务创新[M]. 上海：上海财经大学出版社，2019.

[27] 姚国章. 金融科技原理与案例[M]. 北京：北京大学出版社，2019.

[28] 周志华. 机器学习[M]. 北京：清华大学出版社，2016.

[29] 李航. 统计学习方法[M]. 北京：清华大学出版社，2016.

[30] Ward M，Grinstein G，Keim D. Interactive Data Visualization：Foundations，Techniques，and Applications，Second Edition[M]. 2010.

[31] Hansen C D，Johnson C R. The Visualization Handbook[M]. Elsevier Butterworth-Heinemann，2004.

[32] 石教英，蔡文立. 科学计算可视化算法与系统[M]. 北京：科学出版社，1996.

[33] W Schroeder，K Martin，B Lorensen. The Visualization Toolkit[J]. 2005.

[34] R Spence. Information Visualization：Design for Interaction[J]. Pearson Schweiz Ag，2007，41(8)：842-855.

[35] 陈为，张嵩，鲁爱东. 数据可视化的基本原理与方法[M]. 北京：科学出版社，2013.

[36] Kim S C，Seo K K，Kim I K，et al. Readings in Information Visualization：Using Vision to Think[J]. The Journal of Urology，1999，161(3)：964-969.

[37] 朱晓峰. 大数据分析概论[M]. 南京：南京大学出版社，2018.

[38] 蒋张子彦. 大数据技术在金融行业的应用及未来展望[J]. 管理学家，2018，000(003)：40-41.

[39] 王秀华，孙磊. 情感化设计[C]// 2006年中国机械工程学会年会暨中国工程院机械与运载工程学部首届年会论文集. 中国机械工程学会，2006.

[40] 岑国升. 论平面设计中的字体、色彩与图片[J]. 艺术与设计(理论)，2012(12)：43-45.

[41] 吴守荣，王扬，等. 项目采购管理[M]. 北京：机械工业出版社，2018.

[42] 沈建明. 项目风险管理[M]. 北京：机械工业出版社，2018.

[43] 加里·德斯勒. 人力资源管理[M]. 北京：中国人民大学出版社，2017.

[44] 丹尼斯·洛克. 轻松学会项目管理[M]. 北京：机械工业出版社，2007.

[45] 周宁，谢晓霞. 项目成本管理[M]. 北京：机械工业出版社，2009.

[46] 孙慧. 项目成本管理[M]. 北京：机械工业出版社，2018.

[47] 李跃宇，徐玫平. 项目时间管理[M]. 北京：经济管理出版社，2008.

[48] 王祖和. 项目质量管理[M]. 北京：机械工业出版社，2009.

[49] 卡伦 B.布朗，南希·莉·海尔. 项目管理[M]. 王守清，亓霞，译. 北京：机械工业出版社，2012.

[50] 刘平青，刘维政. 项目团队管理[M]. 北京：北京师范大学出版社，2017.

[51] 杰克·R.梅雷迪思，小塞缪尔·J.曼特尔. 项目管理[M]. 威安邦，等译. 北京：中国人民大学出版社，2011.

[52] Project Management Lnstitute. 项目管理知识体系指南(PMBOKR指南)：第6版[M]. 北京：电子工业出版社，2018.

[53] [美]哈罗德·科兹纳. 项目管理计划、进度和控制的系统方法：第12版[M]. 杨爱华，王丽珍，石一辰，等译. 北京：电子工业出版社，2018.